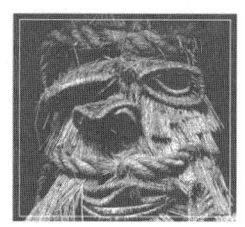

일본 문화를 키워온 마음 33가지
-더불어 사는 21세기-

보고사

저자 · **이상업**
    경상대학교 명예교수
    일본문화연구소 고문

정희순
    경상대학교 대학원 일본학과 박사과정 수료
    경남정보대학, 진주산업대학교 강사

일본 문화를 키워온 마음 33가지

초판 1쇄 발행 _ 2006년 3월 14일
초판 2쇄 발행 _ 2006년 9월 1일

저 자 _ 이상업 · 정희순
발행인 _ 김흥국
펴낸곳 _ 도서출판 보고사
등 록 _ 제6-0429
주 소 _ 서울시 성북구 보문동7가 11번지 2층
       전화 929-0804(편집) 922-2246(영업) | 팩스 922-6990
       메일 kanapub3@chol.com | www.bogosabooks.co.kr

정 가 _ 12,000원
ISBN _ 89-8433-389-1

* 잘못된 책은 바꾸어 드립니다.
* 저자와의 협의에 의하여 인지는 생략합니다.

일본 문화를 키워온 마음 33가지

■ 일러두기
• 번호)는 설명주이고, *번호)는 인물, 전문용어, 참고자료 등의 주.
• 외래어표기법에 따라 표기(특별한 설명이나 예외일 경우는 한국어로 표기).

서문

　한일 양국은 지정학적으로 숙명적인 이웃관계로 어떠한 힘으로서도 바꿀 수 없는 것이다. 발카나이즈(Balkanige)라는 말이 생긴 것도 제 1차 대전 후의 발칸 여러 나라와 같이 서로 원수가 되어 분쟁을 일으키는 것을 뜻하기 위한 것이다.
　특히 근세기에 들어와서 우리는 동북아 여러 나라 즉, 중국, 러시아 그리고 일본이라는 세 마리의 이리가 으르렁 거리는 틈바구니에 끼여 움츠리고 있는, 한 마리의 양에 지나지 않았다. 그러나 세상은 그 후 크게 달라지고 지구촌 시대를 향해 경제 분야에서는 활발히 움직이기 시작하였으며, 마침내 IT 시대의 개막은 그 속도와 폭을 촉진, 확대 시키고 있다.
　이와 같은 경제적 지구촌(Globalism) 시대에 우리가 가장 힘써야 할 것은 문화의 지방화(Localism) 즉, 자기 영역 지키기이며, 국민 단위로나 민족 혹은 종족 단위로 긴 전통 속에 양성(醸成)된 아름다운 물질적 정신적 문화를 서로 존중하고 보호해야 하는 일이 21세기의 지구적 과제가 될 것이다.

이 책은 일본의 정신적, 물질적 문화를 이해하기 위하여 엮은 것이다. 초판『日本人과 文化』(1990),『日本은 있다 없다를 넘어서』(1996)에서『일본 문화와 그 마음』-미운정 고운정을 넘어서-(1998), -공생 공영을 위해서-(2001)로 개정 증보되고, 이번에는 종래의『일본 문화와 그 마음』이라는 책명을『일본문화를 키워온 마음 33가지』로 개정하여 -더불어 사는 21세기-를 모토로 하여 집필하였다. 좋은 이웃을 만나는 것은 중요한 일이다. 그리고 좋은 이웃이 되기 위해서는 서로의 노력이 필요하며, 이것은 일상생활에 있어서나 국가간에 있어서도 비슷하리라 생각된다.

2006년 저자

목차

1. 대륙에 교두보를! ······································ 9
2. 고온다습과 풍부한 식물상 ························· 13
3. 지진과 화산 ··· 19
4. 다타미, 이마, 후스마 ································ 29
5. 이미지 세계의 창출 ·································· 38
6. 우치와 소토 ··· 44
7. 청결, 목욕 그리고 센토 ···························· 51
8. 미우라 안진 ··· 59
9. 끝없이 이어간다 ······································ 69
10. 이에모토와 비전 ····································· 75
11. 제125대 일본국 천황 ······························· 80
12. 일본판 한의 문화 ···································· 93
13. 야오요로즈노카미 ··································· 117
14. 모듈러 문화 ··· 129
15. 의리와 수치 ··· 144
16. 에도사람들의 야쿠와리 ··························· 162
17. 일본문화와 에로스 ································· 178

18. 시각적 감성 문화 …………………………………… 192
19. 오보로의 미학 ……………………………………… 207
20. 일본인의 미소 ……………………………………… 214
21. 상냥한 목소리 정중한 인사 ………………………… 222
22. 게이코와 가타 ……………………………………… 230
23. 의장력 ……………………………………………… 234
24. 식물과 의장 ………………………………………… 238
25. 일본인과 식물 ……………………………………… 251
26. 무사도의 발생 및 성장 ……………………………… 259
27. 겐페이대전과 무사 ………………………………… 263
28. 가마쿠라도노 그리고 선종과 칼 …………………… 265
29. 죽음과의 대결에서 ………………………………… 269
30. 도쿠가와 무사들의 도덕관 ………………………… 271
31. 재일 한국인 ………………………………………… 278
32. 일본수상과 야스쿠니 신사 ………………………… 294
33. 그래도 일본은 변하고 있다 ………………………… 299

표 목차

〈표-1〉 유사 이래의 대지진과 그 인적 피해 ················· 20
〈표-2〉 타국인에 대한 수용도(찬성도) ······················ 46
〈표-3〉 일본인의 한국인에 대한 사회적 거리 ················ 47
〈표-4〉 일본인과 영국인의 색명 비교 ······················ 251

그림 목차

〈그림-1〉 일본 열도 ·· 12
〈그림-2〉 여러 가지 사리 꽃 ································ 14
〈그림-3〉 한일 양국의 상대습도와 기온 ···················· 16
〈그림-4〉 오키나와(沖繩) 야쿠시마(屋久島) 조몬스기(縄文杉) ··· 18
〈그림-5〉 금세기 내 일본의 대지진 ························ 22
〈그림-6〉 일본인의 생활공간과 음식 ······················· 37
〈그림-7〉 노가쿠(能楽) 장속(裝束) ·························· 43
〈그림-8〉 도호쿠(東北) 지방의 민속 가마쿠라(カマクラ) 놀이 ··· 45
〈그림-9〉 스모의 오시다시(押し出し, 밀어내기) ············ 50
〈그림-10〉 훈도시(褌)와 일본 신사 ························· 55
〈그림-11〉 일본인의 혼욕 ··································· 58
〈그림-12〉 세계에 눈뜬 일본인 ····························· 68
〈그림-13〉 유가오다나노료즈(夕顔棚納涼図) ················ 95
〈그림-14〉 구루와의 여인들 ································ 191
〈그림-15〉 일본인의 미소 ·································· 221
〈그림-16〉 게이코 ··· 233
〈그림-17〉 아카이토오도시요로이(赤絲縅鎧) ················ 234
〈그림-18〉 요시다 쇼인(吉田松陰) ··························· 277
〈그림-19〉 야스쿠니 신사(靖国神社) ························· 298
〈그림-20〉 단란한 일본인 가족 ····························· 308

1
대륙에 교두보를!

 의학자이며 시인인 기노시타 모쿠타로(木下杢太郞, 1885~1945)는 "일본역사 속에서 무엇인가 대단한 사건이 일어날 때에는 언제나 푸른 바다가 그 배경에 있다"라고 했다. 이는 일본이 섬으로 되어 있다는 입지조건을 지적한 말이다. 어떤 한 국가의 문화이해를 위해 그 풍토적 요인을 살펴보는 것은 중요한 것이다. 여기에서 입지조건이라고 할 때는 그 풍토성과 지정학적 자리매김도 함께 상정한 개념이다.

 오늘날 바다는 외래 문물의 수출입 통로로서 크게 활용되고 있지만 고대(古代)로 거슬러 올라갈 때 바다는 역기능으로 작용할 때가 많다. 국토를 둘러싸고 있는 바다는 외침을 막는 방패로 간주되었고, 영국과 유럽대륙 사이를 이어주는 해저 터널 개통이 최근까지 늦추어진 것도 영국 측 국방 전문가의 입김 탓이라고 한다.

국토가 한반도(韓半島)와 같이 대륙에서 돌출하여 있는 경우나 혹은 대륙 속 깊이 파묻혀 있거나, 때로는 바다로의 진출로가 좁다랗게 열려 있거나를 막론하고 대륙의 일부라는 입지조건과 '섬' 즉, 대륙과는 완전히 격리되어 있다는 입지조건은 서로 판이한 문화적 특징을 형성하게 된다. 하기야 다 같은 도서적 입지조건이라 할지라도 태평양 한가운데에 있는 하와이제도나, 선진적 문화정보의 발신처와 아주 떨어져 있는 미크로네시아 혹은 폴리네시아와 같은 남태평양의 문화적 고도(孤島)들과 일본 열도처럼 항상 대륙, 즉 중원문화권의 영향을 받을 수 있는 경우와는 크게 다른 문화적 반응을 보여준다.

　일본국 영토는 혼슈(本州), 시코쿠(四国), 규슈(九州), 홋카이도(北海道) 네 개의 섬을 중심으로, 이에 따른 많은 군소(群小)섬으로 구성되며, 총 넓이는 약 37만㎢이다. 제2차 세계대전시 한국과 타이완, 그리고 사할린 섬을 강점하고 있을 때와 비교하면 지금은 45%로 축소된 셈이다. 그러나 이즈(伊豆)제도, 오가사와라(小笠原)제도, 남서제도가 태평양 쪽으로 길게 남하하여 있고 그 부수제도도 많아 국제 해양법에 따른 배타적 경제 수역은 매우 넓다. 일본 영토 자체는 세계에서 60번째에 지나지 않으나 이 배타적 경제 수역을 가산하면 세계에서 7위가 된다. 이를 테면 최남단섬인 오키노토리시마(沖ノ鳥島)는 도쿄(東京)에서 1,720㎞ 떨어진 곳에 있다.

　현 시점 인구 밀도를 보더라도 남한에 비해 낮은 편이지만, 이것만으로 양 민족의 공간 감각을 설명할 수는 없다. 도서민족이 잠재적으로 키워온 정서적 자기요해(自己了解)가 상이한 것이다. 훨씬 고밀도의 생활을 하는 한국의 경우 휴전선 때문에 대륙과의 연계는 사실상 완전히 단절되어 있지만, 역사적으로 대륙과의 정서적인 육속(陸續)감을 지니고 있는 것이다.

한편, 일본의 경우 도서민족이 지니고 있는 안위감(安危感) 즉, 외침에 대한 안정감과 그에 못지않게 섬이란 구속감이 문화적 특징으로 무의식 층에 자리 잡고 있을 것이다. 최근 지구 온실효과로 해면 상승이 문제 되는 중 몰디브(Maldive) 공화국을 상공에서 본 신문기자가 '수련 잎 위에 놓인 도시(city on a lily pad)'로 표현하고 있었다. 일본 역시 그와 비슷한 불안감을 지니고 있었다는 것을 다음 시가를 통해 알 수 있다.

稲妻や波もて結える秋津島
(번개 빛 속 파도로서 선 둘러진 잠자리 같은 섬)

이것은 아주 높은 곳에 시점을 두고 부감(俯瞰)한 가상적 정경(情景)일 것이다. 이와 같은 강박감에서 빠져 나오려는 노력이 곧 일본 정책자들의 '대륙으로'에의 집념이라고 할 수 있다. 또한, 임진왜란도 제1, 2차 세계대전에 있어서의 집요한 대륙진출 정책도 이것과 무관하지 않을 것이다. 한 때 일본군부의 우익들은 '일본의 생명선 만·몽(滿·蒙)'이란 구호를 외쳤다. 중일전쟁은 결국 태평양 전쟁으로 확대되어 가지만, 일본군부에서는 이 전쟁을 동아시아의 공영(共榮)을 위한 전쟁이라 호도(糊塗)하고, 자국 국민들에게는 A·B·C·D(미국, 영국, 중국, 네덜란드)의 포위망에 일본이 갇혀 있다고 호소했던 것이다.

　이와 같은 외침 속에는 자국민을 기만하여 전쟁의 타당성을 고취하자는 심산도 있었겠지만, 한편 바다에 포위당하고 있던 일본인들의 무의식 속에 지니고 있는 고립, 불안의식 즉, 일본의 폐소공포증(閉所恐怖症)에 불을 붙이는 것이 가장 효과적이라고 판단한 결과라고 할 수 있다.

〈그림-1〉 일본 열도

2

고온다습과 풍부한 식물상

일반적으로 아시아 몬순(monsoon) 지역이라고 할 때 광범위한 동남아 중국 대륙, 극동지역 전역을 말한다. 그 중 일본과 한반도 지역은 그 위치상 비슷한 기후상의 특성을 가지고 있지만, 서로 다른 특성도 많다.

먼저, 일본 열도의 기후적 특징으로는 첫째, 일본 열도의 남서부 지역 전체가 아열대성 고온 다습한 특징을 가지고 있다. 둘째, 일본 열도의 동북아 지역은 냉습한 동 계절을 특징으로 하고 있다. 셋째, 늦은 여름에서 초가을 사이에 어김없이 찾아오는 태풍, 보통 입춘에서 기산하여 210일 전후에 빈번한데 이것을 니햐쿠토카(210日)라 부르고 있다. 넷째, 호쿠리쿠(北陸)[1]지방에 있어서의 겨울의 폭설과 중부 태평양 연안 지역에 있어서의 여름의 대량 강우 등을 들 수 있다. 일본 열도의 태평양 연안 일대가

---

1) 일본 열도 중부의 동해안 일대.

아시아 계절풍의 길목에 위치하고, 북태평양 적도 해류인 구로시오(黑潮) 난류의 영향으로 한반도의 기후와 비교해 볼 때 같은 위도상의 지역일 경우에도 기후상의 차이는 매우 크다는 것을 알 수 있다.

블라슈(Blache)*1)는 20세기 초기에 일본을 방문하여 다음과 같은 글을 남기고 있다.

"산지의 개발을 행하지 않고 있다. 사람들은 꽃이 만발하고 초원으로 뒤덮인 산중턱에서 땅속에 갈아 넣을 비료와 그것으로부터 아마 신비적 쾌락·예술의 원천을 구하는 일 외에는 다른 생각이 없는 것 같았다. 일본 문명을 쌓아 올린 지반이며 또한, 그 인구는 영국이나 이탈리아의 북부에 비할 정도로 밀집되어 있는 삼대 도서에 있어서 경지면적이 육지의 1/7에 불과하다는 것은 놀라지 않을 수 없다. 그러나 연 2회, 서남부에 있어서는 실로 연 3회의 수확을 올리는 원예적 재배를 하고 있다."

〈그림-2〉 여러 가지 싸리 꽃

유럽의 라인강을 항해하면서 양안(兩岸)의 거의 절벽과 다를 바 없는 급경사지에 포도밭을 일구고 있는 것을 볼 때 블라슈의 말을 이해할 수 있을 것이다. 일본 열도가 그 좁은 경작지에서 그렇게 많은 인구를 지탱하고 있는데 놀랐던 것 같다. 사실, 호우나 산사태의 위험성이라든지 고온다습에서 오는 여름철 농지의 잡초 번성 때문에 한정된 계곡 평야에 집착하지 않을 수 없었다는 사실과, 고온다습과 비옥한 토양의 고생산성을 그는 이해하지 못했던 것 같다.

아이다 유지(会田雄次)의『일본 풍토와 문화(日本の風土と文化)』*2)에서 그는 일본과 유럽지역의 단위 면적에 있어서 목초 생산력을 비교하고 있다. 1ha당 영국과 미국에서 건초 36톤, 생초 144톤, 프랑스에서는 건초 5톤, 생초 20톤에 비하여 일본의 경우는 건초 30~70톤, 생초 120~300톤이라고 기술하고 있다. 이와 같은 파격적인 높은 생산은 일본 열도의 토양이 비옥하다는 것과 목초 재배자의 시비 기술에 의한 것도 많겠으나 고온과 다습이란 기후적 요인이 더 큰 것이다. 한국의 대구와 거의 동위도상에 있는 보소(房總)반도 전역이 사계절 화원을 이룩하고 있는 것도 동 연안을 흐르는 구로시오(黑潮)2)와 동남아 계절풍에 의한 고온 다습을 그 원인으로 볼 수 있다. 예를 들면, 규슈(九州) 지역의 연 강우량이 2,050㎜, 연 평균 기온이 16°C인 데 비하여 한국 남부지방

---

2) 북태평양 적도 난류대를 가리키며 수온이 아주 높고 염분 함유량이 많은 진남색으로 '검은 조류'라고 애칭하고 있다.

특히, 다우지로 알려있는 남해안 일대가 1,300㎜에 지나지 않는다. 한국 또한, 세계적으로 강수량이 비교적 많은 곳이기도 하지만, 연 평균 강수량이 대체로 500~1,000㎜ 정도이며, 전국토의 절반 이상이 800~1,000㎜ 정도라고 한다.3)

아시아 대륙의 대부분이 여름철 강우(降雨)형이지만, 유럽의 경우는 겨울철 강우형이므로 대기중의 습기 형성에 있어서 전혀 상이한 결과를 가져온다. 식물의 발아와 성장에 가장 알맞은 자연조건을 갖추고 있다. 일단 땅 위에 떨어진 식물의 씨앗이나 포자는 부패하거나, 발아, 성장하거나 둘 중 하나를 강요당하는 환경이다. 일본 관서(関西)지방에서 관광 명소로 이름 높은 사이호지(西芳寺)의 이끼 정원을 쉽게 연상하게 한다. 일본 서남부 지방의 여름철을 '곰팡이 천국'이라는 익살조의 이름이 붙여진 것도 우연한 일은 아니다.

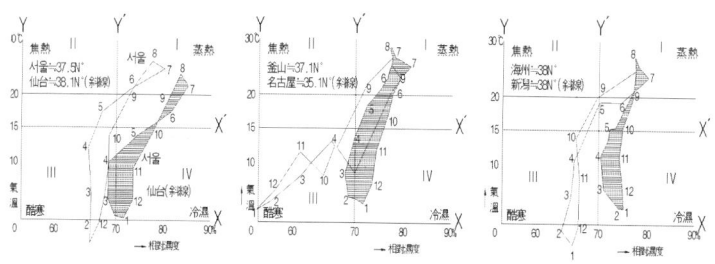

〈그림-3〉 한일 양국의 상대습도와 기온

---

3) 프랑스~770㎜, 미국~750㎜, 인도~920㎜, 세계의 연평균 강수량은 750㎜ 전후.

앞의 〈그림-3〉은 1년 동안 상대 습도와 기온을 X축, Y축으로 하여 나타낸 기후 그래프(climatography)이다. 비슷한 동위도에 위치한 서울과 센다이(仙台), 부산과 나고야(名古屋) 해주와 니가타(新潟)를 중심으로 살펴보았다.

여기에서 기온 15°C와 상대 습도 70%를 기준으로 각각 X´, Y´의 보조선을 그어볼 때, 제1상한(象限)은 한증탕형의 더위 곧, 찜통더위(蒸熱), 제2상한은 습기 없는 더위(焦熱), 제3상한은 강추위의 겨울날씨 곧 혹한(酷寒), 제4상한은 냉습한 날씨(冷濕)가 여기에 해당될 것이다. 앞의 〈그림-3〉에서 양국의 세 그래프의 습·온도를 비교해 보면, 기후상의 특징도 쉽게 알 수 있다. 부산을 제외하고 서울이나 해주의 겨울 3개월(1, 2, 12월)이 영하인 데 비하여 일본의 경우는 그렇지 않다. 일본의 경우는 다습하고, 겨울철의 혹한이 없다는 것을 알 수 있다. 한국의 경우 혹한이 비교적 단기간이긴 하나 동물상(動物相, fauna), 식물상(植物相, Flora)의 특징은 상당히 달라지는 것이다.

또한, 야생 원숭이의 유·무를 들 수 있다. 이것은 곧 식물상(植物相)의 상이(相異)가 동물상의 상이에 깊게 연관한다는 것을 말해 주는 것이다. 원숭이 분포의 북한(北限) 지역이 되어 있는 오마(大間)는 북위 41.5° 전후이며 북한의 만포진과 같은 곳이다. 기온에 좌우되는 것이 아니라 먹잇감을 제공하는 풍요한 식물상에 의하는 것이라고 할 수 있다.

〈그림-4〉 오키나와(沖繩) 야쿠시마(屋久島) 조몬스기(繩文杉)
수령 3,000년으로 추정.

3

지진과 화산

4,000억 달러의 복구비가 소요되고, 5,000명 이상의 사망자와 30만 명을 홀시에 무숙자로 만든 고베(神戶)지진이 났을 때 (1995년), 뉴스위크(newsweek)지는 "만약에 1923년의 간토(関東) 대진재(大震災) 규모의 지진이 오늘날 도쿄를 엄습한다면 9,363명의 사망자, 147,068명의 부상자, 320만이 무숙자가 된다는 일본 당국의 예측에 대해, 이것은 아주 소극적인 추산이며, 사실상 6만 명 이상의 사망자와 10만 명 이상의 부상자가 생길 것이라고 스텐포드(Stanford) 대학의 전문가들이 예언했다"고 기술했다. 또한 1991년 일본 최대의 대중지 요미우리 신문(読売新聞)은 그 사설에서 "도쿄 권에서 간토 대지진에 해당하는 대지진이 다시 찾아오는 것을 확신하다"라는 제목의 기사를 쓰고 있다.

고베 지진의 피해는 일본 GNP의 10%에 달하며 이와 같은 거대한 재화가 불과 20초 안에 일어난 것이다. 여기서 일본 도카이

(東海) 은행이, 도쿄 대지진급의 지진이 남 간토지역을 엄습하였을 경우를 상정하여 일본 경제뿐만 아니라 세계 경제에 미치는 파장을 계상(計上)한 보고서*3)에 의하면 주택 등의 피해액은 도쿄(東京) 대지진의 13배, 약 80조 엔이 될 것이며, 일본 경제는 고 인플레이션, 마이너스 성장이 되고, 경제 금융의 국제화를 반영해서 그 피해는 해외에 파급되고 대미 투자의 격감으로 미국 금리를 상승시켜 세계 GNP의 2.6% 감소를 초래한다는 것이다.

일본은 화산 열도로서 형성되어 있다. 환태평양 화산대(環太平洋火山帶)의 10%를 일본 열도가 차지하고 있다. 화산이나 지진은 매우 정확한 주기성(週期性)이 있어 일본인들은 역사적으로 지진의 공포를 물려받으면서 살아야 했는데 그 내용은 다음 〈표-1〉과 같다.

〈표-1〉 유사 이래의 대지진과 그 인적 피해

AD.	지역	M	被害
869	무쓰(陸奧)	8.6	海溢被害. 死亡 1,000余(三陸地震)
1498	東海道 全般	8.6	死亡 5,000余, 海溢被害 2,000余名
1596	오이타(大分)	6.9	死亡 708명
1596	東京一円	7.0	死亡 1,173명(伏見-후시미-大地震)
1605	東海, 南海, 西海	7.9	死亡 5,000余, 海溢死 3,800余名
1611	산리쿠(三陸), 東北地方	8.1	海溢死 4,783名
1640	北海道, 噴火	?	北海道 700余名
1662	畿内, 東海, 東山道	7.6	東京一円에서 死亡 1,100余名
1703	江戸(東京), 東海道	8.2	死亡 5,233名
1707	기나이(畿内), 東海, 東海, 東山	8.4	死亡 4,900余名
1711	사누키(讃岐), 四国	?	死亡 1,000余名

1741	오시마(大島)	6.9	海溢死 1,467名(1993. 7의 奧尻島와 근접지
1751	에치고(越後)	6.6	死亡 2,000余名
1766	스가루(津輕)	6.9	死亡 1,335名
1771	이시가키시마(石垣島), 미야코시마(宮古島)	7.4	海溢死 11,941名
1792	온센다케(温泉岳)	6.4	海溢死 14,810名
1828	에치고(越後)	6.9	死亡 1,443名
1847	시나노(信膿), 에치고(越後)	7.4	死亡 12000名(善光寺地震)
1854	이가(伊賀), 이세(伊勢), 야마토(大和), 오우미(近江)	6.9	上野 623名, 四日市 157名, 全域 1,352 死亡
1854	東海, 東山, 南海	8.4	死亡 1,000余名
1854	이세(伊勢)~규슈(九州)	8.4	死亡 3,000余名
1855	에도(江戸, 東京)	6.9	死亡 7,000余名
1872	이와미하마다(石見浜田)	7.1	死亡 600余名
1891	미노(美濃), 오와리(尾張)	8.4	死亡 7,273名
1894	쇼나이(庄内), 오와리(尾張)	7.3	死亡 726名
1896	三陸 앞바다	7.6	死亡 27,122名
1923	関東南部	7.9	死亡 99,331名, 行方不明 43,476名 (東京大地震)
1925	다지마 북부(但馬北部)	7.0	死亡, 不明, 家屋破壊 2,668棟
1927	단고(丹後)	7.4	死亡 3000余名(丹後地震)
1933	三陸 앞바다	8.5	死亡 2986名
1943	돗토리(鳥取)	7.3	死亡 1083名
1944	南海道 앞바다	8.3	死亡 998名
1945	미가와아스미(三河渥美)	6.9	死亡 1961名
1946	南海道 앞바다	8.1	死亡 1300名
1948	후쿠이(福井), 히라노(平野)	7.2	死亡 3855名

앞의 〈표-1〉은 지진과 더불어 화산 표출에 의한 피해도 알 수 있다. 데라다 도라히코(寺田寅彦)[*4)]는 "일본에 있어서는 천재(天災)는 잊을 만할 때 반드시 찾아온다"는 잠언(箴言)을 남기고 있

다. 여기서 천재는 주로 화산, 지진, 해일을 두고 말하는 것으로 생각되며, 그 발생주기가 인간의 망각(忘却) 주기와 닮아있다는 것을 암시한다. 이 밖에 태풍, 홍수, 산사태 등도 빈번하지만 주민에게 안겨주는 위협도는 다를 것이다. 특히 간토 대지진과 같은 직하형 지진이 주기적으로(70~80년) 찾아오는 곳과 그와 같은 무서움을 모르고 살아온 한국인들의 천재관, 자연관, 종교관은 전혀 다르게 형성되어 있을지 모른다.

다음 〈그림-5〉는 금세기 안에 일어난 일본의 대지진을 요미우리 신문*5)이 정리한 것이다.

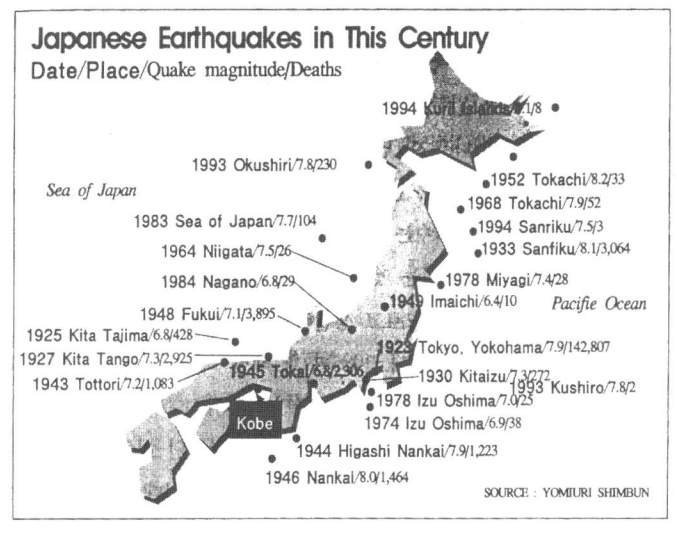

〈그림-5〉 금세기 내 일본의 대지진

일본 열도는 200여 개의 화산을 가지고 있다. 이것은 일본열도가 환태평양 지진대의 한 고리를 점유하고 있는 데 기인한다. 이 200여 개의 화산 중에서 활화산만도 40개를 넘는데 이것은 세계 전 활화산의 10%에 해당된다. 이와 같이 일본 열도는 살아 꿈틀거리는 화룡(火龍)의 등판 위에 놓여 있다는 표현은 과장이 아니다. 니혼쇼키(日本書記)*6) 중에도 지진, 화산에 대한 기록이 자주 나타난다. 종래 도카이 대지진의 주기설이 뒷받침해 주는 내용을 살펴보면, 일본 고분시대 전기(AD. 404년경)에 도카이(東海) 지진의 발생을 알리는 분사현상(噴砂現象) 흔적이 확인*7)되고, 중세(中世, AD. 1200~1600)의 수필집 호조키(方丈記)*8)에서 지진의 공포에 대한 절박한 감정을 읽을 수 있다. 이와 같은 기록을 볼 때, 일본인들이 고래로 지진이라는 천재로 인해 얼마나 곤욕을 치러왔는지를 알 수 있다.

도쿄권만 하여도 매년 40~60회 미진이 일어나고 2년에 한 번은 강진이 일어나고 있다는 통계가 나와 있다. 일본 열도 일원에 대해서 검토할 때 지진계에 기록되는 연 총 회수는 평균해서 7,500여 회에 달하며, 그 중 1,500여 회는 사람들이 감지할 수 있다는 것이다. 이것은 일생동안 불안을 느낄 정도의 지진을 거의 경험하지 못하는 한국인들과는 전혀 다른 풍토적 특징 속에 일본인이 살고 있다는 것을 말해 주는 것이다.

1986년 이래 이즈(伊豆)제도*9)의 오시마(大島)에 있는 미하라(三原)산의 폭발로 전 도민이 혼슈(本州)로 피난하여 생활을 하고 있다. 지식과는 달리 경험이란 것은 서로 나눠 가지지를 못한다.

일본인들에게 긴 역사를 통하여 지진이 안겨준 강박감을 한국인들이 이해한다는 것은 불가능하다. 『일본침몰(日本沈沒)』*10)의 밀리온 셀(million sell) 현상을 우리는 이해하지 못할 것이다. 물론 SF로서 잘 꾸며진 이야기라는 것도 그 원인이 되었다고 할 수 있다. 이것은 꿈틀거리는 화룡등판 위에 살고 있는 일본 국민들의 본능적 반응을 잘 말해 주고 있다. 만약 동일 종류의 작품이 『한반도 침몰』로서 출간되었다고 할 때 '그렇게 많은 독자층을 얻을 수 있을 것인가' 하는 상상도 해 볼 수 있다.

오늘날 북 핵문제가 브라운관을 떠들썩하게 하지만, 핵무기에 대한 과민한 거부 반응을 원자탄 피폭지역에 살아남은 당시의 히로시마(廣島), 나가사키(長崎) 주민 이상으로 나타내는 사람들은 없을 것이다. 세계 무역센터 테러로 미국시민의 대 테러관이 180° 달라진 것도 직접 보거나 느꼈던 까닭이라고 할 수 있다. 현대사회에 있어서도 6·25세대와 포스트 6·25세대의 공산주의관이나 북한관에 큰 갭(gap)이 생긴 것도 우연한 일은 아닐 것이다.

어떤 국가나 국민을 막론하고 각양각색의 천재지변을 경험하게 마련이지만 지진과 화산분화 같이 인력으로 예측이나 방어가 거의 불가능한 경우에는 천재관(天災觀) 자체가 다르다고 해야 할 것이다. 홍수는 제방으로, 폭풍은 방풍림이나 튼튼한 가옥설계로서 어느 정도 방어할 수 있다. 그러나 지진은 좀 양상이 다르다는 것이다. 특히 종이와 대나무 혹은 목재가 주재료로 되어 있는 일본 가옥들은 화재를 가장 두려워하고 소방대 조직도 만반을 기하여 왔지만, 지진에 대해서는 별다른 대책을 세울 수가 없었다. 중세의 수필 호조키(方丈記)에서는 다음과 같이 기술하고 있다.

"羽なければ、空を飛ぶべからず。龍ならばや雲にも乘らむ。恐れのなかに恐るべかりけるはただ地震なりけり。"

"날개가 없으니 하늘을 날 수도 없고 용이 아니니 구름을 탈 수도 없다. 무서운 것 중에서도 무서운 것은 오로지 지진이다."

이처럼 인간의 생존을 완전히 거부하는 불가항력의 천재 앞에서는 그 천재를 조건 없이 수용하되 극복하자는 발상은 싹트기 어려웠던 것이다. 결국, 도쿄 대지진은 천견(天譴)이란 굴복으로 위로를 구하였던 것이다. 천재가 천견으로 치부되었으니, 신앙화(信仰化) 되어오던 자연숭배는 더욱 보강되고 순자연(順自然)은 선(善)이나 미(美)가 되고, 반자연은 악(惡)이나 추(醜)가 된다는 것이다.

이와 같이, 일본인들은 자연에 대해서 때로는 접근하다가 때로는 도피의 수단으로 '자연과 더불어 산다', '자연과 일체가 된다'는 환상 속에 그들 나름대로 생활의 멋을 꾸며 나온 것이다. 만약 이와 같은 지진이나 화산 폭발 같은 거의 속수무책의 대규모 천재가 아니고 소규모의 홍수나 산사태, 가뭄, 메뚜기해, 독사, 호환(虎患) 따위의 재해만 경험해 왔다면, 자연에 대해서 무엇인가

보다 적극적이고 유효한 대책 수립을 꾀하였을 것이다. 결과적으로 자연의 폭력에 타협하고 가볍고 간소한 건축 양식으로 가옥도 파괴 후에 쉽게 복원할 수 있는 방법을 생각했던 것이다.

도쿄 지진보다 약 50년 앞서서 에르빈 폰 바엘츠(Erwin Von Baelz, 1849~1913)의 일기를 보면, "12월 10일(도쿄), 일본인이란 정말 경탄해야 할 국민이다. 오늘 화재가 일어나고 36시간 정도에 이미 그 현장에서는 기껏해야 판잣집이라고 해야 하겠지만, 천 호 이상의 집이 땅속에서 솟아난 듯 들어서게 되었다. 아직 화재의 여신(餘燼)도 그대로 연기를 뿜고 있는데 일본인들은 그런대로 생활하는 집을 마법사 같은 신속성으로 짓고 만 것이다"라고 기록하고 있다.

일본인의 부흥력은 위 일기의 표현 그대로 지표에서 잡초들이 새싹을 내듯 에너지화 하는 면을 가지고 있다. 그들의 건축 자재 대부분이 흙과 나무, 대나무, 종이로 되어 있어, 서구의 석조건물과는 달리 큰 노력 없이 복원할 수 있다는 데 원인을 찾아볼 수 있다. 그러나 그들은 자연과 금을 그을 만큼 이질적이고 지속적인 인조물을 기피한 탓도 있다. 언제라도 쉽게 자연 그대로 돌아갈 수 있는 재료로써 그들의 문화를 구축해 왔던 것이다. 예를 들면, 다년생 식물은 겨울 동안 지상의 줄기나 잎은 말라버리고 만다. 그러나, 다음 봄에 돋는 새싹은 결국 작년의 그것과 동일하다는 발상은 자연의 생태에서 배웠다고 할 수 있다. 이것은 뿌리가 같으니 그 위의 줄기나 잎은 같다는 이치이다. 미시마 유키오(三島由紀夫)*11)도 이와 비슷한 논리를 펴고 있다. 그는 『문화방위론(文化防衛論)』에서 다음과 같이 이야기하고 있다.

"일본 문화는 오리지널(original)과 카피(copy)의 변별을 가지지 않은 데 있다. 서양에서는 「모노(物)」로서의 문화는 주로 돌로 만들어지게 되는데, 일본의 경우는 나무로 만들어진다. 오리지널의 파괴는 다시 회복되지 못하는 최종적 파괴이고, 물체로서의 문화는 이것과 함께 폐절(廢絶)되므로 그들의 수도, 파리는 그와 같은 맥락에서 완전히 적에게 넘겨 준 셈이다."

이와 같이 그는 서구의 석조문화와 일본의 목조문화를 인용하여 민족의 정태적(靜態的)인 물질문화에 한정시키지 않고, 동태적(動態的)인 행동양식이나 정신구조 등을 더욱 더 강조하고 있는 것이다. 사실 일본의 흙과 나무로 된 물질문화가 입은 피해는 절대적이었다고 할 수 있다. 큰 전란이나 천재를 입을 때마다 석조문화는 폐허라는 형태를 바꾼 문화재로 남을 수가 있으나, 목조 외에 흙으로 된 일본 건축은 수북한 잿더미 밖에 남기는 것이 없다. 심지어 구들장조차 없는 것이 일본 건축물이다.

가령 일본의 한 도시가 폼페이(Pompeii)*12)시 같은 참화를 입었다고 가정할 때 2,000여 년 후에 과연 어떤 폐허를 남기겠는가를 상상해 보면 쉽게 알 수 있다. 만약 일본인들이 물질적인 오리지널 문화재만 고집하였다면 오늘날 그들이 가지고 있는 문화재 중 역사적인 가치를 지닌 것은 별로 없을 것이다. 그런 측면에서 볼 때 한국도 예외는 아니다. 석굴암이나 다보탑, 석가탑, 첨성대 그리고 고분 정도에 그칠 것이다.

일본인들은 그들의 자연적 풍토와 사회적 풍토에서 그들의 문화를 지켜내기 위하여 '원제품'과 '방제품'을 구별하지 않고 그 사이에 흐르는 정신적 측면에 비중을 두는 문화 형태를 시도한 것이다. 그와 같은 문화관이 조장(助長)된 것이 일본 신토(神道)의 본산이라고 할 수 있는 이세진구(伊勢神宮)의 시키넨조에(式年造營)4) 행사이다. 지토(持統)왕 이래 59회에 걸쳐 행해지고 있는 일본 특유의 의식이다. 결국 1,200여 년 동안 건물은 59회나 재건축하였으나, 그 안에 안치되어 있는 진기(神器)5)는 이어지고 있다는 것이다. 상기 미시마 유키오의 논리를 더 부연하면 태평양 전쟁기 자폭행위를 지원한 가미카제(神風)특공대, 혹은 신의나 정의를 위하여 자결하는 애국지사들의 마음이나 행위는 귀중한 문화재이며, 이어나가야 할 가치를 가지고 있다는 것이다.

---

4) 진구(神宮) 건물을 20년마다 인위적으로 파괴하고 재건하는 의식.
5) 세 종류 즉, 칼과 거울 그리고 곡옥으로 되어 있다고 하는데, 이것이 곧 제신(祭神)과 동일한 것이며, 이 세 종류의 실물을 본 사람은 아무도 없고, 그것을 취급하는 간누시(神主)도 그것에 대한 언급이 없음.

4
다타미, 이마, 후스마

　고온다습이란 풍토성의 특징과 이에 대응하는 일본인들의 주거 문화는 여러 측면에서 우리들의 흥미를 자아내게 한다. 이미 기술한 것처럼 일본의 여름은 세계 최고의 고온다습으로 알려져 있는 아마존 강 유역보다 오히려 견디기 힘들다는 것이다. 다만 그와 같이 고온과 습기가 연중 존재하고 있는 곳이 아마존 강 유역이라 하면, 일본의 경우는 여름철에 한정된다는 것이 다르다. 견디기 어려운 하계절은 주로 서남쪽에 위치하고 있는 오사카(大阪), 교토(京都) 일원 및 이서(以西)이다. 이곳은 일본문화의 발상지이고 보니 그 영향은 크다고 할 수 있다. 5~6월의 쓰유(梅雨, 장마철)와 7~8월의 무더위를 이겨내는 지혜를 그들은 일찍부터 키워왔던 것이다.
　쇼추미마이(暑中見舞い)[6]가 생활 풍속으로 되어 있는 것은 이

---
6) 여름철의 건강 안부를 묻는 인사장.

와 같은 여름철의 더위 때문이다. 그래서 일본 재래의 거주 공간은 통괄 공간(open plan)을 기본으로 하고 있다. 대체적으로 건물 부지는 직사각형에 가깝고, 건물 내의 칸 지르기는 매우 빈약하게 설계되어 있다. 예를 들어, 후스마(襖)[7]와 쇼지(障子)[8] 등의 미닫이 문턱은 전혀 높이가 없고 전체 공간이 동일 평면으로 되는 것이다. 그러므로 여름철 혹은 필요에 따라 언제든지 이 내부의 각 칸막이 역할을 하고 있는 이들 문들은 제거될 수 있으며 쉽게 지붕 밑 전체의 공간이 통괄 공간으로 탈바꿈할 수 있다.

이와 같은 구조는 통풍의 효과를 최대한 얻어서 실내 서기(暑氣)는 말할 것도 없고, 습기를 제거하는 몫을 한다. 특히 습기는 일본인들이 가장 두려워하는 여름철의 불청객으로 가구, 의복류, 서적류 등을 곰팡이의 소굴로 만들어 버리고 만다. 한국의 경우, 북부지역은 문턱이 높고 남부로 내려올수록 문턱이 낮아지는 것도 같은 이치로서 설명된다.

후스마나 쇼지의 칸막이는 이웃공간과 음향상의 격리성이 빈약해, 한국의 경우처럼 두꺼운 흙벽으로 된 칸막이와 비교할 때 프라이버시(privacy)의 기능은 크게 떨어진다고 할 수 있다. 또한 일본의 대내 격리의 칸막이 문에는 잠금장치가 거의 없는 것이 특징이기도 하다. 서구 건축물에 있어서의 완벽한 장금장치와 매우 대조적이라 할 수 있다. 즉, 전통적 일본 주택의 구조는 대

---

[7] 종이를 바른 불투명한 문으로 주로 건물 내의 칸막이로 쓰이고 있음.
[8] 일본 재래의 손으로 쓴 종이로 바른 채광용 미닫이.

외 차단은 비교적 잘 되어 있으나 대(對) 내간 차단은 거의 형식적으로 이루어져 있다. 상대적으로 한국과 차이점은 방바닥 면이 다타미(畳, 돗자리)로 되어 있다는 점이다. 오늘날 주거형식이 아파트 공간으로 바꾸어지는 경우에도 그 일부를 다타미 공간으로 설계하는 것을 고집한다.

다타미는 습기를 대량 흡입하는 기능을 가지고 있으며 온돌식 난방이 아니고 고타쓰(火燵)9)식 난방이 발달되었을 것이다. 겨울 추위는 크게 두려워할 것은 아니지만, 여름의 습기를 이겨내기 위한 지혜에서 온 것이다. 구들 형식의 온돌구조를 취한다면 여름철 냉돌 기간중에 습기 때문에 쉽게 훼손될 것이다. 특히 돗자리 바닥은 새 것일수록 습기 흡입효과가 크고 또한 갓 말린 골풀의 연두색이나 골 풀 향기 때문에 더욱 귀중히 여겨진다.

후스마나 쇼지의 방음효과와 장벽기능은 거의 형식에 불과하다. 칸막이가 있다는 사전 약속 사항에 불과하다고 할 수 있다. 게다가 활차 대신 활석분이나 속새풀 등으로 미닫이 문턱을 정성껏 닦아, 열고 닫을 때 마찰음이 없어 서로간의 방 출입에는 섬세한 에티켓이 필요하며, 서양식 노크 대신에 인기척의 묘가 요구되는 것이다. 에도(江戸)시대*13) 도쿄 인구는 130만 전후, 이 중 60만이 조닌(町人, 상·공인 계급)이며 이들의 거주는 나가야(長屋)10)로서 단지 형태로 밀집되어 간접적인 통제하에 놓여

---

9) 숯불 화로 위에 목재 구조의 틀을 얹고 그 위에 이불을 덮어 다리를 이불 속에 넣어서 추위를 이기는 장치.

있었고 각 세대마다 두 칸 남직한 공간을 할당 받아 빈약한 칸막이로써 이웃하고 있었으니 이 사람들의 프라이버시 개념이 짐작된다.

　재래식 가옥인 경우 현관문만 잠가버리면, 우치와 소토의 관계가 성립되고 가족 상호간의 유대 내지 일체감 의식은 한층 돈독해지는 것이다. 한국의 경우 전통적으로 각 방마다 별개의 출입구로 되어 있고 방과 방 사이의 두꺼운 흙벽의 시공과는 대조적이다. 한국 전통 가옥은 풍토상 겨울을 의식하여 설계된 것이다. 그래서 방의 규모도 작고, 전 가족이 한 자리에 모여서 긴 겨울밤을 단란하게 즐길 수 있는 공간도 없었던 것이다. 또한 유교적인 전통과 상승작용을 일으켜 가족간 수평화 내지는 의견 교환의 기회는 감소되고 수직화의 가부장제에 박차가 가해지기도 하였다. 여름철 대청이나 마당에서 큰 평상을 놓고 가족 전원이 한 자리에 모일 기회도 많았겠지만, 긴 겨울동안 그런 기회는 얻을 수 없었던 것이다. 그 당시의 대가족 제도하에서는 가족 전원이 함께 모일 공간을 재래의 한옥 주택에서는 찾기 어려웠던 것이다.

　이마(居間)[11]는 재래식 일본 가옥 구조에 있어서는 가장 넓은 공간인데 전 식솔들이 모일 수 있는 옥내 플라자(plaza)격이고 그 형태와 활용 방식도 지역과 시대에 따라 약간씩 달랐다. 식사,

---

10) 오늘날의 단층 연립 주택형.
11) 거실에 상당하는 넓은 공간.

가족들의 모임, 방문객의 응접 등이 주기능으로, 가족들의 공동생활에 있어서 구심적인 공간이라는 공통성을 지니고 있었다. 이러한 이마는 오이에(お家, 집안), 오우에(お上, 어른), 오카미(お上)12) 조우이(常居)13) 등의 명칭이 있는데, 이 공간이 집 전체를 대표하는 기능을 가지고 있다는 것을 알 수 있다.

또한 이마의 기능은 넓은 이마가 집 중앙에 있어서 그 주위에 응접실, 침실, 곡물창고가 배치되고 있다. 입구 가까운 곳에 나가시다이(流し台, 개수대)가 놓여 있고, 이곳은 부엌에 해당된다. 중앙에 이로리(囲炉裏)14)가 있어서 겨울철에는 낏다용 물 주전자가 천정에서 내려진 줄로 매달아 물을 끓이는데 활용되고, 이로리를 중심으로 하여 식사가 이루어지고 가족 모임의 중심역할을 한다. 이마 주위의 벽면에는 선반, 가미다나(神棚)15)가 이마를 향하여 배치되어 있다. 천정은 지붕까지 뚫려있고, 굵직한 기둥이나 들보로 짜여 있는 구조가 노출되어 있어 이 가옥의 중심이 바로 여기에 있다는 것을 보여주고 있다.

위와 같이 이마의 기능적 의의뿐 아니라, 정신적 의의도 어느 정도 이해할 수 있을 것 같다. 가미다나가 이 공간을 향해서 배치되어 있다는 사실이나 침실, 곡물창고 등 가장 중요한 것들이

---

12) 천황, 때로는 요리점 따위의 주인.
13) 식구들의 평상적인 거실.
14) 판자로 네모형 틀로 짜서 그 안쪽에 나방 혹은 취사용 불을 피워두고 가족이 둘러앉는 곳.
15) 일본 신도의 신을 모시는 위패를 넣어두는 작은 집.

좌우에 배치되어 있다는 점 등을 감안할 때 이 공간은 가옥 전체의 중추적 몫을 담당하고 있다는 것을 알 수 있다. 한옥에서 이에 대응하는 공간을 굳이 찾는다면 대청마루라는 공간이 있다.

오늘날의 아파트 실내 구조에 있어서 큰 마루, 부엌, 응접실의 기능을 통합한 공간이 이마와 비슷하다. 넓은 이마 공간에서 대가족이 하루 두세 번은 서로 얼굴을 마주보면서 식사나 식사 후 담소를 나눌 수 있었다는 것은 여러 가지 측면에서 우리들의 가족 문화와는 이질적인 산물을 낳았을 것이다. 특히 이마의 초점을 이루고 있는 이로리의 기능은 대단히 중요했다고 할 수 있다. 이로리를 중심으로 온 가족이 둘러 앉아 세상 이야기들이 꼬리를 물고 이어져 나갔을 것이다. 세대간의 의견 차이도 상당히 이 공간과 시간에서 조율될 수 있었을 것이며, 이와 같은 넓은 공간의 확보는 여름철의 습한 더위나 겨울철의 추위에 효과적으로 기능하였을 것이다.

일본 주택이 통관적 공간(open plan)을 갖게 된 것은 나라(奈良, AD. 8C경)시대의 구게(公家)의 주택에서 시작한 것 같다. 고정된 칸막이 대신에 계절마다 변형시킬 수 있는 이동식 칸막이로서 기초(几帳)[16], 뵤부(屛風, 병풍), 스다레(簾, 발), 조다이(帳台)[17] 등이 오늘날 우리가 편의상 쓰는 쓰이타테(衝立)[18]처럼 쓰이고 있

---

16) 귀인들의 자리를 위해 만든 개인용 형식적 칸막이.
17) 귀인을 우대하기 위하여 만든 일종의 격리막.
18) 병원이나 사무실 등에서 쓰는 이동식 칸막이 장치.

었다고 한다. 이것이 결국 오늘날 상가(商家)에서 통용되는 노렌(暖簾)19)으로 탈바꿈된 것이다. 흔히 노렌오아게루(暖簾を上げる)라 하면 새로 개점하였다는 뜻이며, 노렌와케(暖簾分け)20) 등으로 관용구가 만들어졌으며, 노렌노우치(暖簾の内)는 같은 노렌을 내걸어 장사하고 지내는 사이로 실제 피를 나눈 가족보다 더 친숙하고 엄격한 가족이다.

한국 가족 구성원간에 있어서 불편한 관계들, 예를 들어 고부관계, 시누이 올케 관계의 불협화음을 생각할 때 재래가옥에 있어서 이마와 같은 대화의 마당이 있었으면 하는 아쉬움이 남는다. 일본인의 사회구조의 특징 중 하나로서 다테(縱) 사회라는 조어가 통용되고, 곧 비민주주의적 사회의 모델처럼 비난받고 있지만, 관청이나 회사 등에서 네마와시(根回し)21) 같은 습벽을 볼 때, 구성원의 합의를 얻는데 신경을 쓰고 있다는 것을 알 수 있다. 공문서 등에 있어서 상사의 결재를 얻기 전에 구성원 전체의 의견을 수렴하는 것을 중요시한다. 한국의 가족처럼 대단히 가부장적 속성을 보이면서도, 내실은 매우 요코(橫, 가로)적 방식으로 대가족을 이끌어 온 흔적이 많다.

신문기사*14)의 내용을 예로 들어 보면 "가정에서 할아버지,

---

19) 상점 입구 등에 늘어뜨린 한국 휘장으로서 상점명 등이 기록되어 있는 휘장, 곧 그 상점의 신용을 보장하는 브랜드로 통함.
20) 오랫동안 충실히 일해 온 점원에게 새로 분점을 내게 하고, 같은 상호를 쓰는 것을 허용하는 것.
21) 나무를 옮겨 심을 때 뿌리 둘레를 1~2년 전에 정리해 두는 일로서, 관청이나 회사에서 사전 양해를 얻어 두는 것.

아버지, 어머니 그리고 친척들은 서로 다른 속성을 가지고 있으나, 반면 각자는 아주 정교하고 치밀한 몫과 책임이 할당되어 있다. 각자 맡은 바는 다르나 그 맡은 바에 대한 발언권을 인정받고 있다. 물론 최고 연장자에 의한 독선도 있긴 하나 최후 결정은 전체 가족의 총의가 반영된 것처럼 꾸며지고 있다. 그래서 일본인들은 언제나 전체에서 제외되는 것을 참지 못한다"에서 보는 바와 같이 일본인은 그가 속하고 있는 가족으로부터 불신임 당하여 제외되는 것은 간도(勘当)라고 하는데 이것을 가장 무서운 형벌로 알고 있다. 이것은 본능에 가까운 일체감 속에 생활해 왔기 때문이라고 할 수 있다. 그러므로 그들은 회사나 학교 단위로서 여행할 때도 가족적 안도감을 그 속에서 얻으려고 하고 또 그것을 기대하는 것이다.

흔히 스위트 홈(Sweet home)으로 표현되는 가정은 스위트 오피스(Sweet office)로 발전되어 회사에 나가는 것이 집에 있기보다 마음이 편안하고 스트레스가 풀린다는 회사 인간형(會社人間型)을 만들어낸 것도 이 독특한 일본의 가옥구조, 나아가서 가정 문화의 부산물이라 할 수 있다. 일본 가족의 개념은 한국의 '혈연에 의한 가족'의 경우와 달리 '경영체에 의한 가족'이라는 점에서 한국과는 근본적으로 다르다는 것을 인지해야 하는 것이다. 현대 서구 경제 사회가 비난하는 게이레쓰(系列) 일가(一家)와 재벌(財閥) 일가는 비슷하지만 내용은 대단히 다른 것이다. 그러나 대가족 제도의 붕괴가 급속도로 진행되고 있는 현실을 감안할 때

기업(Family)의 문화가 더욱 발전될지 모습을 잃어갈지는 두고 봐야 할 일이다.

〈그림-6〉 일본인의 생활공간과 음식

5

이미지 세계의 창출
- 미타테(見たて) -

　　확대지향 문화의 파생산물로서 이미지 세계의 창출 현상을 들 수 있다. 좁은 섬나라 한정된 공간에서 상징의 날개를 펴서 마음껏 비상함으로써 심리적 폐쇄감에서 뛰쳐나가려는 욕망이다. 이와 같은 발상의 근간은 풍토적인 영향보다는 13,4세기 때부터 들어온 중국 남방 선종(南方 禪宗)의 사상이 더 큰 자극제가 되었겠지만 여기서는 우선 풍토적 측면에서 살펴보기로 하자.

　　일반적으로 축소지향의 일본 문화를 증언하기 위하여 축경(縮景)으로서 일본 정원, 가레산스이(枯山水)[22]의 선정(禪庭), 노목 형태를 닮게 한 분재, 세계적으로 보급되고 있는 '일본 정원(日本庭園)'들을 드는 경우가 많으나, 그와 같은 축소 지향의 취향은

---

[22] 연못이나 흐르는 물은 없지만 바닥에 잘게 부순 돌이나 흰 모래를 깔아 수면(水面)과 같은 분위기를 나타내는 방식이며, 고도의 상징성을 지니고 있다.

확대 지향을 위한 이미지 공간의 창출이라는 측면에서 고찰할 때 더욱 설득력을 얻게 되는 것이다. 오늘날 꽃 피우게 된 컴퓨터에 의한 가상적 현실(virtual reality)의 선구적 발상이라 할 수 있다.

일본 교토(京都)에 있는 료안지(竜安寺) 사찰 정원은 80평 남짓한데 모래를 깔고 몇 개의 바위 돌을 점재(點在)시키고 있는 선정의 하나이다. 그러나 이 작은 공간을 이미지 창출이라는 측면에서 감상할 때 유례를 찾기 어려운 걸작품 정원이라 할 수 있을 것이다. 불과 80평의 좁은 공간과 사방이 건물과 담벼락으로 둘러싸인 상황에서 그렇게 넓은 공간의 이미지 창출에는 탄복하지 않을 수 없다. 이 정원에 대해 일본 지식인의 한 사람이 그려낸 이미지는 다음 글에서 잘 나타나 있다.

"우선 거기에는 일본 정원의 성립에 관계가 깊은 신선(神仙)사상과 봉래(蓬萊)사상이 있는 것이다. 대해(大海)에 섬들이 떠 있는 풍경, 혹은 운해(雲海) 위로 높은 산봉우리가 솟아나온 경관으로 간주하는 사람도 있을 것이다. 중국 동해 한 복판에 신선들이 사는 다섯 섬이 있다는 고사와 연관시킬 수도 있다. 혹은 중국의 오악(五岳)이라고 불리는 화산·태산·형산·항산·숭산을 표현하고 있다는 말도 있다."

위의 글에서 볼 수 있는 것은 중국의 신선사상에 대한 동경 같은 것이지만 한편으로는 물박지대한 중국이라는 대륙에 대한 선

망이라고도 할 수 있다. 일본 고유의 전통 무대 예술 중에 노가쿠(能楽)가 있다. 거의 구상적인 소도구도 쓰지 않고 무대 배경으로 시종 한 그루의 노송이 그려져 있는 것이 전부이다. 물론 무대를 일단 가려주는 막도 없다. 연기자의 연기도 가능한 사실적인 동작은 생략하도록 되어 있다. 모든 것은 암시로 그치고 관람자의 추리력에 맡긴다. 주 연기자를 시테(シテ)라고 하는데 시테는 관객과 더불어 이미지 세계에서 유영(遊泳)하듯 느린 동작으로 창무하는 것이다. 관객이 눈을 감으면 막은 내려져 있는 것이 되고, 눈을 뜨면 막은 자동적으로 올라가는 것이다. 시테가 쓰고 있는 탈을 위로 제치면 기쁨을 뜻하고, 아래쪽으로 숙이면 슬픔을 말해 주고, 아주 숙여버리면 오열이나 통곡을 암시하는 것이다.

이와 같은 약속 사항을 모르는 사람에게는 이 노가쿠는 따분한 무의미의 연속으로 밖에 느껴지지 않는다. 끝없이 이어지는 암시의 전개 속에 연기자나 관객은 완전히 한마음이 되어 이미지의 세계에서 유영하게 되는 것이다. 때로는 시테가 연기를 중단하고 그냥 쪼그리고 앉아버리는 경우가 있다. 이구세(居曲)라고 하는데, 감정이 격앙되어 연기가 오히려 표현의 방해가 된다고 생각하는 것이다. 이와 같은 사전 약속을 모르는 문외한에게는 당황스럽기만 하다. 노가쿠 같은 암시 위주의 무대 예술은 회화 예술에 있어서의 심상(心象) 풍경을 그려내는 추상화 기법과 비슷하다. 클레(Klee), 칸딘스키(Kandinsky), 미로(Miro) 같은 추상 화가들이 그려내는 신비로운 선들, 때로는 아름답고 신비로운 선들의 유희를 노가쿠(能樂)의 시테는 그 유장(悠長)한 가무로 서 표현하고 있는 것이다. 노 연기나 추상회화(抽象繪畵)에 있어 서는 연기자나 화가의 심상과 감상자의 그것이 심금(心琴)을 통 하여 공명(共鳴)을 일으키지 않은 한 그 작품의 이해나 아름다움 은 도출되지 않을 것이다.

일본 조경예술을 위한 최초의 입문서이며 보감(寶鑑)격으로 되어 있는 작정기(作庭記)에서 "큰 바다 경치는 우선 거친 바위 해안의 경치를 자아내게 하고……"라는 구절이 나온다. 즉, 바다 경치를 조경해야 한다는 것이다. 일본 정원 조경에 있어서 불가결의 요소는 항상 바다, 혹은 바닷가 이미지로서 꾸며내야 한다는 것이다. 이는 곧 도서국민으로서 그들이 언제나 바다를 보면서 때로는 바닷가 백사장이나, 바위에 부딪히는 거센 파도를 매개로 하여 한없이 펼쳐지는 바다 저 너머를 동경해 온 까닭이라고 할 수 있다. 볼 수는 없으나 이야기나 읽은 서적에서 얻어진 대륙에의 동경은 반도나 대륙에서 태어난 민족들에게는 쉽게 이해되지 않은 감정이다.

전기한 가레산스이(枯山水)의 조경 기법도 결국은 이미지 문화의 산물이라고 할 수 있는 것이다. 영국의 조각가 헨리 무어 (Moore, Henry, 1898~1986)가 도살장에 버려진 동물의 골격이 보여주는 간결한 형태미로 촉발되어, 그의 이채로운 예술세계를 구축하였다고 하는데 이는 곧 불필요한 모든 굳은살을 긁어 없애고 마지막에 골격의 기능 유지를 위해 그 이상 긁어낼 수 없게 된 것이 곧 골격이 보여주는 아름다운 형태이라 할 수 있을 것이다. 일본 정원의 가레산스이의 본질도 바로 이 골격미 또는 이미지화 작용이라고 할 수 있을 것이다. 쉽게 마모되거나 변질되지 않은 돌과 모래를 소재로 하여 산과 물, 바다 등 한없이 넓은 이미지 공간을 창출하자는 것이다.

교토(京都)의 대덕사(大德寺) 대선원(大仙院)의 석정(石庭)은 30평도 채 안 된다 하니 전술한 료안지(竜安寺)의 석정보다 훨씬 좁다. 그러나 그 30평 넓이가 대규모의 회유식(回遊式) 정원인 슈가쿠인(修学院)이궁이나 가쓰라이궁(桂離宮)을 능가하는 대자연을 성공적으로 연출하고 있다. 물론 이미지의 주력(呪力)을 빌린 효과이다. 마치 장가(長歌)가 점차 단가(短歌), 일본에서는 와카(和歌)[23]로 불리고 그것이 다시 초단가 즉, 하이쿠(俳句)[24]로 농축화 하는 과정에서 시적 정서의 이미지는 날개를 펴고 그 자수에 반비례하여 확산되는 것과 흡사하다. 결국 동사 등의 용언(用言)보다 명사(名詞)나 대명사 같은 체언(體言)이 많이 쓰이고 이미지의 탄력을 불어 넣어 시정(詩情)의 절실한 감각이 더해지는 것이다. 성장하고 있는 나무나 흐르고 있는 물보다 변화가 없는 모래나 단단한 돌 같은 것이 이미지 세계의 창출에 생명력을 주고 있다고 할 수 있다.

상대적으로 한국 조경의 대표격으로 군림하는 경복궁의 향원

---

23) 5·7·5·7·7의 31문자의 엄격한 정형시.
24) 5·7·5의 17자로 된 세계 최단의 정형시.

정(香遠亭)은 문자 그대로 자연조(自然調)정원이라 할 수 있다. 그러나 일본인에게는 그렇게 이해되지 않을 것이다. 우리 조상들은 언제나 현실적인 자연에 만족하였으며, 그것을 가능한 원형 그대로 보존하여 정착시키려고 하였던 것이다. 이것과는 대조적으로 일본 정원 조경사들은 이상적인 자연형을 상징화시켜 자연 이상의 인공적 자연을 만들려고 하였던 것이다. 일본의 독특한 풍토성 즉, 지진, 해일, 화산 활동 등이 불교의 무상(無常) 사상과 상승작용을 일으켜 세칭 '일본 중세적' 무상 사상을 배태케 하였으며, 게다가 노장(老莊)의 도교(道敎)사상, 그리고 신선사상 같은 것이 가미된 것이라 할 수 있다.

〈그림-7〉 노가쿠(能楽) 장속(裝束)

6

우치와 소토
- 담을 쌓는 문화 -

일본 문화를 어떤 이는 '벽의 문화'라고 하였다. 안팎을 구분 시키기 위하여 그 사이에 벽을 쌓는다는 것이다. 물론 관념상의 벽이지만, 옛날부터 섬나라 사람의 속성으로 간주되어 왔다. 보통 도서근성이라고 비하했던 것이다.

일본 문화에 있어서 우치(內)와 소토(外)의 개념 규정은 대단히 중요하다. 이 개념에 대해서는 『축소지향인의 일본인』*15)에서 아주 재치 있게 분석하고 있다. 즉, 우치란 축소 공간으로서, 자신이 잘 알고 있는 구상적인 세계이고, 소토는 추상적인 넓은 공간이다. 그러므로 '일본인은 무엇을 보아도 우치와 소토로 양분해서 행동하는 경향을 가지고 있다'.

이 우치와 소토의 개념이 발생하는 최소 단위로서 이에(家, 집안)를 들 수 있으며 이것은 점차 무라(村, 마을), 나아가서는 조카마치(城下町), 더 나아가서는 일본과 외국의 관계가 되는 것이다.

〈그림-8〉 도호쿠(東北) 지방의 민속 가마쿠라(カマクラ) 놀이

그래서 그들은 이에로부터 제명되는 것을 간도(勘當)라 하고, 무라에서 제외되는 것을 무라하치부(村八分)라 하여 가장 무자비한 형벌로 여겨 왔던 것이다. 무라하치부를 당하면, 화재나 초상 외에는 일체 도움의 손을 바랄 수가 없다. 세칭 메이지유신(明治維新)25)을 계기로 선진국에 파견된 수많은 유학생들이 파견지에서의 선진적 문화 혜택을 받으면서도 유학 목표가 달성되자 한 사람 빠짐없이 귀국하였다는 것은 지금도 일본인의 자랑이 되고 있다. 그러나 이들 유학생은 우치와 소토의 개념에서 자란 탓으로 소토에서 느끼는 불안감을 이기지 못하였다고 할 수 있다. 어린 나이로 파견된 쓰다 우메코(津田梅子)*16)의 경우는 고국에 돌아올 때 모국어는 전혀 할 수 없었지만, 한사코 귀국하였다는 사

---

25) 1868년 도쿠가와(德川) 막번 체제가 무너지고 일본이 근대 입헌군주국가로 탈바꿈한 정변.

실은 유의할 만하다.

다음 〈표-2〉은 『편견의 구조(偏見の構造)』에서 발표한 통계보고서이다.

〈표-2〉 타국인에 대한 수용도(찬성도)

A 英國人 / B 프랑스人 / C 독일人 / D 美國人 / E 이탈리아 / F 印度人 / G 러시아人 / H 타이人 / I 中國人 / J 印尼 / K 필리핀 / L 韓民族 / M 黑人 / N 白色系混血兒 / O 黑色系混血兒

1. 친구가 된다.
2. 가족과 함께 친구가 된다.
3. 함께 일본에 거주한다.
4. 일본에 거주한다.
5. 함께 통학한다.
6. 이웃이 된다.
7. 일본에 귀화한다.
8. 함께 목욕탕에 간다.
9. 동숙한다.
10. 결혼한다.

*자료 : 『偏見の構造』, NHK ブック, 1967.

위의 〈표-2〉에서와 같이 타국인에 대한 수용(受容) 중에서 백인 또는 코카소이드(caucasoid)계에 높은 수용도를 보이면서도 한국인, 흑인에게는 매우 낮은 수용도를 보이고 있다.

10년 후, 다음의 〈표-3〉는 1978년~79년 사이에 걸쳐 조사한 '일본인의 한국인에 대한 사회적 거리(social distance scale)'를 나타낸 것이다.

〈표-3〉 일본인의 한국인에 대한 사회적 거리

	(Ⅰ)	(Ⅱ)	(Ⅲ)	(Ⅳ)	(Ⅴ)
1. 결혼해서 친척이 된다.	2.0	6.2	42.1	28.5	21.2
2. 개인적으로 친구가 된다.	15.1	28.8	41.7	10.3	4.0
3. 이웃이 되어 가까이 산다.	9.3	24.2	52.0	11.1	3.4
4. 한 직장에서 함께 일한다.	11.5	26.2	49.0	10.5	2.7
5. 일본 국적을 부여한다.	10.1	21.3	48.4	12.8	7.4
6. 旅行者로서 받아들인다.	23.4	35.7	33.9	5.3	1.7
7. 일본 사회로 부터 소외시킨다.	35.85	28.04	30.53	4.3	1.2

(Ⅰ) : 찬성　　(Ⅱ) : 거의 찬성　　(Ⅲ) : 어느 편도 아님
(Ⅳ) : 거의 반대　(Ⅴ) : 반대

＊자료 : 전 일본 문부성, 1979.

위의 〈표-3〉에서는 상당히 진전된 양상을 보이고 있다. 일본인들이 아시아계 외국인에 대해서 보여주는 알레르기성 거부의식은 메이지유신 이래 탈아향구(脫亞向歐)26)의 관성에 의한 것이라고 할 수 있다. 외국인은 어디까지나 소토의 사람인 것이다.

---

26) 아시아적 문화의 늪에서 벗어나 서구문화를 지향한다는 뜻.

이와 같이, 7번의 '일본 사회에서부터 소외시킨다'에 '찬성' '거의 찬성'의 비율이 63.89%가 된다는 것이 곧 일본인들의 일반적인 혼네(本音)일 것이다. 가능하면 몇 백 년 함께 더불어 살아온 우치끼리만의 시간과 공간을 확보하자는 민족적 '우리끼리 의식(my homism)'이라고 해야 할 것이다. 한 때 일본 쓰쿠바(筑波)대학에서 있었던 외국인 고용교수 해임 소동에 대해서 생각해 보자. 해임 이유는 '이제는 일본인 교수만으로 할 수 있게 되었으니 외국인은 영입할 필요가 없다'라는 것이다. 이제 내국인으로서 충당할 수 있다는 것과 그것에 연관시켜서 외국인 교수를 해임하는 것은 아무런 당위성이 없는 것이다. 후진국가로서 외화의 획득과 절약에 안간힘을 다하고 있는 경우도 아니고, 외화정체로 신음하고 있는 나라로서 조금 이해하기 어렵다.

즉, 일본 사회에 있어서는 자국민이 할 수 없는 영역을 제외하고는 외국인을 쓴다는 것은 상상할 수 없다는 것이다. 같은 핏줄이 아닌 자에 대한 불안, 불신, 위화감은 일본인 자신도 어떻게 할 수 없는 체질화된 문화라고 할 수 있을 것이다. 10여만 명이 넘는 재일한국인 북송 문제도 일본 정부 당국으로서는 북한의 여러 가지 비밀정보를 알고 있으면서 적십자사의 이름으로 간접적인 협력을 하였던 것이다. 한 사람이라도 소토의 인구는 줄여야겠다는 인권을 무시한 미시적 정책 때문이라고 할 수 있다.

그 후, 1992년 일본의 만성적 구인난을 해소하기 위하여 요미우리신문(読売新聞)에서 실시한 전국 세론 조사는 다음과 같다.

Q : 당신은 금후 건설현장이나 공장, 음식점 같은 데서 일하는 외국인 노동자를 일본에 수용해야 된다고 생각하십니까? 혹은 그 반대입니까?

A : ① 적극적으로 수용해야 한다   9.0%
    ② 어느 정도 수용해야 한다   63.4%
    ③ 가능한 한 수용해서는 안 된다 19.7%
    ④ 전적으로 수용반대다   2.4%
    ⑤ 모르겠다   5.5%

* 자료 : 読売新聞, 1992. 6. 12.

위의 조사에서 20~30대에서는 80% 이상이 외국인 수용에 동의하여, 60대 이상은 60% 이하인 것을 알 수 있다. 한편 수용반대의 이유 중 44.1%, 40.7%가 치안과 풍기 악화 및 지역사회에 있어서 생활상의 트러블을 들고 있는 것은 유의할 만하다. 앞의 1967년도와 1978년을 비교해 볼 때 일본 사회에서 외국인 수용도가 조금씩 달라지고 있다는 것을 알 수 있다. 아울러 외국인 개념 자체가 달라지고 있다. 한 때는 외국인이라 할 때 서구인을 가리키고, 아시아 계통은 다른 범주에 속하고 있었던 것도 사실이다.

일본 국기(國技)로 되어 있는 스모(相撲, 씨름)의 승부에서 오시다시(押し出し, 밀어내기)가 있는 것도 이 우치와 소토 문화를 이해하는데 참고가 될 것이다. 서두에 언급한 '벽의 문화' 개념은 요

소모노(他所者)를 무시하는 것은 아니고, 감시하면서 친절을 다하면서, 그들의 공동체에 완벽하게 끼워 넣어야만 마음이 놓인다는 멘탈리티(mentality)이다.

〈그림-9〉 스모의 오시다시(押し出し, 밀어내기)

7

청결, 목욕 그리고 센토

일본 열도의 고온 다습한 풍토성은 목욕의 편집적 선호의 습벽을 키워왔다고 할 수 있다. 일본인들의 서민 가정에 목욕시설이 선보이게 된 것은 에도(江戶) 말기로 추산되나, 센토(錢湯)의 등장은 훨씬 소급(遡及)된다. 센토에 대한 기록은 14세기경에 출간된 소설 속에 나온다. 센토의 등장과 온나와라와(女童)27), 유센(湯錢)28) 등의 낱말이 이 시기에 선보인다.

15세기 전반에 방일한 조선인 사절단의 견문기*17)에서도 "입욕을 즐기고 욕실이 마련되어 있고, 또 거리 곳곳에 욕탕이 있다. 그곳에서 호각을 불면 사람들이 소리를 듣고 다투어 요금을 지불하고 욕소에 들어간다" 등의 기록이 나온다. 이 센토는 오늘날 공중목욕탕에 해당되는 것으로 몸의 청결과 지역사회에서 서

---

27) 공중목욕탕 여자 종업원.
28) 공중목욕탕 입욕 요금.

민들의 문화사론적 구실도 하고 있었던 것 같다. 시키테이 산바(式亭三馬)의 『우키요부로(浮世風呂)』[29] 등의 작품에서 아주 시사성 있는 풍자를 하고 있다. 물론 하나의 풍자소설이지만 에도 서민 사회에 있어서 이 알몸의 모임 터에서 독특한 생활 문화를 많이 만들게 되었으리라는 것은 인정해야 할 것이다. 서로 알몸으로 대면하는 대화 분위기가 며칠 만에 꼭 한 번씩 있었다는 것은 빈부귀천이나 세속적인 외식 신분을 잠시 잊을 수 있어 지역주민들의 단결, 상호이해, 친화에 큰 몫을 하였을 것이다.

고대 유럽의 카라칼라(caracalla)[30] 대욕탕은 사치 일락을 즐겼던 카라칼라 황제가 귀족들의 다소 에로틱한 일락을 위해 마련한 오락장 같은 것으로 추리된다. 그후 유럽 각지에 공중탕 비슷한 것이 간헐적으로 등장하지만, 위생적 이유를 들어 폐업하게 되었다는 것은 역설적이다. 아마 유럽의 기후 및 풍토적 특징이 공중탕의 필요를 거의 느끼지 않게 하였을 것이다. 이와는 대조적으로 일본에 있어서는 그 고온다습이란 풍토적 특징 때문에 공중 욕탕은 생활필수품으로 뿌리를 내렸다.

1970년대 통계에서 25,000개소를 넘었지만 이젠 주거환경의 변화로 가정 욕탕이 완비되어 그 수효는 줄어들고 있다. 그러나 이미 서민 문화 공간으로서 뿌리를 내리게 된 이상 쉽게 자취를

---

29) 서민들의 공중탕 전경을 재미있게 쓴 풍자 소설.
30) 한 번에 1,600명을 수용할 수 있었던 대규모 목욕탕으로 100ha의 부지에 지어졌다. 서기 6세기까지 사용되었다.

감추지는 않을 것이다. 물론, 시대에 적응하여 헬스센터의 역할로 변신하고 있다. 다무라 류이치(田村隆一)*18)의 "인의(仁義)가 퇴폐하면 센토 또한 퇴폐하고, 센토가 퇴폐하면 인정(人情)이 곧 퇴폐한다"고 했던 만평이 기억난다. 목욕을 생활화할 때 부수적으로 얻어지는 것은 청결이다. 곧 자기 몸에 대한 청결 기분이 생활 전 분야에 확산되어 생활 문화 전반에 청결화가 확산된다.

시바 료타로(司馬遼太郎)*19)는 유명신문의 기고란을 통해서 "19세기에서 20세기에 걸쳐 미국에 건너간 일본 이민들이 너무 악착스럽게 일을 한 탓으로 미국인들의 시기에 가까운 미움을 받게 되었으나, 다른 한편으로 긍정적인 평가를 받게 된 것은 일본인들의 생활 주위환경의 청결성에 있었던 것이다. 물론 청결 그 자체도 일본의 문화이며 미덕으로 받아들여졌던 것"이라고 진술하고 있다. 또한 흥미로운 에피소드를 소개하면, 미·일간 태평양 전쟁이 발발했을 때 미 연방정부에서는 재미 일본인들의 거취에 신경을 곤두세웠다.

그 이유는 이들의 대미 충성심에 확신을 가질 수 없었던 것이다. 결국 대통령령(9066호)으로 '전시전주국(轉住局, WRA)'이 만들어지고 LA를 비롯하여 각처에 흩어져 생활기반을 닦고 있던 일본인 11만 명을 강제 수용소에 보냈을 때의 일이다. 이들은 콜로라도(Colorado)사막에 강제 이송된 일본인들에게 그곳에서 새로운 생활을 영위하도록 하였는데 수용소 일대가 정리되고 청결하게 유지되었다는 것이다. 제2차 세계대전이 끝나고 수용소에 있었던 일본인들은 다시 옛집으로 이주되고, 그곳에 살던 흑인들은 새로 건립된 주택가로 가게 되었다. 옛집으로 돌아온 일본인들은 다시, 더럽혀진 주위환경의 정화작업에 힘써서 불과 수 주일 안으로 그 슬럼가는 옛날의 깨끗한 일본인가로 탈바꿈되었다고 한다.

현재 일본에는 약 70여만 명이 넘는 한국인들이 살고 있다. 한국인들이 일본에 교거(僑居)하게 된 이유를 여기에서 다시 언급할 필요는 없을 것이다. 대다수가 본의 아니게 강제 징용으로 끌려간 경우가 많다. 그러나 이곳에서 그간 생활 기반의 뿌리를 내리게 된 한국인들은 전쟁 후에도 부득이하게 일본에 잔류하면서 살아 나갈 수밖에 없었던 것이다. 그러나 우치와 소토의 일본적 문화권에서 더불어 사는 데는 힘든 현실을 부인할 수는 없다. 항상 소토에 머물게 하고 우치 취급을 받는다는 것은 어려운 사회 생리인 까닭이다. 한편, 여기에서 오래된 기록이지만 일본인의 대 외국인관 중에는 한국인에 대한 절대다수의 반응이 한국인(조선인)은 '불결하다'[*20]고 되어있다.

이러한 결과가 나오게 된 유래는 오랫동안 한국인에게 견지하고 있던 우월감 또는 실제 재일한국인들이 살아가는 정황(情況)을 보고 느낀 지극히 편견적인 독단에서 왔을 것이다. 그러나 여기에서 유의해야 할 점은 타인을 평가절하할 때, 여러 가지 요소들이 있겠지만 일본인에게는 '불결하다'라는 개념이 가장 영향력을 미친 것 같다.

〈그림-10〉 훈도시(褌)와 일본 신사
자료 : 『비고의 일본 소묘집』, 岩波文庫, 1993. p.31

　이와 같이, 인류가 불결함을 멀리하고 청결함을 지향하게 된 것은 문명의 발전 과정과 거의 정비례한다. 이것은 생명을 위협하는 각종 질병들이 불결한 데서 온다는 생활 경험에서 터득한 소중한 지혜의 산물이기도 하다. 고온과 다습을 이겨내기 위해 물 속에 들어가고 물수건으로 몸을 닦는 것 이외에는 별다른 도리가 없다. 「시보리(絞り)」[31]가 한국 식당에서 뿌리를 내리게 된 것도 우연이 아니다. 일본인들의 공중탕 문화도 한국에서 잘 정착된 예라고 할 수 있다.
　고온다습과 연계되는 또 하나의 풍속도가 있다. 일본인들의 과다한 노출에 대한 불감 증후군이다. 그렇다고 해서 그들이 과다 노출의 습관을 의식적으로 키워 온 것은 아닐 것이다. 그러나

---

31) 물을 갓 짠 물수건.

서구인들, 특히 아시아계 외국인들은 당황한 것이다. 하기야 오늘날 피부과다 노출을 넘어 누드 문화마저 기승을 부리고 있는 지구촌 문화는 매우 달라졌다. 근대에 일본을 찾던 외국인들은 일본의 육체노동에 종사하는 직업인들이 훈도시(褌)32) 한 장으로 일상의 노동에 임하고 있는 것을 보고 당황스러웠던 것이다. 이와 같은 광경을 보고 자칫하면 민족적 도덕관을 끌어내기 쉽지만 이것은 주의해야 할 자기중심주의란 것을 명심해야 한다.

더불어, 일본에는 하다카마쓰리(裸祭り)33)가 개최되고 있는 곳이 아주 많다. 지역 사회인들이 훈도시만 걸친 몸으로 축제에 참가한다. 대체로 일본인들은 마쓰리(祭り)34)를 진행하는 과정에서 미코시(神輿)35)를 메는 참가자들이나, 그것을 구경하는 군중까지 이 열기를 뿜는 잔치분위기 속에 휩싸여 무의식간에 총체적인 일체감 속에 몰입되어 버리는 것이다.

일반적으로 유교문화권에서 공통적이라 할 수 있는 피부과다 노출에 대한 사회적 지탄이 일본에서는 그다지 문제되지 않고 있다. 상대적으로 한국의 경우 같은 유교문화의 영향으로 피부을 숨기는 도덕률 즉, 아름다운 것, 귀한 것은 숨겨야 된다는 것

---

32) 국소만 가리는 데 쓰는 천.
33) 훈도시만 걸치고 하는 일종의 각 지역 수호신을 즐겁게 하는 마쓰리.
34) 당해지역의 흥을 일으키기 위한 잔치 행사로서 지켜나가고 있다. 이같은 행사가 그 지역주민들의 상호단합, 정신적 화합에 크게 기여하고 있다. 그 중에서 알몸으로 하는 마쓰리는 참가 군중들의 스킨십(skinship) 효과가 완벽하게 키워질 수 있는 계기를 마련한다는 측면에 유의해야 한다.
35) 지역 수호신의 위패를 실은 가마.

이 미의식으로까지 변질된 흔적이 많다. 인간의 가장 아름다운 부분이 피부라고 한다면, 서구에서는 이 살갗의 미를 과시하기 위한 지체(肢體) 노출의 의지가 꾸준하게 성장해 왔다. 일본 역시 유교의 제2차적 주변 문화권에 속하면서 피부 노출의 문화 풍토가 허락된 것은 아마 그 견디기 힘든 고온과 다습이라고 할 수밖에 없다. 여기서 거론되는 피부 노출은 어디까지나 남성에 한정한 것이며 여성들의 경우 일본 역시 예외는 아니다.

헤이안시대(平安時代, A.D. 800~1200)의 왕조, 귀족문화는 여인의 몸을 최대한 비단옷으로 감싸는데 그 기교를 다 해왔던 것이다. 주니히토에(十二単衣)36) 같은 옷차림이 곧 여자 정장이었다. 회교 문화권에 있어서의 여인들의 차도르(Chador)37) 혹은 부르카(burka)38) 의상은 종교적인 측면도 있겠으나 사막과 건조한 모래바람, 그리고 작열하는 태양광선을 막기 위한 실질적인 기능도 겸하고 있을 것이다. 동남아 지역의 여성복인 간소화되고 얇은 사롱(sarong)39)은 언제나 물 속에 들어가고 또 쉽게 말릴 수 있게 고안되어 있다. 이 지역에도 이슬람 문화권이 많지만 결국 차도르나 부르카 등을 입기에는 너무 고온 다습하였다고 할 수 있다. 일본 여름은 사실상 동남아 지역 이상의 고온 다습을 특징

---

36) 일본 전통 복식. 자세히 말하면, 하나다치바나카사네(花橘襲)이다. 가사네(襲)란 겹쳐 입는 옷을 말한다. 헤이안시대 화려한 궁중 문화를 배경으로 발전된 형식이다.
37) 인도, 이란 여성이 베일이나 숄로 사용하는 검은 사각형 천.
38) 이슬람 여인의 눈만 내놓은 장옷.
39) 말레이 인도네시아 여성들의 허리에 감는 옷.

으로 하고 있다. 따라서 기모노(着物)⁴⁰⁾는 과거 궁중 의상으로 명절이나 특별한 날에 입고 일상적으로 훈도시, 고시마키(腰卷)⁴¹⁾ 같은 것이 주된 의복으로 등장하게 되는데 이것은 동남지대의 사롱과 거의 흡사하다.

일본은 1790년경 공중탕의 남녀 혼욕 금지령을 내렸지만, 잘 지켜지지 않았다. 그것은 비고(Bigot G. F.)*²¹⁾가 그린 『일본 소묘집』 안에 많이 등장하는 남녀 혼욕 광경이 그것을 대변해 준다.

〈그림-11〉 일본인의 혼욕
자료 : 『비고의 일본 소묘집』, 岩波文庫, 1993. p.71

---

40) 기루(着る)와 모노(物)의 합성어. 과거 조상들이 예로부터 입어온 의복에 한해서만 기모노라 부르며 서양 의복인 양복(洋服)과 구별된다.
41) 지금은 그다지 사용되지 않으나 일본 여성들이 허리에 감아 입는 내의.

8

미우라 안진

다네가시마(種子島)에 포르투갈의 철포(小銃)가 전래된 것은 1543년의 일이다. 이 우연한 사건이 훗날 역사적으로 얼마나 큰 의의를 낳게 했던가를 생각할 때 놀라지 않을 수 없다. 우리보다 85년이나 앞질러 서양조총을 입수한 일본인들은 즉각 방제품을 만들기 시작했다. 그리고 그것을 실전에 사용한 것은 1575년의 일이다. 입수한 지 35년 전후가 된다. 또한 1578년에는 이미 오사카(大阪) 혼간지(本願寺)에 조총 8,000여 점이 보관되어 있었다는 것을 야소회 선교사가 본국에 보낸 서한 속에 적고 있다. 그리고 1592년 임진왜란 때는 철포대를 편성하여 활약했다.

조선의 요청으로 들어온 명나라 원군대 중 철포를 가진 자가 없었다. 명나라에서 철포대가 편성된 것은 훨씬 훗날이 되며 임진란 때 왔던 명군 군사들이 이 왜군의 철포대에 놀라서 그것을 본떠 서둘러 조직된 것 같다. 그런데 철포가 중국 광동성 두문에 선보이게 된 것은 1514년의 일이다. 명나라 조정에서는 이 귀중한 조총 정보를 개발 활용하지 않고 창고 속에 깊숙이 숨겨 두었던 것이다. 조총이 널리 전파되어 사회의 불안 요소로서 악용되는 것을 두려워했던 것이다.

윌리엄 아담스(William Adams)42)가 지금의 일본 오이다켄(大分県)의 해안에 표착(漂着)한 것은 AD. 1600년의 일이다. 그는 화란(和蘭, 네덜란드)의 동양 탐험 선단의 한 구성원으로서 상선 '리이후데호'의 물길 안내원으로 참여하고 있었다. 일본에 표착한 후 당시의 도쿠가와 막부(德川幕府)43)를 위하여 다방면에 걸쳐서 얼마나 실질적인 공헌을 하였는지는 그 당시 도쿠가와 막부에 있어서 사실상 배후 실권자인 도쿠가와 이에야스(德川家康)44)가 그에 베풀게 된 파격적인 대우에서 충분히 짐작할 수 있다.

그는 오늘날 도쿄시내 니혼바시(日本橋) 부근에 저택을 지어주고 220석(石)의 봉토(封土)45)를 주고, 자그마한 영주(領主)의 대우를 했던 것이다. 그가 고국 영국에 있는 부인에게 보낸 편지 중에도 "나는 지금 일본 황제를 위하여 봉사하고 있으며, 영국에 있어서 대후(大候)에 상당하는 처우를 누리고 있다. 80여 명의 농민들이 나를 위하여 일하고 있으며 ……" 등이 적혀있다. 그

---

42) 미우라 안진(三浦按針, 1546~1620).
43) 에도막부라고도 하며 그 초기에 해당됨. 일본 전역은 군소 번국으로 점차 질서 있게 할거체제를 갖추게 되고, 도쿠가와 막부는 군소번국의 연맹체 맹주로 통괄하고 있는 체제였다.
44) 이미 은퇴한 도쿠가와 막부의 초대 쇼군(將軍).
45) 막부에서 할당해 주는 영토.

는 이즈(伊豆) 반도의 이토(伊東) 해안에서 80톤, 120톤 급의 배 건조도 지휘했다.

이같은 막부 당국의 처우는 훗날 돈 로돌리코(Don Rodolico)[46] 일행이 표착되었을 때도 마찬가지였다. 도쿠가와 막부는 이미 다네가시마(種子島)에 포르투갈인이 조총을 가지고 표착한 이래, 이들 표착선이 가지고 오는 창의적인 기술정보에 관심을 가지고 있었다. 도쿠가와 막부 당국으로서는 외국의 난파선이나 표착선이 일본 해안에서 발견되었다는 소식은 그후 조치가 번거로운 외국 선박의 해난 사고로 받아들이기보다 귀중한 낭보로 받아들어졌던 것이다.

돈 로돌리코의 경우도 막부의 당시 쇼군(將軍)이었던 히데타다(秀忠)에게 즉각 보고되고, 그것은 다시 슌푸(駿府)[47]에 은거중이던 실력자 이에야스에 보고되어 그의 지시만 기다렸던 것이다. 드디어 이에야스의 지시에 따라 이미 정주하고 있던 윌리엄 아담스를 출영사로 파견하였으며, 도중 안정과 안내의 소홀함이 없도록 이에야스의 슈인조(朱印狀)[48]를 휴대시켰다.

돈 로돌리코는 필리핀 제도 장관의 자리를 맡아오다가 신임 장관의 착임으로 본국에 돌아가던 도중에 해난 사고를 만나게 된 것이다. 이들 일행은 그후 본국에 가게 되지만 이때는 미우라

---

46) 스페인 상선의 선장.
47) 에도시대의 지방관청 소재지. 지금의 시즈오카(静岡)시.
48) 무역 및 상륙허가서.

안진의 지도하에 건조된 범선을 타고 태평양을 건너게 된다. 또 이 배에는 당시 교토의 호상(豪商)들 20여 명이 동승하였으며, 그들은 지구 반대쪽의 시찰을 하기 위해서였다.

돈 로돌리코의 본의 아닌 표류가 전화위복의 계기가 되어 스페인의 식민지 필리핀을 중계지로 일본과 스페인의 교류가 시작되는 것이다. 그 전만 하여도 일본은 포르투갈과의 문물교류가 주된 것이었다. 이로써 포르투갈어 대신에 스페인어가 일본의 무역 외국어로 급부상하게 된 것이다.

상대적으로 한국(조선)의 경우 조선에 표착한 하멜(Hamel) 일행에 대한 경우를 살펴보면, "1653년 하멜 일행 64명의 화란인이 본국을 떠나 일본 나가사키(長崎)를 목적지로 바타비아(Batavia)*22)를 거쳐 대만으로 향하던 도중, 폭풍우를 만나 제주도에 표착하게 되었다. 그 중 생존자 36명은 다음 해(효종 5년) 서울로 호송되어 앞서 우리나라에 표착하여 귀화신분으로 생활하고 있던 박연(Weltree)의 확인을 받고, 여수, 순천, 남원 등지의 병영에 분할 수감시켰으며, 10년 후 1666년(현종 7년) 하멜 이하 8명이 탈출 도주하여 일본을 거쳐 본국에 돌아가게 되었다. 돌아가자 그들은 그동안 조선에서의 억류생활을 '난선 제주도 난파기'로서 발표하였으며, 익살스럽게 이것이 처음으로 세계 속으로 소개된 한국관계 풍속기가 된 것이다.*23)

이와 같이 불과 200여㎞의 해협을 사이에 두고 한반도와 일본의 국제화는 비교가 되지 않을 정도로 상반되게 진행되고 있었다고 볼 수 있다. 상기한 미우라 안진이나 돈 로돌리코가 일본 막부 당국에서 받은 처우와 너무 대조적이다. 하멜 일행이 범죄자와 같은 연금 상태에 있었다는 것은 조선 조정의 외국인관을 잘 말해주고 있다.

  임진왜란 때 일본 시마즈(島津) 번에 납치되어 간 도공들의 처우에도 시사하는 바는 크다. 이 경우에는 처음부터 계획적인 납치였던 것이다. 전쟁포로가 아니라 금알을 낳는 소중한 전리품으로 생각하고 있었던 것이다. 조선 도공들이 지니고 있던 도예 기술을 유감없이 발휘하여 다도(茶道)의 명기(名器)[49]를 양산하여 번국 내에서뿐만 아니라, 타번국에도 판매하여 자번국의 재정을 살려보자는 계획하에 이루어진 일이었다. 납치된 도공들은 그곳에서 '조선계(朝鮮系)사람'이라는 호칭을 받아 무사에 버금가는 대우를 받고, 대문을 세우고 담장을 만드는 것도 허용되었다. 그 당시 무사 이외의 계급에게는 허용되지 않는 특전이다. 그리고 자녀들은 무사 자녀만이 갈 수 있는 무도관에 가서 무술을 배우는 것까지 허용하였던 것이다.*24) 이와 같이 파격적인 대우에 납치된 도공들은 점차 감응하게 되고, 결국은 명품 시마즈야키(島津焼)[50]가 세상에 나오게 된 것이다.

  유럽, 동남아, 대만, 일본을 잇는 즉, 극동과 극서를 잇는 시레인(Sea Lane)에서 한반도는 지리적이나 문화적으로 합류하지

---

49) 그 당시 일본 열도는 다도 열기가 후끈했다.
50) 시마즈번에서 생산하는 도자기.

못한 것이다. 조선왕조에서는 출람소화(出藍小華)51)라는 자부심과 환상 속에서 눈과 귀를 꼭 막고 중국 이외의 문물에 대해서는 아무런 가치도 부여하지 않았다. 오히려 문화 오염을 당한다는 망집(妄執)에 싸여 있었다고 생각된다. 다시 말해, 중국 문화 정보만이 가치가 있다고 생각하는 편견이 생리화되어 있었던 것이다. 오늘날 이슬람 문화에 있어서 서구 현대문화에 대한 생리화된 악마관과 비슷하다.

이렇게 볼 때 구로시오(黑潮)52)나 계절풍, 그리고 태풍은 서구와 극동을 이어주는 중요한 바닷길로서, 17~8세기를 전후하여 마카오에 본거지를 두고 있던 화란 문물, 필리핀 제도에 뿌리를 내리고 있던 스페인 문물, 인도지나 반도에서 중국대륙 동안(東岸) 곳곳에 점철(點綴)되어 있던 각개 고유 문물들을 종착지 일본 열도에 실어 나른 '풍요의 해상가도' 역할을 착실히 수행하였던 것이다.

벚꽃이 필 무렵이면 어김없이 말을 타고 행렬을 지워 에도(江戶)를 찾아오는 붉은색 머리의 상인들을 에도 시민들은 큰 구경거리로 보고 기다리고 있었을 것이다. 그 당시 화란상관(和蘭商館)은 규슈(九州) 나가사키(長崎) 데지마(出島)에 제한되어 있었는데, 에도의 막부 장군에게 인사하러 갔던 것이다. 이들이 올 때마다 연변가도는 잔치 분위기가 되고, 그들의 이채로운 풍모를

---

51) 스승보다 제자가 더 훌륭하다는 뜻으로, 여기에서는 중국에서 유교를 배워 유교를 낳은 중국 이상으로 유교적이 된 나라.
52) 북적도 해류에서 오는 온도가 아주 높은 난류.

보려고 또, 새롭고 색다른 정보를 얻으려고 그들 일행이 머무르는 숙소 앞은 분주하였다. 이렇게 일본인들의 이국(異國) 정보에 대한 호기심은 대단하였다고 할 수 있다.

신유한(申維翰)*25)은 그의 해유록(海遊錄)53)에서도 오사카에서는 서적 출판이 번성하여 장관을 이루고, 김학봉(金鶴峯)의 해사록(海槎錄), 유서애(柳西厓)54)의 징비록(懲毖錄)55), 강항(姜沆)의 간양록(看羊錄) 등이 거리에서 날개 돋친 듯 판매되고 있었다고 하고 있다. 앞에 언급한 기노시타 모쿠타로(木下杢太郎)는 "일본역사 속에서 무엇인가 대단한 사건이 일어날 때에는 언제나 푸른 바다가 그 배경에 있다"라고 했던 말과 관련되는데, 활대 모양의 긴 열도는 긴 해안선을 따라 먼 바다 저쪽에서 진기한 물건이나 사람들의 교류가 파상적으로 일어나고 있었던 것이다.

고대 한일 관계를 살펴볼 때, 가야, 고구려, 백제, 신라는 일본 열도에서 가장 가까운 바다 건너 이웃이 된다. 고지키(古事記)56), 니혼쇼키(日本書紀)57) 등 일본 고대사에서 대외관계라 하면, 그 대부분이 한반도와의 관계였고, 앞에 내용과 관련되는 일본 고대사의 내용도 한반도에 대한 기록이 대부분이다. 한편 한도서국을 둘러싸고 있는 바다는 때로는 순기능, 때로는 역기능

---

53) 일본 견문기.
54) 조선조 선조 때의 명상.
55) 임진왜란에 관한 수기.
56) 일본에서 가장 오래된 사서, AD. 712.
57) 고지키 다음의 사서, AD. 710.

을 할 수도 있지만, 일본 열도의 경우는 거의 완벽에 가까울 만큼 순기능을 한 역사로서 기록되어야 할 것이다. 가마쿠라 막부 시대, 고려와 원군에 대한 침공을 받게 되어 일본국의 존망은 문자 그대로 풍전 등불이었다. 그런데, 뜻밖의 태풍 내습으로 국난을 막게 되었으니 훗날 그들은 이 태풍을 「가미카제(神風)」[58]라 하였던 것이다. 이와 같이 긴 역사를 통하여 일본인들은 바다 건너 희보나 흉보를 막론하고 정보의 가치를 몸에 익히게 되었고, 한반도와 같은 정보편식(情報偏食)에서 당하는 화(禍)를 모면하였다는 것은 한국인들도 명심하여야 할 것이다.

미국 구로후네(黑船)[59]의 내항에 개국과 쇄국의 국운을 건 판단의 갈림길에서 비교적 재치 있게 대처하고, 그것을 극복할 수 있었던 것도 그들의 대외 정보력이라 할 수 있다. 예를 들어, 나폴레옹의 유럽정복 정보는 1813년에 입수되었고, 중국과 영국의 아편 전쟁 직후 에도 막부는 이국선 타불령(異國船 打仏令)[60]을 철회했던 것이다. 에도 막부에서는 제3대 쇼군(將軍)[61] 도쿠가와 이에미쓰(家光)[*26]가 쇄국령을 내리고 대외 접촉을 막았다고 되어 있으나, 이것은 어디까지의 막부의 국내 치안을 위한 정략이며, 막부 당국으로서는 대외 정보의 창구를 열고 그 당시의 정책

---

58) 하늘이 도와 준 바람.
59) 에도 막부 말기 경에 일본에 내항한 배들이 대부분 검게 도색되어 있어 '검은 배'라고 불렀다.
60) 외국 선박을 무조건 구축하라는 지령.
61) 막부 최고 실권자.

에 있어 정보 분석을 통하여 추진하고 있었던 것이다. 예를 들어 일본에 내항하는 화란선박의 화물선적은 데지마(出島)62)에 한정하였으나, 상호왕래는 계속되었으며, 데지마에 한정한 것도 대외무역의 이익을 막부 측에서 독점하고자 하는 의도가 깔려 있었던 것이다. 또한 이들 외국선은 입국할 때마다 풍설서(風說書)라고 하는 일종의 종합정보 보고서를 일본 막부에 제출하게 된 것이다.

한국의 경우, 병인양요(丙寅洋擾)*27), 신미양요(辛未洋擾)*28)는 아편전쟁(阿片戰爭)*29) 이후 20여 년이 지났을 때 일이다. 일본이 미국인 페리의 구로후네 외교에 눈을 뜨고, 개국으로 국가 정책을 바꾸었을 때에도 우리 조정에서는 쇄국일변도의 닫힌 정책으로 일관하고 있었던 것이다. 이와 같이 한국은 한말의 세계 격동기에 완전히 정보 장님국으로 남아 있었던 셈이 된다.

신유한(申維翰)은 제술사(製述使)로 일본에 갔던 조선통신사의 한 사람이다. 훗날 그가 펴낸 해유록(海遊錄)에 다음과 같은 내용이 있다. 곧, 그들이 쓰시마(対馬島)의 이즈하라(厳原)에 도착해 쓰시마 번(藩)의 통역이 번주에게 안내하려고 할 때, 신유한은 노성(怒聲)으로 "이 섬은 조선의 일개 주현(州縣)에 불과하다. 그리고 이 섬 도주(島主)는 조선의 번신(藩臣)에 불과하다. 그런데 조선 국왕의 직신(直臣)인 내가 한 지방관에게 가서 접견을 받아야 하는가"라고 하였던 것이다. 통신사 일행 중 한 사람의 제술관 신분으로서 어울리지 않는 흥분된 발언이라 할 수 있다. 그

---

62) 나가사키의 작은 섬.

가 쓰시마를 조선의 일개 영토로 간주한 것은 어디까지나 유교적 예(禮)에 준한 것이라고 할 수 있으며, 사실적인 통치와는 관계없이 관념적인 예에 무게를 실었던 것은 안타까운 일이다.

또한 그 후, 일본이 메이지 유신을 성공적으로 이룩하고 생활풍속에 있어 빠른 속도로 변신하고 있었는데도 불구하고 부산에 있는 왜관(倭館) 문 벽에 고지문을 부쳐, 일본국의 정치개혁을 비난하여 "그 모습을 바꾸어 속(俗)을 취하였다. 곧, 일본인은 사람이 아니다. …중략… 무법의 나라이다……"와 같이 일본이 유신 이후에 적극적으로 추진하던 전 분야에 걸친 혁신을 보지 못하고 오로지 그들이 입은 옷이나 헤어스타일에 대해서 눈살을 찌푸렸던 것이다. 흡사 아큐정전(阿Q正傳)*30)의 주인공과 같은 웃지 못할 정경(情景)이 눈앞에 펼쳐진다. 유교의 예는 공론에 사로잡혀 현실 판단에 필요한 정보는 완전히 무시하고 있었던 것이다.

〈그림-12〉 세계에 눈뜬 일본인
자료 : 『비고의 일본 소묘집』, 岩波文庫, 1993. p.187

9

끝없이 이어간다

　일본의 도시 구조를 보면, 많은 건축물이 모임으로써 이루어지는 도시풍경이 서구나 중국도시의 계획적 질서 정연함에 비교할 때, 일본의 도시 풍경은 어딘가 산만하고 자연적이며, 생물체의 성장에 닮아있다. 가옥 안에서도 좌우로 구불구불 이어져 나가는 긴 골마루, 도시 확장을 하는 현장을 볼 때, 한국의 도시 발전과 유사점을 가지고 있다. 과거, 현재, 미래에 있어서의 단절을 지극히 꺼리는 문화적 특징을 찾아볼 수 있다. 이와 같이 공간에 있어서 이어짐을 시간에서도 볼 수 있다. 19세기 말에서부터 20세기 초기에 걸쳐 노도같이 들어 닥치는 서구 문명의 해일 속에서도 과거와의 단절을 두려워하고 나름대로 민족 전통문화의 지속적 발달을 꾀한 흔적이 현저하다.
　지난날의 온갖 민족 행사들이 일본인들의 가슴 한 구석에 깊게 뿌리내리고 있다는 것을 우리는 쉽게 알 수 있다. 일본의 전통적 감각 문화들이 시·공을 한데 묶어 축소와 확대를 거듭하며, 거대한 빙하가 완만한 속도로 움직이듯이 진행하고 있는 것이다. 과거와 현재가 비분리 상태로 생물체의 복잡계가 진화하듯 움직이고 있는 것이다. 시간은 직선으로 흐르고, 과거는 언제나 아래쪽을 향해 가라앉는다는 상식으로 살아온 서구 사람들은 시간과 공간의 소용돌이 속에서 당혹감을 금치 못할 것이다.

한민족에 있어서 대(對)자연관의 구체적 표현이라 할 수 있는 조경 예술의 연계적 발상 중 대표적인 일본의 회유식(回遊式)정원, 문학 영역에 있어서 렌가(連歌), 헤이안조의 수필집 마쿠라노소시(枕草子) 등에서 이어가는 연계 기술을 찾아낼 수 있다. 쓰쿠시(尽くし)63) 문체 역시 한 문장 속에서 숨 쉴 겨를도 주지 않고 유사한 보기를 열거한다. 그것은 아마 그 속도감이나 흐름의 미를 즐기는 것 같다.

일본인들은 일상생활 속에서 특히 작별 인사를 나눌 때도 몇 번이나 되풀이하여 국궁복배(鞠躬複拜)하는 모습을 볼 수 있다. 그들은 무엇인가에 뚝 잘라 버리는 것을 꺼리고 보니, 작별 기술이 서투르다고 하는 것이 옳을 것이다. 에마키(絵巻)64)는 왼손으로 두루마리를 감고 오른손으로 두루마리를 풀면서 역사 이야기를 이어나가며 감상한다. 한 장, 한 장 넘겨보는 것보다 그 흐르듯 이어지는 것을 즐기는 것이다. 한국어를 일본어로 옮길 때 소

---

63) 한 대목을 새워놓고 유사한 것들을 연이어 열거함.
64) 그림으로 역사적 사건을 두루마리 종이에 이어 그려 말아둔 것.

유격 노(の, 의)의 빈발이 그것을 말하고 있다. '학교 운동장'을 그대로 옮기면 안 되고 반드시 「学校の運動場(학교의 운동장)」으로 해야 한다. '학교'와 '운동장'이라는 두 단어를 「노(の, 의)」로써 이어야만 바른 일본어가 되는 것이다. 한국의 경우는 한문의 영향을 직접적으로 받아 '격조사'를 대단히 등한시한다. 한문에서는 한자 하나에 격조사들이 포함되어 있어 문맥에 따라 주격도 되고 소유격, 여격이 되는 것이다.

일본의 가옥 구조에 있어 엔가와(縁側, 툇마루)는 보통 유리문이 바깥쪽에 끼어져 있으나, 그와 같은 유리문이 만들어지기 이전 서민의 집들은 처마에 차양을 달아내어 툇마루가 눈비를 맞지 않게 되어 있었다. 이 툇마루 공간은 결국 집안과 집 바깥을 이어주는 공간이며, 서양의 발코니와 비슷하고, 한국 가옥에서도 사랑 받는 공간이다. 엔가와에서는 길가는 사람과 방안 사람과의 대화가 가능하며, 관서지방에서는 따뜻한 기후 탓으로 사계절 동안 애용할 수 있다. 한국의 남부지방에서도 아주 추운 겨울철을 제외하고는 활용가치가 높은 공간이다.

또한, 렌가(連歌)는 일본의 단가 5・7・5・7・7을 이등분하여 전 5・7・5를 가미노쿠(上句), 뒤에 오는 7・7을 시모노쿠(下句)로 하여 이어나가는 것이다. 이 시가 게임에는 참가 인원에 제한이 없으나 보통 3~4명이 좋다. 첫 번째 사람이 5・7・5를 읊으면, 두 번째 사람이 7・7을 읊어 한 개의 단가가 완성되고, 세 번째 사람은 다시 5・7・5로서 이어가는데 이들 쓰케아이(付

슴)65)가 감상의 대상이 되는 것이다.

초보자의 경우는 쓰케아이가 구상적(具象的)으로 표현되나, 대가가 되면 매우 추상적(抽象的)으로 표현된다. 아무튼 렌가시(連歌師)들이 둘러앉아 머리의 순발력을 테스트하듯 정취(情趣)의 기복(起伏)이 파도같이 출렁이며 이어져 가는 것을 즐기는 것이다. 일본 건축물에는 시간의 흐름을 세로로 쌓으면서 이어가는 구조물들이 많다. 예를 들어, 녹원사(鹿苑寺)의 금각(金閣)은 기층(基層)이 신덴즈쿠리(寢殿造り)66)로 되어있고, 2층은 쇼인즈쿠리(書院造り)67)이며, 최상층은 선원식(禪院式)으로 되어 있다. 스키야(數寄屋)68) 등에서는 회유식 정원과 유기적으로 어울려, 시간적 수직계와 공간적 수평계가 교차되면서 펼쳐지는 것을 느낄 수 있다.

오늘날도 면면히 이어오고 있는 습명(襲名) 관행에 대해서 살펴보자. 일본의 고유무대 예술로서 잘 알려져 있는 가부키(歌舞伎), 노가쿠(能樂)는 말할 것도 없고, 와게이(話芸)69)로 불려지는 라쿠고(落語)70), 만단(漫談, 만담), 그리고 고단(講談)71)에 있어서

---

65) 이어가는 재치.
66) 평안, 가마쿠라 시대의 귀족주택의 양식.
67) 무로마치 시대에서 모모야마 시대에 걸쳐서 완성된 무사계층의 주택양식.
68) 다실 풍의 건물.
69) 이야기로 꾸며내는 예술.
70) 우스운 이야기로 관객을 즐겁게 한다. 특히 마지막 맺는말을 오치(落ち)라 하여 이 한 마디로 관객을 웃음바다로 몰아넣는다. 라쿠고는 비교적 근대에 생겼다.
71) 에도시대에 흥행물로서 성공한 것으로 중세의 군기물(전란물), 혹은 아다우치(仇内, 복수담) 같이 현장감 있게 풀이하는 이야기 예술.

도 습명제도가 대단히 중요한 비중을 차지하고 있다. 이를 테면, 라쿠고에 있어서 하야시야 고부히라(林屋こぶ平)가 9대 하야시야 쇼조(林屋正蔵)를 습명하는 습명 행사가 일본 일간지에 대서 특종으로 게재되었다. 가부키에 있어서는 나카무라 간지로(中村雁次郞)가 230년 만에 사카다 도주로(坂田藤十郞)를 습명하였다.

이것은 일본의 역대 천황이 그 즉위식에서, 현대에 유일한 아마테라스오미카미(天照大神)의 천황령(天皇靈)을 몸에 지니게 되었다는 뜻인데, 몸은 줄곧 바꾸어져도 영적으로 동일하다는 일본 신도의 사상에서 온 것이다. 이와 같은 '연계의 미학'은 연계를 위한 시간적, 공간적 연계 고리로서 마(間)[72]를 대단히 중요시 하는 미학을 낳게 되는 것이다. 일종의 일본 문화 특유의 마의 미학(間の美学)이 생기게 된 것이다.

마가와루이(間が悪い)[73], 마가누케루(間がぬける)[74], 마니아우(間に会う)[75], 마누케(間ぬけ) 등 일본어 사전에는 마(間)를 접두사로 하는 용례는 대단히 많다. 그 중에는 우리말로는 가뿐하게 옮길 수 없는 말들이 많다. 외국어를 우리말로 옮길 때 가뿐히 옮겨지지 않고 어딘가 미흡한 느낌을 많이 주는 것이 곧 그 민족만이 가지는 생활문화의 특성이며, 일종의 문화적 타자성이라 할 수 있을 것이다. 따라서 마의 미학에 대한 예리한 감수성 없이는

---

72) 나무와 줄기의 마디와 같이 줄기와 줄기를 이어주는 역할을 한다.
73) 운이 나쁘다, 난처하다.
74) 바보스럽다.
75) 당장 활용된다.

일본문화 특히 일본예술의 감상은 불가능한 것이다. '마의 미학'과 '연계의 미학'의 관계는 빛과 그림자 같은 것이다. '연계의 미학'과 같은 세련됨 없이 '마(間)의 미학'이 만들어지지 않는다는 것은 두 말 할 나위도 없다.

이와 같이 마(間)는 일상생활에서 흔히 쓰이는 용어이다. 사전적 의미는 '공백', '일정 공간', '일정 시간'의 뜻이 되지만, 여기에서 마의 의미는 광범위한 일본의 특수한 문화적 내용을 가지고 있다. 사실상 '일정 시간', '일정 공간'이 분명하지만, 이 공간과 시간에는 다음 일을 일으켜 이어가려고 하는 가능성으로 충만되어 있다. 결국 다음 일을 하기 위한 일종의 휴식의 공간이며, 시간을 가리키는 것이다. 결국 마는 앞, 뒤, 좌, 우를 이어주는 기능을 가지고 있는 것이다. 연계와 마는 일견(一見) 상반되는 것 같이 보이면서, 서로 상보하고 있다는 것을 알 수 있다. 이를테면 일정 공간을 관념적으로 경계지우는 노렌(暖簾)이나 로지(露地)[76)]의 후미이시(踏み石)[77)] 위에 놓은 결계(結界)[78)] 같은 것도, 공간을 자른다는 뜻과 함께, 공간을 잇는다는 양면적 구실을 한다.

---

76) 다실(茶室)의 정원에 만들어지는 다실과 대합실을 이은 정취 있는 소로.
77) 일본 정원에서 통행로에 일정 간격으로 놓아둔 보행용 판석.
78) 경역(境域)을 표시하여 일정 공간을 분단하는 것.

10

이에모토와 비전

직감이나 감성으로 밖에 의지할 수 없는 예능의 세계에서 자칫하면 단절을 불러일으키는 취약점을 보충하기 위하여 생각해 낸, 비전(秘傳)이나 이에모토 제도(家元制度)*31)는 일본 문화의 대표적 특징이라 할 수 있다.

막부말기(幕府末期)에는 병학(兵學) 50여류(餘流), 궁술(弓術) 40여류, 마술(馬術) 60여류, 검술(劍術) 500여류, 창술(槍術) 150여류, 철포(鐵砲)기술 170여류, 유술(柔術) 160여류가 기록되어 있다. 여기서 주목할 것은 유파의 종류가 많은 것보다 이 많은 유파들이 통합되거나 소멸되지 않고 도쿠가와 막부기(德川幕府期)를 통해 병렬적으로 이어왔다는 것이다. 위의 군사관계 유파는 사실상 메이지유신(明治維新)으로 일본이 근대 국민 국가로 탈피하게 되자 자취를 감추게 되었지만, 예능계에 속하는 꽃꽂이(花道), 향도(香道) 등의 유파는 지금도 그 유파 세력을 자랑하며 상호 경합하고 있다. 그들은 자기 유파의 끊임없는 연계(連繫) 곧, 승계(承繼)를 위하여 취약성이 많은 혈연을 도외시하고, 유조사장(流祖師匠)의 직관적인 판단에 의하여 비전(秘傳) 양식으로 유능한 제자를 선별하여 후계자로 만들어 그들 유파를 살려나가는 것이다. 사실 정의(情誼)나 혈연(血緣) 같은 것에 연연하여서는 예도의 높은 수준을 그대로 이어간다는 것은 불가능할 것이다.

결과적으로 이에모토 제도는 한 사람의 유조(流祖)를 정점으로 하여 헌신적인 봉사와 신비화된 예도에의 신앙으로 이어지는 대의제(大擬制)적인 가족 집단을 형성하게 되는 것이다. 이와 같은 이에모토 의식은 비단 예도에 있어서뿐만 아니라, 그들의 일상생활 속에서 얼마든지 볼 수 있다. 술집 여주인을 보통 마마(ママ)라고 부르며, 의협(義俠)의 세계, 즉 야쿠자(ヤクザ)들 간에는 오야분(親分, 에비, 우두머리), 고분(子分, 자식, 부하)으로 구성되어 있다. 국회의원들의 비서들은 예외 없이 의원을 오야지(親父, 아버지)로 부르고 있으며, 한 때는 일본 천황을 정점으로 하여 국민들을 세키시(赤子, 어린이들)로 부르기도 하였던 것이다. 재벌 계열의 무한(無限) 연계를 위하여 예도의 이에모토 제도에 가까운 기업일가 의식이 살아있으며, 미쓰이(三井) 재벌 일가의 경우, 이세오시코미(伊勢押し込み)라 하여 미쓰이가의 융성에 장애가 생기면, 일단 혈연을 연금 상태로 제거하고 입양형태로서 재벌 기업 체제를 이어갔다.

이와 같은 연계의 미의식은 곧 일본 사회의 도덕률로 정착되어 직업관에도 영향을 주며, 직업의 단절을 지극히 부끄러워하는 것이다. 가업의 직종에 관계없이 가업 연계를 자랑으로 하며, 노래자랑과 같은 방송무대에 있어서도 자기 직업을 알게 하는 시루시한텐(印半天)79)을 입고 나오는 사람이 많은 것이다. 예를 들면, 궁술, 마술, 공법(무가의 예법)을 가르쳐주는 유파 중의 하나인 오가사와라류(小笠原流)의 경우는 시조(始祖)가 가마쿠라(鎌倉) 막부 시대로서 현재 30대 800년이나 이어지고 있다. 그 세력이 만만치 않는 이케바나(生け花) 유파인 이케보류(池坊流)는 현재 45대에 이르고 있으며, 문하생 130만 520여 년의 전통을 자랑하고 세계적인 꽃꽂이 교실망을 가지고 있다.

일본 요리의 한 유파인 핫토리류캇포(服部流割烹, 일본 요리)는 17대에 이르고 있다. 그 시초는 일본 전국시대(戰國時代, 16세기 말) 무사들의 전쟁터 요리에서 출발한다. 일본 왕실의 온갖 궁중 예식, 의전의 제법도를 지켜오는 이에모토인 다카쿠라케(高倉家)는 25대가 되고 있다.

교토(京都)의 시니세(老舖)80), 다와라야(俵屋)81)는 18개의 객실과 소나무(槇木)로 된 욕조(浴槽)가 유명하고, 오사카(大阪)의 사카이시(堺市)에 있는 미미묘(美美卯)는 우돈스키(ウドンスキ)82)로 유명한 요정이다. 200년 전통의 그 주방장격인 주인이 일본

---

79) 보통 핫피라고 부르는데 겉옷에 옥호, 표식을 염색한 것.
80) 긴 전통을 가진 상점이나 여관.
81) 지금 주인은 제11대임.
82) 면과 건더기를 냄비에 끓이면서 먹는 요리.

의 명문 동경대학 법학부(東京大学法学部) 출신이며, 오사카(大阪)의 시니세(老舗), 깃조(吉兆)에서 요리 수련을 받고 또, 선종(禪宗) 사찰에서 정신적 수련을 받았다고 하는 일화가 전해지고 있다. 제과점인 쓰보야(壺屋)는 17세기 전반에 개업하였다고 하며, 현재 제17대가 주인이라고 한다.

이에모토 제도는 문하생에게 교수권은 인정하나 면허권은 이에모토에서 독점하여 그 면허권을 발부에서 나오는 수수료를 유파 육성의 재원으로 쓰고 있다. 그리고 다 같은 유교문화의 주변 문화국이면서 한국의 경우는 과거제도를 받아들였으나, 일본에서는 받아들이지 않았다. 한국의 경우 과거시험 과별 중, 진사 명경과를 제외한 타과는 계급 여하를 막론하고 일단 응시자격이 있었으며, 물론 대단히 희귀한 경우가 되겠지만, 한 농첨지의 아들이 일약 과거에 합격하여 금의환향할 수도 있었던 것이다. 흡사 복권당첨으로 별안간 부호가 된다는 꿈처럼 허황되기는 하였지만 마음 한 구석에 그와 같은 꿈을 꾸고 있었던 것이다. 그 결과 부모님들의 욕심이 그의 구차한 현 직업을 자식에게 권유하기가 주저되었던 것이다.

계급혁신을 바라보는 마음은, 오늘날도 고등고시에 합격하여 고급관료나 판·검사가 되는 이야기가 멜로드라마의 주제가(主題歌)로서 자주 등장한다. 그러나 일본의 근대 막번 체제(幕藩體制)[83]에 있어서는 계급의 혁신이란 불가능하였던 것이다. 하기야

---

83) 에도기에 완성한 지방할거의 봉건체제.

전국시대에는 힘이 세거나 운이 좋은 자가 적장의 목이라도 베어 오면 앞길이 트이기도 했지만 도쿠가와 막부(德川幕府) 270년 (1600~1868) 동안에는 완전한 평화시대로서 그와 같은 기회는 없었고, 게다가 과거제도도 없었으니 가업은 천직 이외의 아무 것도 아니며, 부모들의 유언도 가업을 소중히 하고 그 직업 중에서 선두자가 되라는 것이 고작이었던 것이다. 이와 같은 사회 체계에서 가업 계승이라는 미학이 꽃피지 않을 수 없고 각 직종마다 이름난 다쿠미(匠人, 장인)가 키워지지 않을 수 없었던 것이다. '개구리 새끼는 필경 개구리(蛙の子は蛙)'라는 일본 속담이 현실 그대로였다.

또한 여기서 유의할 것은 사회지도 계급으로서 '사(士)'의 내용이 다르다는 것도 중요하다. 한국의 경우 '사'는 '선비'이고, 붓을 그의 상징으로 하는 계층이다. 상대적으로 일본의 '사'는 곧 「사무라이(武士)」이다. 긴 칼을 항상 허리띠에 꽂고 다니는 계층이다. 그 아래 농·공·상인들은 '사'에 대해서 조심스러운 태도로 일관했고 그러면서도 기본 도덕률은 그들에서 배웠던 것이다. 다른 계급과 살상사고[84]가 났을 때도 막부 당국에서는 사무라이에게 유리한 판결을 내리는 것은 동류계급으로서 어찌할 수 없는 것이었다. 이렇게 볼 때 도쿠가와막부 270년은 계급이 완전히 고정된 시대이며, 각 계급은 그의 계급 역할에 충실해야만 무사하게 생활할 수 있었던 것이다. 이것은 일본 야쿠와리(役割) 존중의 문화가 그 특징으로 등장하는 것과 맞물려 있다.

---

84) 칼을 휴대하니 그런 사고가 많았다고 한다.

제125대 일본국 천황

 일본은 메이지 유신(明治維新, 1868)을 계기로 도쿠가와 막번 체제에서 근대 국민국가로 탈바꿈하게 된다. 동시에 유럽의 여러 군주제(君主制)를 본받아 명치제국(明治帝國) 헌법을 제정하고 천황제(天皇制)를 선포하고 천황이 존재하는 통치체제를 취하게 된다. 이로써 명치천황은 122대의 일본왕(日本王)으로 군림하게 된다. 여기서 일본천황을 122대로 자리매김하는 기산법(起算法)에서 약 10대 정도는 감산하는 것이 실제의 대수(代數)에 가까워진다.
 그 사이 귀족 율령(律令) 체제, 막부(幕府) 체제, 전란기, 남북조(南北朝)기, 근세(近世)의 막번 체제를 통하여 정통, 비정통의 시비가 그치지 않았으나 명목상으로는 지금까지 이어져 왔다는 것은 주목하여야 할 것이다. 특히 제2차 대전의 종말에 있어 연합국 대표들이 포츠담에서 의결한 '포츠담선언'의 응낙 여부에 대해서 일본의 전쟁 최고지도자 회의는 선언내용 중에서 천황에 대한 확실한 신변 안전보장이 없다는 이유로, 응답이 며칠이나 늦어져 국민의 피해를 가중시켰다는 사실이다. 그때까지만 하여도 천황은 일본 제국 헌법에서 육·해군(陸·海軍)의 통수권(統帥權)을 가진 대원수(大元帥)였으며, 태평양전쟁의 선전포고도 천황의 재가로 발효한 것이다.

돌이켜보면, 제1차 세계대전에 패망한 독일 국왕 빌헬름2세(Wilhelm Ⅱ)가 망명하고 바이마르(Weimar, 1919)헌법에 의한 공화국(共和國)을 선포하였다. 그러나 히틀러(Adolf Hittler, 1889~1945)에게는 안성맞춤의 희생물이 되었다는 사실과는 대단히 대조적이라 할 수 있다. 그야말로 무모한 태평양전쟁의 유발, 그리고 전쟁중의 천문학적 수효에 달하는 인적, 물적 피해, 인류사상 최초의 원자탄 피폭 등을 생각할 때, 패전과 함께 걷잡을 수 없는 일종의 루산치만(ルサンチマン, ressentiment)의 소용돌이가 일어나서 천황제 타도의 민중운동이 일어날 법도 한데 말이다. 여기서 우리는 일본 천황의 존재 의의를 재고(再考)할 필요를 느끼게 한다. 일본천황은 일본 역사라는 큰 흐름 속에 있어서 유속(流速), 유량(流量) 그리고 그 방향정책에 있어서 은연한 영향력을 부지불식간에 발휘하여 왔다는 사실이다. 곧 일본의 역사 전개에 있어서 연계(連繫)와 결계(結界)의 몫을 맡아온 것이다.

일본역사에 있어서 정치, 사회적 구조개혁 같은 것을 요하는

데 전환점에 임할 때는 반드시 천황이 해야 할 몫이 자연스럽게 만들어졌던 것이다. 태평양전쟁의 종식에 있어서도 이성(理性)을 완전히 잃은 군부 지도자들에 의한, 일억총옥쇄(一億總玉碎)의 광기어린 표방을 일억총참회(一億總懺悔)로 돌릴 수 있는 계기가 된 것도 천황의 존재였다고 생각된다. 제어장치를 잃은 거선(巨船)이 좌초 침몰하는 참화를 피할 수 있게 한 것은 천황의 세칭 옥음방송(玉音放送)[85]이었다는 것은 익살적이기도 하다. 270여 년간 뿌리 내리고, 거의 완벽에 가까웠던 도쿠가와 막번 체제가 근대 국민국가로 변신하는 '대전환기(grand paradigm shift)'의 메이지 유신이 예상외로 적은 양의 유혈과 단시일의 후유증으로 극복할 수 있었던 것도 이 천황의 존재를 빼놓고는 설명이 되지 않는다.

  체제변혁도 중요하지만, 일단 변혁된 체제에 제반 문화가 큰 마찰 없이 순응할 수 있었던 것도 역시 천황의 은연한 힘이 작용하였던 것이다. 명치신정부는 개혁의 후유증 치유를 위해 왕정복고(王政復古), 신무창업(神武創業)[86] 같은 구호를 활용하는 데 인색하지 않았으며, 국민들의 생활 제반에 있어서 유럽화가 별다른 저항 없이 진전될 수 있었던 것도 명치천황을 모델로 하여 재치 있게 추진되었던 것이다. '천황이 양복을 입으시니 우리도 입어야겠다', '천황이 쇠고기를 드시니 우리도 먹어야겠다'. 이와 같이 천황 바람을 불러 일으켰던 것이다. 그러면서도 천황은

---

85) 천황육성의 항복 수락.
86) 신무왕은 제1대 왕으로서 실재 여부는 부정적.

일본 국교격인 신토의 제사장(祭祀長)이고, 천황으로서 천조(踐 祚)의 의식(儀式)[87]도 그야말로 전통적으로 행하여졌다. 일상생활에 있어서는 현대적 모범을 보였으니 천황은 바로 과거와 현재를 연계시켜줄 뿐만 아니라, 미래 지향의 발판 역할을 하여왔던 것이다. 다시 말하면, 일본 천황은 일본문화 전반에 걸쳐 연계(連繫)와 결계(結界)의 역할을 맡아온 것이다.

이 정도에서 한국의 경우를 한 번 되돌아보자. 동북아 지도를 펴놓았을 때 먼저 우리 머릿속에 떠오르는 것은 한반도(韓半島)가 놓여 있는 지정학적 위치에 대한 관심이다. 그야말로 대국(大國)이란 호칭에 걸맞은 중국, 그것 못지않게 아시아 대륙(大陸)과 북방(北方) 전역을 휘어 감고 있는 큰 곰 러시아, 그리고 영토 자체는 그다지 크다고는 할 수 없으나 그래도 우리 한반도의 두 배 가까운 넓이를 가지고 있는 일본열도가 북쪽은 북해도의 소야미사키(宗谷岬)에서 남서 열도의 남단 섬 하테루마(波照間)까지 위도폭(緯度幅) 21.5도로서 아시아 대륙(大陸) 동안(東岸)을 싸고 있으며, 특히 우리 한반도는 완전히 포위되어 있는 지세(地勢)에 놓여 있다.

도대체 우리 한반도의 이웃에는 솔직히 말해서 팔씨름이라도 한 번 청해 볼 알맞은 크기의 상대국이 없다. 결과적으로 우리 국사 교과서는 예술, 문화적 영역을 제외하고는 자랑할 만한 것보다 오욕스러운 내용이 많이 기록되게 되었던 것이다. 그래서

---

[87] 왕위계승 문제에 따른 온갖 의식 절차.

툭하면 조상 탓하기를 서슴지 않게 되었고, 그것이 민족적 버릇이 된 것 같다. 사대주의(事大主義)니, 출남소화(出藍小華)니, 하는 것은 식자들의 용어이고, 훨씬 속된 말로 '엽전이 무엇 하나 제대로 하겠나'라는 식의 민족적 자기비하(自己卑下)의 폭언이 얼마 전까지만 하여도 대단히 자연스럽게 우리들 입에서 툭툭 튀어나왔다. 그런데 이와 같은 자괴적(自愧的)인 자기 점검은 그 자체로서는 별로 탓할 것이 못되지만 자칫하면 또 하나의 아주 고약한 버릇을 키우는 모멘트를 부여하게 된다는 것이다.

서두에서 지적한 것처럼, 우리 한반도가 놓여 있는 숙명적(宿命的) 입지조건이다. 그와 같은 틈바구니에 끼여 있으면서 길고 긴 세월 동안 끈질기게 민족의 맥을 이어왔다는 사실이다. 우리보다 훨씬 선택받은 조건에 있었고, 또한 훨씬 큰 공동체를 이루고 있었던 민족들이 긴 역사의 맷돌 속에서 산산히 분산되거나, 흔적조차 찾기 어렵게 된 예도 결코 적지 않다. 이렇게 볼 때 선대(先代)들은 정말 슬기롭게 배달민족체의 유지와 발전에 임하여 왔다고 할 수 있다. 하기야 우리 강토 방방곡곡에는 아직도 호(胡)군이나 왜(倭)군들에 쫓겨 다녔던 피난처의 흔적이 많으니, 그와 같은 멘탈리티가 만들어지게 된 것도 어떻게 보면 자연적이기도 하다. 어떤 민족 할 것 없이 승전고(勝戰鼓)만으로 채워진 민족사를 가진 민족은 없을 것이다. 한족(漢族)이나 슬라브의 러시아족 같은 경우에는 그렇게 큰 덩어리이면서도 언제나 새외민족(塞外民族)들의 침입으로 두 다리 펴고 자지도 못한 것이다. 만

리장성(萬里長城)을 쌓아야 했고, 근대에 와서는 서구 열강의 식민지 전쟁이라는 회오리 속에 안성맞춤의 표적밖에 될 수 없었던 것이다.

한편 유럽사에 있어서도 예외는 아니다. 그 예로 나폴레옹이 광분하던 19세기 초의 유럽 대륙을 그려보면, 영광(榮光)만의 민족사는 없는 것 같다. 영국이나 일본 같은 도서국은 그 입지적 조건 때문에 복 받았다고 할 수 있고, 특히 일본 열도는 세칭, 원구(元寇)[88]의 태풍 이래 거의 외환(外患)을 모르고 살아왔으니, 이와 같은 경우는 특수한 경우라고 할 수 있다. 문제는 한민족이 자랑해야 할 것은 승전고로 채워진 역사가 아니라, 약육강식의 수라장 속에서 약소국이란 핸디캡을 어떻게 슬기롭게 극복하여 왔는가 하는 것이다. 이런 관점에서 우리들은 종래의 자기비하(自己卑下)적 민족사관을 크게 수정하여야 할 것이다.

만약 한 민족의 통치자 층까지 그와 같은 역사관 때문에 소박한 과거 부정적 습성에서 벗어나지 못할 경우, 대단히 위험한 통치관(統治觀)을 낳게 되는 것이다.

치욕적인 것은 본능적으로 보기 싫어지고, 보기 싫은 것은 안전(眼前)에서부터 말살해 버리고 싶은 충동의 유혹을 낳게 되는 것이다. 그래서 우리는 일제(日帝)의 권부(權府)이며, 우리의 원부(怨府)였던 옛 총독 건물을 아주 가벼운 마음으로 철거하기도

---

[88] 고려조, 몽고, 고려의 연합군이 일본 열도를 침공한 사건을 일본에서는 이렇게 호칭.

하였다.

생각해 보면 서울 한 가운데 북악(北岳)을 지고, 근정전(勤政殿)을 정면에서 가로막듯 서 있는 이 건물을 좋아하는 한국인은 없다. 그러나 다시 한 번쯤은 생각할 점도 있다. 어디까지나 필자의 백일몽이지만, 이 건물을 그냥 두고 싶었다. 그 대신 쇠사슬로 포박하여 한 개의 오브제 예술품으로서 길이길이 반일본 군국주의(軍國主義)의 기념비적 박물관으로 남겨 조석으로 위기관리 의식을 갈고 닦는 숫돌 역할을 담당케 하고 싶었던 것이다. 그 정면에는 키가 큰 소나무라도 심어 두는 것도 좋을 것이다. 그리고 서울을 찾는 일본인 혹은 외국 관광객들로 하여금 그들의 인도적 부채를 일깨우는 데 한 몫을 담당하게 하는 것이다.

오늘날 일본인들이 그들 교과서에서 조상들이 저지른 역사적 죄과(罪科)를 남기기 싫어하는 것도 충분히 이해할 만하다. 그 악명 높은 아우슈비츠(Ausuwitz) 수용소를 유태인 후손들은 한사코 남기려고 한다. 이것은 독일 민족으로서는 크게 괴로운 처사일 것이다. 그러나 독일 민족은 과감하게 정면 돌파의 방법을 택하였다. 그러므로 나치 독일의 역사적 대죄는 그런대로 수습이 되고 있다. 이와 같은 정면돌파(正面突破)적 심성(心性)의 문화를 갖지 못하고 있는 것이 일본 민족이며, 다분히 아시아 농경문화의 공유부산물(公有副産物)인 것 같기도 하다. 일본 고관(高官)들에 의한 망언이 연발되고 있는 요즈음, 그와 같은 심증이 더욱 굳어진다. 여기서 필자는 조지 산타야나(G. Santayana)*32)의 경구(警

句) 내용인 "과거의 잘못을 쉬이 잊어버리면 그 잘못을 다시 되풀이 할 것이며, 또한 그것에 지나치게 집착하면 더욱 어려운 사태를 유발한다"는 말이 문득 상기된다.

서두에서 언급한 것처럼 우리들은 우리들이 걸어온 문화적 총체로서의 민족사(民族史)를 '수치스러운 역사'로만 받아들이고 긍정적 평가를 게을리하였다. '수치스러운 과거'는 빨리 땅 속에 묻어버리거나, 가능한 멸가(滅價)처리 해야 된다는 멘탈리티이다. 마침내 선임자들이 한 것에 대해서는 항상 부정적 판단을 내려야만 하고, 그렇게 함으로써 자기의 위상이 돋보이게 될 것이라는 아주 비뚤어진 정치풍토(政治風土)가 이 땅 위에 마련되게 되었다. 그래서 새로 집권(執權)의 좌(座)에 오르면, 그 첫 외침이 언제나 '과거를 청산한다'로서 중시조적(中始祖的) 행세를 시도하는 것이다. 선배 위정자들이 하였던 것은 모두 역사를 비뚤게 한 것이고 그것을 바로 잡는다는 것이다. 하기야 '새 질서', '새 정치'의 기치로서 집권출범식을 갖겠다는 것은 그 자체로서 좋다. 의욕적으로 일을 해 보겠다는 것이다. 그러나 이것이 도를 넘어 '역사 바로 세우기' 구호가 나왔을 때는 아연실색해 버린다.

도대체 지금까지의 우리 민족사는 비뚤어져 있었단 말인가? 허나 가만히 가슴에 손을 얹고 생각해 보면, 역사는 결코 정치사가 아니라 한민족의 문화적 GNP와도 같은 것이다. 결국, 소수의 통치자들에 의해서 좌지우지 되어서는 안 될 것이다. 그러므로 '정치풍토 바로 세우기', '교통질서 바로 세우기', '관료(官僚) 풍토 바로 잡기' 같은 구호는 있을 수 있겠지만 '역사 바로 세우기'라는 것은 언어도단의 오만 무례한 발상이라 할 수 있다. 우리 민족사는 우리의 민족이 같은 말을 쓰고, 같은 미추(美醜)의 감수성으로 서서히 합류되어, 도도히 흐르는 깊고 줄기찬 대하(大河)와도 같은 것이다. 그 힘차게 흐르는 물줄기를 누가 막을 것인가?

  통치자들이 할 수 있는 것은 이 대하의 거대한 유속(流速)에너지를 가장 효율적으로 끌어내는 일이다. 박정희 대통령의 '새마을 운동'은 바로 그 결정적인 성공 사례라 할 것이다. 돌이켜 보면, 지금까지 우리 민족이 싸워온 역사는 현명하고, 용감하였으며, 결코 비뚤어진 것은 아니었다. 오늘날 우리가 쌓아올린 국제적 위상을 생각하기에 앞서, 당장 해방 이후 지금까지 우리들이 치러온 반공투쟁을 상기하면 족할 것이다.

  우리들의 반공은 국토 양 단으로 치러야 할 민족상잔의 형태로 나타났으니, 그 어려움과 참상은 여기 되풀이할 기력조차 나지 않는다. 남로당(南勞黨)에 의한 대구 및 경상도 일대의 폭동은 필자가 직접 목격한 것이니 말할 것도 없고, 여수 순천 반란군 사건, 그에 이어진 지리산 빨치산 준동, 끝내는 3년간에 걸친 6·25동란, 군번 없이 죽어간 헤아릴 수 없는 홍안(紅顔)의 학도병(學徒兵)들, 남행(南行)길에 얼어 죽은 수많은 피난민들, 지금도 야행(夜行) 고속도로를 타고 대구 근교의 가산, 칠곡 근방을 지나게 되면, 뭇 원혼(冤魂)들의 귀곡성(鬼哭聲)이 들려오는 환청(幻聽)을 일으킨다. 이렇듯 우리가 걸어온 길은 참혹하긴 하였으나, 그 전란 속에서도 결코 비겁하지는 않았으며 고난(苦難)의 역사(歷史)이긴 하였으나, 결코 수치(羞恥)의 역사는 아니었다.

흔히 우리 문화를 한(恨)의 문화(文化)라고 한다. '한'이란 한민족공동체가 역사의 소용돌이에서 부지간에 가슴 깊숙한 곳에 가라앉힌 앙금으로서, 순기능적 요소와 역기능적 요소를 공유하는 또 하나의 심층적(深層的) 민족문화라고 할 수 있다. 하기야 우리 민족사를 더듬어 올라갈 때 한 많은 사연들이 너무 많았던 것도 사실이다. 그래서 풀어야 할 많은 한들을 가슴속에 안고 있는 민족임에는 틀림없다. 쫓겨 다니고, 숨어살고, 무고한 죽음도 많이 당하였다. '우리도 한 번 잘 살아보세'라고 내건 슬로건은 공연한 것이 아니었다. 이렇게 볼 때 그 쌓이고 쌓인 숙한(宿恨)을 하나하나 불사르고, 힘겹게 전진(前進)한 우리의 근대사(近代史)는 영광스러운 것이다. 전 국민이 흘린 피와 땀, 그리고 당대 통치자(統治者)의 올바른 정책이 맞물렸던 까닭이다.

전자는 역사적 전진의 촉진제 역할을 할 경우이고, 후자는 '한(恨)'이 '원(怨)'으로 변질되는 경우이다. 통치자의 역할은 이것을 어느 쪽으로 돌리느냐에 있을 것이다. 대체적으로 전자는 한민족의 역량을 수렴하는 특징을 가지고 있으며, 후자는 분산시키는 특징을 가지고 있다. 그래서 전자는 민족전진(民族前進)의 수렴적 에너지, 즉 민족의 신바람이 될 수 있으나, 후자는 그것과는 정반대의 분열에너지로 작용하여, 상호 반목과 증오의 풍토를 마련하게 되는 것이다. 특히 후자는 정치적인 조작으로 대중들의 누적된 생활 스트레스에 불을 지필 수 있는 불쏘시개로 쉽게 전용되기 때문에 못난 통치자들에 의해서 종종 악용되어온 것이다. 민중들은 거의가 걷잡을 수 없는 우리의 한보다, 생활 주변에서 얼마든지 찾아낼 수 있는 손쉬운 나의 원풀이 속죄양을 찾아내기 마련인 것이다. 이와 같이 '한풀이'와 '원풀이'는 얼핏 아주 닮아 있는 개념 같으면서도 그 본질은 아주 이질적인 것이 된다.

우리 역사를 돌이켜 볼 때, 조선조 초기 100여 년을 제외하고는 한풀이 아닌 원풀이의 소용돌이 속에 세월을 보냈다. 연산군(燕山君)조, 문신중용(文臣重用)에 힘입은 김종직(金宗直)은 무신으로 출세한 유자광(柳子光)이 함양군청(咸陽郡廳)에 걸어둔 시부판(詩賦板)을 떼어버리는 등 쓸데없는 사소한 일로 시작한 시비가 훗날, 선조조(宣祖朝)부터 시작하여 망국(亡國)으로 이어질 때까지 거의 340여 년간에 걸친 사색당쟁(四色黨爭)의 신호탄이 되었던 것이다. 풀어야 할 민족 한이 수없이 많았는데, 그것은 아랑곳 하지 않고 모두들 자신들의 한풀이의 열병에 걸려 있었던 것이다. 그 수단도 점차 잔악하여지더니 마침내 부관육시(部棺戮屍)라는 천양지화(泉壤之禍)를 일삼게 되는 것이다. '임진왜란', '병자호란' 등 민족의 맥마저 위험한 지경인데도 '원풀이'의 고삐는 늦출 줄 몰랐으니 말이다.

마침내, 한반도는 힘의 저기압권(低氣壓圈)을 형성하게 되었고, 주위에서 불어 닥치는 고기압으로 난기류권(亂氣流圈)의 중심이 되고 만 것이 금세기 초의 동북아정치기상도(東北亞政治氣象圖)였던 것이다. "우리도 한 번 잘 살아보세"는 '한풀이'의 외침이었다. 이것은 앞을 향한 외침이다. 그러나 원풀이는 뒤를 향한 분(忿)풀이에 불과한 것이다. 구적(仇敵)이나 원수에 대한 분통을 풀겠다는 증오의 소산이다. 한풀이와 원풀이는 대단히 유사한 개념 같으면서 정반대의 속성을 가졌다는 것을 명심해야 한다.

돌이켜볼 때 우리는 민족적 한풀이에 앞서 원념(怨念)의 노예가 되어 사색당쟁이라는 만국병을 앓아왔다. 그리고 이 악성 고질이 일종의 단절선호(斷絶選好)의 미학을 만들어 버린 것도 사실이다. 결과적으로 무엇인가 이어가자는 노력은 경시되거나, 못난 자의 소행으로 여기지고 흐름을 뚝 자르는 행위는 멋이 있고, 갈채를 받는 문화풍토(文化風土)를 일구어 놓고 말았다. 위정자들은 말 할 것도 없고, 아무리 소규모의 공공기관이라 할지라도 신임(新任) 기관 책임자는 전임자의 처사에게 무엇인가 트집거리를 찾아내기를 좋아하고, 심지어는 건물 도장이라도 바꾸어야 직성이 풀리는 괴(怪)습성을 키워왔다.

서기 1200년경에 일본 헤이안(平安)왕조의 율령귀족(律令貴族)제도를 뒤집고 무사(武士)들이 가마쿠라(鎌倉)에 막부(幕府)를 세웠을 때 그들이 넘어뜨린 귀족문화를 절대적으로 보호하고 이어나가기를 힘썼으며, 결국 율령 귀족문화에 무가막부(武家幕府)문화를 접목시키는데 성공하였던 것이다. 이로써 일본은 병렬문화(竝列文化), 연계문화(連繫文化) 곧, 승계문화의 모형(Pattern)을 만들어내는 역사관을 수립하게 된 것이다.

선임자들이 남겨놓은 것을 올바르게 발전적으로 평가하는 연계의식은 민족문화의 풍요로운 발전에 필수불가결의 역할을 하는 기본 문화가 되는 것이다. 선임자의 공적을 가능한 격하(格下)함으로써 나의 공적으로 높여 보겠다는 지극히 속물적인 발상은, 우리들의 문화적 전통을 메마르게 하였던 과거사를 되새겨 보게 한다.

여기에서 문득 한 일본인 신문기자가 "왜 한국에서는 일본국 패망 후 그 전까지 줄곧 이어오던 조선왕조(朝鮮王朝) 연계에 대한 시비가 일어나지 않았던가?"라고 푸념삼아 하는 말이 생각난다. 하기야 입헌군주제(立憲君主制)를 도입하여 옛 왕조를 이어보자는 소수의견도 나올 만했는데 말이다. 그러나 광복 이후 지금까지 그런 항담(巷談)을 필자는 들은 적이 없다. 27대 500여 년에 걸친 조선조 사직의 몰락은 우리들에 의한 것이 아니고, 일본인들의 강압에 의한 것이었는데 말이다. 그렇다고 조선조가 학정을 거듭하여 백성의 원부(怨府)가 된 것도 아닌데 …….

12

일본판 한의 문화
- 와비, 사비의 미학 -

　일본 교토(京都)의 고호안(弧蓬庵)에 비장(秘藏)되고 있는 기사에몬(喜左衛門)은 한반도에서 건너간 막사발의 애칭이다. 그 이름의 출처는 아마 이것을 처음 소지하고 있었던 사람의 이름일 것이다. 일본인은 이것을 오이토(大井戶)라고 하여 천만금의 가치를 부여하고 있다. 조선조 막사발을 총칭해서 이도다완(井戶茶碗)이라고 하는데 이 호칭의 출처도 애매모호하다. 일본 모모야마(桃山, 16세기 후반) 시대 다인들의 눈에 들어 일약 성가를 올리게 되지만, 조선에서 잡기의 하나로 만들어진 것이다. 그들의 표현을 빌리자면 그 소박한 생김새와 그로 인해 뿜어내는 우아하고 정취 있는 모습은 와비(侘)[89]의 다인들로부터 최고의 평가를 받고 있다. 이 이도다완은 조선 어느 지역에서 만들어 졌는지는 아직 확실하지 않다. 아마 섬진강 유역에 많이 있었

---
[89] 일본인 다도의 순수 이념. 사전적 의미는 '차분히 가라앉은 정취'이다.

던 도요(陶窯)들이 아니겠는가 하는 추측을 하고 있다. 상기 기사에몬 이외에도 쓰쓰이쓰쓰(筒井筒), 호소카와(細川) 등의 애칭으로 불리는 명기들이 있다. 특히 쓰쓰이쓰쓰와 같은 것은, 실력자 도요토미 히데요시(豊臣秀吉)가 애용한 차사발이라고 전해지고 있다.

월간 잡지 예술신조(藝術新潮, 1991. 8)에서 일본문화의 특집으로 설문조사한 「세계에 대답하는 일본문화의 특질」에 대해서 일본의 대표적 지성인들, 주로 학자, 문예작가의 대답 내용이 가이라기(梅花皮)[90], 청빈(淸貧)에의 동경, 스키야(數奇屋)[91]의 차양처마, 유가오다나노료즈(夕顏棚納涼図)[92], 센노리큐(千の利休)[93]가 만든 죽통(竹筒) 꽃꽂이, 조지로(長次郞)가 만든 아카라쿠치다완(赤楽地茶碗)[94], 가레노비가쿠(枯の美學)[95] 등이다. 이들 대부분이 청빈의 사상이라고 정의되는 와비다도와 연관된 미의식을 대변하는 것들이다. 여기서 유가오다나노료즈를 천거한 비교문학자의 하가 도오루(芳賀徹)가 지적한 그림은, 더위를 식히는 그림인데 하루 일을 마친 농부 부부와 한 아들의 세 식구가 막 등

---

90) 차사발 중 충분히 굽지 않아서 유약 발린 표면이 거칠거칠하게 된 것. 이도다완에서 얻은 지식.
91) 다도를 즐기기 위해 지은 소박하고 간소한 초막.
92) 박넝쿨을 올린 시렁 밑에서 더위를 식히는 그림.
93) 일본 와비다도의 대성자.
94) 적갈색 잿물로 구운 도자기로서, 센노리큐 지도하에 교토의 조지로(長次郞)가 구운 도자기.
95) 물 없이 강이나 폭포를 연상케 하는 상징적 정원의 아름다움.

〈그림-13〉 유가오다나노료즈(夕顔棚納涼図)

물을 하고 박 넝쿨의 시렁 아래에서 짚 멍석을 깔고 하염없이 앉아 있는 큰 화폭의 국보급 그림이다. 이 그림을 보고 마음이 편안하게 느껴지는 사람이면 비자(VISA) 없이 일본 입국이 허용되어야 한다고 말하고 있다.

와비와 사비의 해석을 위하여 일본 지식인들은 일본학 초보자에게 슈가쿠인이궁(修学院離宮)과 닛코(日光) 동조궁(東照宮) 요메몬(陽明門)의 천연색 사진을 비교 참조하게 하고 있다. 그리고 슈가쿠인이궁의 보조 설명으로 일본왕은 "이 이궁의 조영(造營)을 통하여 미적 세계에 의한 세속 세계의 정복을 의도한 것 같다"라고 기술하고 있다. 슈가쿠인이궁은 검소와 간결의 궁극적인 미를, 동조궁은 찬란, 호화의 궁극적인 미를 대표하는 것으로 건립주인 막부는 돈과 권력을 과시하기 위한 의도가 확실한 것이다.

그러면 일본의 지성인이 지적하는 와비다의 미의식에 대해서 좀 더 구체적으로 알아보기로 하자. 와비다는 센노리큐가 대성한 것으로 되어 있다. 그러나 와비다의 원류는 훨씬 시대를 소급하여야 할 것이다. 일본 헤이안(平安)조가 막을 내리고 가마쿠라에 막부가 설치된 것은 13세기 초이다. 이것은 귀족 율령체제가 무사들에 의한 지방 할거 체제로 바꾸어졌다는 것을 말하며, 훗날 이 막부 체제는 점진적으로 지방할거의 봉건체제로서 뿌리를 내리게 된다. 귀족들은 사실상 갈 바를 잃고, 그들이 누리던 부귀와 영화는 이제 꿈속 세상이 되고 말았던 것이다.

귀족들의 교통수단인 깃샤(牛車)[96] 대신에 기마(騎馬)가 들어서게 되니 활력과 속도가 붙기 시작하였다. 이와 같은 상전벽해의 대전환기에 중국에 갔었던 유학승들이 한 사람 두 사람 귀국하였고, 그들은 그곳에서 번성하고 있던 임제종(臨濟宗)의 선불교를 다와 함께 가지고 오게 된다. 여기서 말하는 임제종은 달마(達磨)가 인도에서 중국에 전파한 것으로, 인도 선종과는 매우 다른 것이다. 남송에 미만(彌滿)했던 노장의 도교 사상의 영향으로 난방선으로 탈바꿈한 것이다. 이 남방선은 불립문자(不立文字)를 앞세워 이론을 멀리하고 오로지 벽을 보고 좌선하는 고통을 이

---

[96] 소가 끄는 가마.

기는 데서부터 시작해야 하는 것이다. 작무(作務) 즉 궁행(躬行)을 기본으로 하며, 어떤 이론적 이데올로기에도 사로잡히는 것을 꺼리는 종교이다.

그들이 돌아온 일본은 무사들이 통치하는 새 풍토였다. 무사들은 몸에서 큰 칼을 뗄 수 없는 신분으로, 아침에 집을 나설 때 언제 죽어도 좋다는 각오를 다짐하고 죽음 앞에서도 인격의 단절이 없기를 원했던 것이다. 그래서 항상 죽음의 공포를 극복할 수 있는 마음의 단련을 요구 했다. 이와 같이 무사들에게 선종의 엄격한 궁행수도(躬行修道)는 안성맞춤의 종교로 받아들여지고, 일본에 선종 문화의 뿌리가 깊게 내리게 되는 계기가 되었다.

한편, 권좌에서 밀려나온 왕가 귀족들은 그들의 울분을 승화시키기 위하여 시가(詩歌)를 통한 미의 세계를 개척하기에 주력하였다. 가마쿠라 막부의 토멸을 위해 고도바인(後鳥羽院)이 일으킨 조큐노란(承久の乱, 1221)이 실패로 돌아가자 그는 섬에 유배되지만, 그 유배지에서도 그가 맡아 편집하고 있던 신고킨와카슈(新古今和歌集)에의 집념에는 대단히 열기를 보이고 있다. 그때의 대 가인(歌人) 후지와라 데이카(藤原定家)는 '홍기정융(紅旗征戎)은 나에게 관계없다'고 잘라 말하면서 그는 새로운 시가의 미 이념「우신(有心)」97)의 경지를 구축하는 데 전력을 다하였던 것이다. 중세 시가 이념으로서는 이외에도 유겐(幽玄)98), 요조(余

---

97) 우아한 감정과 지적 취향이 서로 어울린 시가의 모습. 후지와라 데이카(藤原定家)가 주장한 다가의 미 이념인데, 우신타이(有心体)로 알려져 있다.

情)⁹⁹⁾ 등이 만들어지겠지만 이와 같은 형이상학적 미 이념이 또한 훗날, 와비다의 이념 구성에 크게 기여된다고 본다.

중세 시가의 미 이념은 '섬세유적(纖細幽寂)'의 넉자에 단축 수렴된다. 이 말은 곧 일본 문화로서 미의식의 모형(母型)이 되기도 한다. 일본의 전통 있는 정형 시가를 통해 살펴보자.

夕されば野辺の秋風身にしみて鶉なくなり深草の里
(저녁 무렵 들녘에 가을바람 몸에 스미고 메추리 슬피 우는 풀 속의 산촌마을)

心なき身にもあわれは知らけり鴫立つ澤の秋の夕暮
(풍류모르는 나에게도 인생 정은 알 것만 같다. 도요새 날아가는 가을 저녁 늪가에서)

위와 같이 일본의 정형시를 우리말로 옮겨 적으면, 글줄에 흐르는 리듬의 맥은 완전히 토막 나게 된다. 아무튼 일본 문화에 있어서의 미의식을 설명하자면 그들과 오래 호흡해 온 시가(詩歌)¹⁰⁰⁾를 인용하는 수밖에 없다. 위 두 수의 단가(短歌)는 슌제이(俊成)¹⁰¹⁾, 사이교(西行)¹⁰²⁾의 작품이다. 그들이 내세우는 유겐

---

98) 소리 없이 내뿜는 깊은 정취. 단가의 미 이념으로 유겐타이(幽玄体)로 알려져 있다.
99) 두고두고 마음속에 남게 되는 정취.
100) 5·7·5의 초정형 단가도 있고, 5·7·5·7·7의 일반 정형 단가도 있음.
101) 중세의 단가인.
102) 중세의 방랑 단가인.

(幽玄), 혹은 요조(余情)의 미 이념은 그 시가의 무대로서 흔히 '가을의 저녁 무렵(秋の夕暮)'이 인용된다. 그 이유는 지난날의 화사했던 헤이안조(平安朝) 귀족 생활의 잔영이 '적막(寂寞)'이란 누더기 옷을 입고 등장하고 있는 것이다. 실락원의 한(恨)이 익어가는 첫 단계의 가도(歌道)이념이 바로 유겐, 요조로 결정(結晶)되었다고 봐야 할 것이다.

신고킨와카슈(新古今和歌集)[103]는 슌제이의 아들 데이카(定家)가 중심이 되어서 칙찬(勅撰)의 형식으로 빛을 보게 되지만, 이때 이미 헤이안 왕조는 완전히 과거의 기억 속으로 멀어지고 무가(武家)들에 의한 가마쿠라 막부의 기초가 급속도로 다져지고 있을 때이다. 결과적으로 신고킨와카슈에서는 실왕조(失王朝)의 한(恨)이 오히려 승화에의 징조를 보이기 시작한다. 우신(有心)이라는 새로운 미 이념이 데이카의 가도론(歌道論)에서 등장한다. 이것은 그의 일기 「메이게쓰키(明月記)」에서 말하고 있는 것처럼 거친 현실 속에서 그 아련한 왕조미의 세계에 대한 몽환적(夢幻的) 회귀를 꿈 꾼 것이다. '슌제이의 아내 읊음'으로 되어 있는 다음의 시가를 통해 살펴보자.

風がよふ寝覺めの袖の花の香にかおる枕の春の夜の夢
(옷소매 깃에 스며드는 꽃향기에 봄잠이 깨어나니 어렴풋이 간밤의 꿈 베갯머리 맴도네)

---

103) 8번째 출간된 칙찬집, AD. 1205년.

위와 같이 꽃향기에 잠이 깬 것으로 되어 있으나 잠이 깨기 전에 꽃향기가 유발한 봄꿈을 읊은 것이다. 흡사 앞 못 보는 스님이 벚나무 아래서 춤을 추다가 소매 위에 떨어진 벚꽃 한 닢으로 눈을 뜨는 것과 닮아 있다. 곧 마음의 눈을 뜬 것이다. 저 멀리 저녁노을의 바다 위에 해가 지는 것이 역력히 보인다고 스님은 말하고 있다. 초현실파의 그림과도 같은 것이 이 우신의 시가 일 것이다.

일본의 다도의식은 결국 센노리큐에 의해 완성되지만, 상기한 선종 사상의 궁행, 극기, 청빈과 신고킨슈의 미(美) 이념, 유겐, 요조, 우신, 그리고 과식(過飾)과 틀에 박힌 것을 싫어하는 칼의 논리가 구성 제요소로 작용하여 200여 년의 세월 속에 다듬어진 끽음(喫飮) 예술이라 할 수 있다. 즉, 궁행(躬行)과 극기와 청빈에 어긋나는 것을 멀리하고 경솔하고 정취 없음을 업신여기고, 아집에 사로잡혀 유연성 없음을 비웃는 것이 곧 와비다의 궁극적 이념이라 할 수 있다.

센노리큐는 화(和)・경(敬)・청(淸)・적(寂)으로 그의 사상을 표현하기도 했다. 화(和)는 곧 화합과 조화이며, 남과의 서슴없는 융합이고, 경(敬)은 종교적 의식면을 가리키며, 사람 상호간의 숭경(崇敬)을, 청(淸)은 물심(物心)과 더불어 청결, 청렴해야 한다는 것이며, 적(寂)은 차를 마실 때 심경으로 자연의 저 깊이 속에 내재하는 무일물(無一物)의 경지에 몸을 가라앉힌다는 뜻이라 한다. 와비다의 세계를 '부정(否定)이 낳은 자유세계'라고 하지만

이 표현 속에서 우리는 센노리큐의 한결같은 반골정신(反骨精神)을 읽을 수 있다. 권력과 재력만으로 콧대를 높이는 사람의 콧대를 꺾는 것이 그의 사상인 것 같다. 훗날 도요토미 히데요시(豊臣秀吉)의 차 스승이 되지만, 결국, 권력에 도취된 그와는 처음부터 비극의 씨알을 뿌리는 결과가 되었다. 마침내 의견충돌로 사형 중 가장 영예롭다는 자살을 명받았다.

와비다의 다실(茶室)이나 다의식(茶儀式)에서 볼 수 있는 간소미와 고담(枯淡) 취향은 그 속에 무한한 청결미와 섬세미, 그러면서 깊은 곳에 숨겨진 화사미를 동반하고 있다는 것을 쉽게 읽을 수 있다. 다실이나 다도구가 추구하는 '와비'는 결코 단순한 질박미(質朴美)와 후박성(厚朴性)과는 거리가 멀다는 것이다. 말하자면 과잉장식의 헤이안 왕조미에 대한 예술적인 거부가 바로 일본 와비다도가 청빈을 추구하는 간소(簡素)의 미의식이라 할 수 있다.

슈가쿠인이궁(修学院離宮)을 지은 동기는 '미적 세계에 의한 세속 세계의 정복'이라고 한 주장처럼, 여기에서 세속 세계라는 것은 닛코(日光)의 동조궁(東照宮) 같은 물질 만능적 과잉 장식을 넌지시 꼬집고 있는 익살적인 표현이라 할 수 있다. 이런 시각에서 볼 때 일본 문화의 핵심 요소로 통용되는 「와비」, 「사비」의 미의식은 헤이안 왕조의 미야비(雅, 우아미)가 굴절과 반사를 통하여 되풀이되는 과정에서 만들어진 일종의 도회적(韜晦的) 귀족문화의 변태적 산물이라고도 할 수 있는 것이다.

우리들이 흔히 볼 수 있는 일본 선정(禪庭)의 고담미(枯淡美), 와비다의 양식이나 다기, 다구류 속에서 숨 쉬고 있는 청결미와 섬세미가 곧 그 속성으로 되어 있는 것이다. 그러므로 이와 같은 미의식은 그 뿌리를 찾아가면 몰락한 헤이안 귀족들의 한(恨)이 온갖 우여곡절 끝에 탄생시킨 반골적(反骨的) 한의 결정으로 볼 수 있다. 다실(茶室)104) 자체는 돗자리 넉 장 반 정도(약 두 평 반)의 좁은 공간에 불과하나 이 안에 꾸며진 실내 조도(調度), 미즈야(水屋)105) 그리고 다마리(溜り)106)와 다실을 이어주는 작은 길(로지, 露地)을 포함시켜, 완벽에 가까운 사전계획으로 꾸며지는 것이다. 어떠한 고각대루(高閣大樓) 건조물에 못지않은 정력을 쏟아 넣고 있다. 결국은 굉장한 물심양면의 대가가 치러진다는 것이다.「와비」,「사비」는 호화찬란한 비단천의 뒷면에 비유되기도 한다.

한편, 18세기 중엽 이토 자쿠추(伊藤若冲)107)가 그린 그림들을 볼 때, 일본문화의 또 다른 한편을 보는 느낌이 든다. 흑백색으로 색채를 죽인 단조로운 선화(禪畵)와는 매우 대조적인 천연색의 화사한 그림들이다. 뿐만 아니라 교토의 우지(宇治)에 있는 평등원(平等院) 봉황당(鳳凰堂) 내부의 장식 같은 것을 볼 때 일본 사람들의 원초적 색채감은 오늘날의「와비」,「사비」조(調)의 색채와

---

104) 스키야라고 하며 다실풍의 건물을 가리킴.
105) 다실 한 구석을 차지하고 놓여 있는 다기의 설거지 공간.
106) 다회에 초대된 손님들의 대기실.
107) 과감한 채색으로 화조(花鳥)를 잘 그림.

는 정반대라는 것을 엿볼 수 있다. 그와 같은 원초적인 화사한 색채감이 중세의 시가 이념이나 선종 사상의 굴절 프리즘을 통과하는 과정에서 회색이나 혹은 흑백색으로 변색된 따름이다.

센노리큐에 의해서 다듬어진 「와비」라는 다도의 미의식은 앞으로 인류문화의 기념비적 기여를 할 수 있을지도 모른다. 특히 와비다도가 추구하는 '청빈의 사상'은 더욱더 그 비중을 무겁게 하고 있다. 우리들 남도 도공이 그야말로 호구지책으로 아무런 명예욕이나 야심도 개재(介在)되지 않은 채, 흡사 비바람이 깎아낸 해안가 기암괴석이나 소나무 가지처럼 탄생한 것이 조선조 막사발의 출산 경위이다. 그들 막사발들의 무한한 가치를 '와비다도' 미 이념의 열쇠로서 열게 되었다는 것은 조선조 백자의 영광을 넘어 세계문화에 있어 또 하나의 새로운 영역 개척이라고 하여도 과언이 아닐 것이다.

상대적으로 우리 민족에 있어 한(恨)은 그것을 가슴에 묻게 된 사람들이 그 한을 문화적으로 체계화할 수 있는 지적(知的) 역량을 가지지 못하고 있었다는 것이 일본의 경우와 다르다. 오늘날의 인류는 스스로 자연의 한 구성원임을 망각하고 자연을 훼손하고 병들게 하고 있다. 끝없이 발전하는 기술혁신과 인류의 무한 욕심은 결국 '가다린 돼지'*33)와 같은 비극을 초래할 것만 같은 오늘날이다. 정권의 좌에서 추방된 귀족들은 그들이 몸에 지니게 된 지적 재산으로 권력과 돈을 정복할 수 있는 미적 세계를 시가라는 매개를 통하여 이룩할 수 있었다. 또한 정권을 전횡한 무가들이 왕가 귀족문화를 함부로 멸각처분(滅却處分)하지 않고 오히려 활용하고 부가가치를 생산하였다는 것은 찬사받을 만하다.

오카쿠라 덴신(岡倉天心, 1862~1913)은 외국인을 위한 일본 다도에 대한 계몽판 『The Book of Tea』의 서두에 다음과 같이 저술하고 있다.

"15세기에 들어서 일본에서는 이것을 일종의 심미적 종교(審美的 宗敎), 즉 다도(茶道)라는 것으로 떠받들어 올렸다. 다도는 일상생활의 속사(俗事)에 있으며, 미(美)를 숭상하기 위한 일종의 의식이다. 그는 또 순결과 조화, 상호애(愛)의 신비, 사회질서의 로맨티시즘을 사람들의 마음속에 심어준다."

위의 글은 센노리큐(千の利休, 1511~1591)가 완성한 와비다도의 마음을 이해하는데 아주 알맞은 내용이 담겨져 있다. 와비다도의 미 이념은 하루아침에 이루어진 것은 아니다. 그리고 단순한 끽음 행위에 불과한 것을 다도, 즉 '차를 마시는 길'이라고 부르는 자체부터 일반 사람들에게는 심상치 않게 느껴지는 것이다. 앞에서 언급한 바와 같이 일본에 차가 들어온 것은 중국 강남의 남송에 유학승으로 갔던 선승들에 의한 것이다. 이전에도 찻잎이 들어오곤 하였으나 에이사이(榮西) 선사가 1141년에 전래시킨 때부터 일본 선승 사이에 넓게 보급된 것이다. 에이사이는 선종의 종파인 임재종(臨齋宗)의 개조이다.

차는 임재종과 함께 들어온 것이며, 임재종의 득도는 오로지

면벽좌선 하는데 있으니 이 좌선 과정에서 수마를 멀리하기 위한 효과를 맡고 있었다. 차와 선(禪)은 공동운명체처럼 한 몸으로 탄생하였다고도 할 수 있다. 궁행(躬行)을 앞세우고 이론을 멀리하는 선종의 덕도 방법이 한없는 극기와 인내가 죽음을 경시해야 할 무사들에게는 안성맞춤의 종교로서 가마쿠라 막부사회에서는 삽시간에 무사들 사이에 보급되고 자동적으로 끽다 관습도 뿌리를 내리기 시작하였다. 이렇게 볼 때, 끽다 의식은 곧 선의 의식에서 발전한 것이며, 선의 사상을 끽다로서 표현한 것이 다도라고 할 수 있다.

 에이사이에 이어 무라타 주코(村田珠光), 다케노 조오(武野紹鷗)가 끽차 의식을 다듬어 왔으며, 또 찻일(茶事)108)의 참석자도 점차 승려에서 무사로 다시 일반서민으로 확장되어 간다. 다케노 조오에서 배운 센노리큐가 나옴으로써 종래의 다의식에 일대 혁신이 일어난다. 인간은 항상 몫을 넘는 허영을 희구하는데 이것을 철두철미 불식하고, 있는 그대로를 끽다의 의식에 도입하게 되는 것이다. 그의 저술 남방록(南坊錄)109)에 의하면 "집은 빗물이 새지 않을 정도, 식사는 허기가 나지 않을 정도로서 족하고 이것이 곧 부처님의 가르침, 끽다의 정신의 근본이다"라고 적고 있다. 결국 그가 대성한 와비다(侘茶)는 끝없는 청빈에의 희구(希求)라고 할 수 있는 것이다. 보통 다선일치(茶禪一致)란 말을 잘

---

108) 소규모 다회.
109) 다도의 성전으로 유명.

쓰는데, 여기서 선은 곧 중국 강남에서 성한 남방선(南方禪)이며, 이선의 특징은 강남에 이미 뿌리 내리고 있던 노자와 장자가 주장하는 도교의 청담(淸談)사상에서 이루어진 것이다. 즉, 남방선은 인도 원류의 선종 사상과 노장의 사상이 상호작용하여 만들어진 것이라고 할 수 있다. 결과적으로 남방에 뿌리내린 개인주의적 경향이 그 주축을 이루고 있다. 이것은 북방 즉 황하유역을 중심으로 한 유교사상은 어딘가 공산주의적 전체주의 사상과 대단히 대조적 양상을 띠고 있는 것이다.

오카쿠라덴신은 이것을 올바르게 지적하고 있다. 중국은 워낙 넓은 나라이기 때문에 강북 계열과 강남계열의 사람은 그 사상이나 신앙에 있어서 유럽 남방의 라틴민족과 북구의 튜톤민족과 흡사하다고 할 수 있다. 따라서 공맹(孔孟)적 북방사상과 노장(老莊)적 남방사상은 길항하게 되고 북방의 절대주의와 남방의 상대주의가 줄곧 마찰음을 일으켜왔다. 오늘날 중국에 있어서도 그 저변의 단층이 남아 있을 것으로 생각되는 것이다. 여하튼 여기서 다시 한 번 강조 하고 싶은 것은 남방선에 원류를 두고 있는 일본의 다도사상에 대한 앞으로의 연구는 남방선과 노장사상의 연구에 초점을 맞추어야 할 것이다.

노장의 도교(道敎)는 현재 우리들 자신의 생(生)을 취급하는 데 몰두했던 것이다. 어제와 내일이 갈라지는 곳은 우리들 마음 안에서 이루어진다. 그것은 상대성(相對性)의 활동영역이기도 하다. 상대성은 항상 조정(調整)을 필요로 하는데, 이 조정이 곧 인생을 사는 기술인 처세술인 것이다.

AD. 1세기 초반, 로마의 시인 오비드(Ovid)*34)가 말한 변신(metamorphosis)사상과 닮아 있다. 물론 신체적 변신이 아니고 정신적 변신 이다. 도교에서는 '일정(一定)', '불변(不變)'을 곧 성장의 정지로 인식하고 아주 기휘(忌諱)하였던 것이다. 이것과는 대조적으로 절대(絶對)를 붙잡고 '불변'을 존중한 공맹의 사상은 자칫하면 '이데올로기'로 굳어져 버릴 위험성을 가지고 있었던 것이다. 그것은 물과 얼음 같은 것이다. 그러나 물은 태(態)가 없으니 자유로이 변신할 수 있으나 항상 불안하고, 얼음은 굳어져 불변하니 안도의 휴식을 주기는 하나 앞으로의 발전은 불가하다.

와비다도는 남방선을 모태로 하는 끽음(喫飮) 예술이다. 인도 원류의 선이 도교의 가르침과 습합(習合)되어 남방선을 탄생시켰다고 한다. 그러면 남방선 이전의 흐름에 대해서 조금 살펴보자. 선은 산스크리트 즉 범어의 디아나(Dhyana)에서 그 어원을 찾을 수 있다. 모름지기 명상을 통해서 자성요해(自性了解) 즉, 스스로 깨닫게 된다는 것이다. 명상은 제자 가쇼(迦葉)에게 전수한 것으로 되어 있다.

일반적으로 선종의 원조를 가쇼로 하고 있다. 그는 아아난다*35)로, 그 후 줄곧 조사(祖師)를 통해 이어오다가 제28대조 보리달마(菩提達磨)에 이어지고 달마는 중국에 와서 중국 선종의 원조가 되는 것이다. 오늘날 우리들이 다(茶)와 연계시키고 있는 중국 선(禪) 제6대조 혜능(慧能, 637~713)이다. 혜능의 뒤를 이어

마조(馬祖, 대적선사, 709~788), 그의 제자가 백장(百丈, 719~814)이고, 그는 선림청규(禪林淸規)를 지어 선종사찰에 있어서의 행동양식을 규제했다. 선(禪)도 도교와 동일한 상대성 숭배이다. 진리는 별도로 존재하는 것이 아니라 어떤 사상(事象)이 상반한다는 것을 이해함으로써 얻어진다고 주장한다. 또한 선은 개인주의의 절대적 신봉을 근본으로 하고 있다. 즉 우리들 자신의 정신 활동에 관여하지 않은 것은 실재(實在)가 아니라는 것이다. 이 선의 사상을 이해하기 위해서 제6대 혜능이 제자와 주고받은 이야기의 삽화 두 가지 내용을 보자.

"두 사람의 승(僧)이 바람에 펄럭이는 깃발을 보고 그 중 한 사람 왈 '움직이는 것은 바람이다'라고, 또 다른 승이 대응하기로 '아니다 깃발이다'라고, 이때 혜능은 말했다. '움직이는 것은 바람도 깃발도 아니다. 너희들 마음속에서 무언가 움직이고 있다.'"

"어느 날 장자(莊子)가 한 친구와 물가를 거닐고 있었다. 장자가 '매우 즐겁게 고기가 물속을 헤엄쳐 다니네?'라고, 친구가 대답했다. '자네는 물고기가 아닌데 물고기가 즐겁게 헤엄치고 있다는 것을 어떻게 아느냐'고, 장자는 대답한다. '자네는 내가 아닌데 물고기의 마음을 모른다고 어떻게 단정할 수 있느냐.'"

이와 같이 선은 가끔 정통 불교의 계율과 대립한다. 이것은 강남의 도교가 강북의 유교와 대립한 것처럼, 선에 있어서는 선험적 통찰(先驗的 洞察)이 최우선이기 때문에 산더미 같은 불경은 오히려 방해가 된다는 것에서 온다. 선은 불립문자(不立文字)라는 말을 자주 쓴다. 그리고 선화(禪畵)는 오로지 먹으로만 그리고 채색하지 않으며, 그림 자체도 아주 간소 치졸한 것이 대다수이다. 이처럼 '선'은 추상화(抽象化)하는 것을 좋아한다. 앞서 언급한 선림청규에서 우리의 주의를 끄는 것이 있다.

선림에서는 조사(祖師)를 제외한 전 선승들에게 직위의 상하 없이 무엇인가 전문적인 일을 맡게 한다. 그런데 고승일수록 어렵고 힘든 일을, 입문자에게는 오히려 쉬운 일이 할당된다고 한다. 이와 같이 궁행은 선 수양을 할 경우 필수적인 과정이며, 각기 맡은 일은 철두철미 완벽을 기하여야 한다는 것이다. 말하자면 다도의 모든 이상은 인생의 사소한 것에 신이 깃든다는 진리를 궁행으로 하여금 체득하라는 것이다. 이렇게 볼 때 도교는 심미적(審美的)인 이상(理想)에 기초를 두고 선은 그것을 실재적으로 옮겼다는 것이다.

찻일(茶事)에 대해서 조금 살펴보자. 차를 마시기 위해 사람들이 모여 앉는 곳이 곧 다실이다. 보통 스키야(數奇屋)[110]에서 왔다고 한다. 처음에는 센노리큐에 의해서 독립된 집이었다. 5~6명 정도가 앉을 수 있는 공간과 미즈야(水屋) 그리고 다마리(溜り)가 필요하다. 다마리에서 다실로 통하는 길을 노지(露路)라고 하는데 이 노지의 꾸밈새가 아주 큰 비중을 차지한다. 노지는 우리

---

[110] 스키는 '好' 자를 음독한 것.

들이 살고 있는 속세를 화택(火宅)으로 비유할 때, 연꽃이 만발한 백노지에 들어가는 통로라는 뜻이다. 다마리에서 다실로 이어지는 이 좁다란 길은 명상의 제1단계로서 자기 계시(自己啓示)에의 통로를 뜻하기도 한다. 군데군데 솔잎이 떨어져 흩어진 채로 있으며, 알맞게 놓여있는 돌들은 이끼를 입은 채 이곳저곳 자연스럽게 안배되어 있고, 해묵은 석등 위에도 이끼들이 엷게 덮여 있다. 마치 노지 자체는 도시의 훤소(喧騷)를 막고, 정적을 지키고 있는 듯하다. 센노리큐는 이 노지의 정신을 다음과 같은 단가(短歌)에서 찾고 있다.

見渡せば花も紅葉もなかりけり浦の苫屋の秋の夕暮
(저 멀리 꽃잎도 단풍잎도 보이지 않고 갯가오막살이 저문 가을날)
−후지와라 데이카(藤原定家, 1162∼1241)

광막한 바닷가에 나무 한 포기 없는 쓸쓸한 오막살이에 가을해가 저물고 있다는 뜻이다. 인간이 겹겹이 입고 있는 허식과 물욕의 누더기를 벗어버리고, 남은 맑고 깨끗한 참 마음이 연상된다. 속세에서 뽐내던 훈장들을 말끔하게 마음속에서 쓸어내기 위한 공간이고 보니 여러 가지 노지 주변의 다듬새가 중요하다.

차실 안의 꾸밈새는 완성을 지향하는 미완성으로 채워져 있다. 인생과 예술은 앞으로 성장의 가능성 속에 있다는 것이다. 그리고 대칭을 피하고 비대칭을 존중한다. 다화(茶花)는 계절을 앞당긴 것으로 선택하고, 화려한 꽃은 멀리하고, 홑잎의 아담한 꽃을 골라 꼽는다. 다실은 일반 주택의 어떤 것보다 규모가 작아야 한다. 그리고 그 건축에 쓰이는 자재는 청빈을 그대로 보는 느낌을 자아낼 수 있는 것으로 사용한다. 그러나 빠트려서는 안 되는 국면이 있다. 가장 청빈의 상징 같은 다실이기는 하나 사실은 깊은 예술적 배려가 다실 구석구석 빠짐없이 미치고 있다. 자재의 선택에서 시간과 노력이 소비되는 까닭이다.

또한 다실 건축의 전문적 기술을 가진 대목(大木)이 있어야 한다. 일반적으로 볼 때, 일본의 건축물들이 그 자재는 나무나 대나무에 한정되어 있지만 규모가 작다고는 할 수 없다. 아직도 그 견고함과 웅장함을 보여주는 8세기 나라(奈良)조의 건축물들을 상기해 보면 쉽게 납득이 간다. 또한 내부의 화려함에 있어서도 그에 뒤지지 않는다. 앞장에서 언급한 우지(宇治) 봉황당의 내부 장식이라든지, 닛코(日光) 동조궁이나 교토(京都) 니조조(二條城) 같은 것도 그 색채나 섬세함에 있어서, 세계 어떤 호화 건축물에도 뒤지지 않는다. 오리베(織部) 유파에서 뻗어난 고보리엔슈(小堀遠州) 같은 경우는 다이묘차(大名茶)라고 자칭하며 상당히 왕조적, 귀족적이었지만, 결국은 센노리큐가 추구하는 와비다도에 압도당하고 만다.

마침내 일본 다실의 건축은 고래 일본 건축과도 전혀 인연이 없게 되고, 소박 간결의 순수주의는 선림(禪林, 선종사찰)에서 본뜬 것이다. 선림은 그냥 선승들이 좌선하여 득도하는 것을 목표

로 하고 있으며, 어떠한 내부 장식도 필요하지 않다고 생각하였던 것이다. 실내장식이라고는 기껏해야 선종의 개조격인 보리달마를 먹으로 그린 탱화(幀畵)가 걸려지고 그 옆에 방바닥보다 조금 높게 마련된 도코노마(床の間)가 있고 여기에 그 집에서 소중히 여기는 그림이나 수석 또는 꽃꽂이로 꾸미고 있는데, 이것도 역시 선종의 불단이 원형이라는 것이다.

무사들은 칼을 찬 채 다실에 들어가지는 못한다. 다실 입구에 마련된 칼 걸이에 두고 다실에 들어가는데, 무사가 칼을 몸에서 떼어 놓는 경우는 이 때뿐일 것이다. 취침시에도 언제나 손에 닿는 곳에 두었는데, 절대 평화와 평등의 공간에 들어갈 때는 칼을 가지고 들어가지는 못했다. 다실 입구의 문 높이는 가로, 세로 60㎝로 아무리 키가 작은 사람이라도 쪼그리고 들어가야 한다. 그래서 니지리도(躙戶)[111]라고 한다. 이 동작은 신분의 귀천 없이 가해지는 의무이기도 하다. 그리고 만약 노지를 걸어 들어오는 동안 몸에 붙어 있을지도 모르는 속진을 완전히 털어버리기 위한 장치일지도 모른다. 다실 안에서 석차순은 이미 다마리에 있을 때 서로 겸양의 덕으로 결정되어 있다. 다실 안은 항상 좀 어두운 분위기이다. 처마가 낮고 길어서 직사광선이 들어오지 못하고 창은 화지(和紙)[112]로 되어 있어 광선이 걸러진 상태이다.

다도구 중에서 아주 신선미를 주는 차선(茶筅)[113]과 베수건(麻

---

[111] 다리를 밀어 밟으면서 들어가는 문.
[112] 일본 재래의 수제종이.

布)을 제외하고는 새것을 쓰지 않는다. 그러면서도 완벽하게 깨끗하며, 방 구석구석 먼지 하나 있어서는 안 되는 분위기이다. 그러니 다도를 배우는 첫 단계가 쓸고, 닦고, 씻는 기술을 배우는 것이라고 할 정도이다. 그러나 여기서 깨끗하다 함은 그냥 광이 나도록 닦는 것과는 다르다. 꽃을 갓 꽂은 화병에 물방울이 몇 개 남아 있는 경우를 깨끗하다고 한다. 말하자면 노지에 깨끗함이라 할 때 노지를 몇 번이나 쓸어 물을 잘 뿌려 둔 상태보다 노지를 쓸되, 이곳저곳 솔잎이나 단풍잎이 몇 잎씩 깔려 있는 것이 더욱 깨끗해 보이는 것이다.

선은 결국 불교의 무상관과 정신이 물질을 지배해야 한다는 절실한 원망(願望) 속에서 살아난 종교이고 보니 항상 심리학적 특징을 가지고 있다. 그리고 흡사 '천지는 만물의 역려'[114]라는 이백의 심성과 닮아 우리들이 사는 주거는 우리 몸이 잠시 쉬게 하는 임시 숙소이며 나아가서 우리 육체도 우리 정신을 머물게 하는 임시 안식처라는 사상이 대단히 강한 것이다. 그래서 일본의 다도에서 얻어진 사상이나 미의식을 지닌 사람이 서양 사람들의 잡다하게 꾸며놓은 거실을 보고 느끼는 감정은 곧 '골동품 창고'나 '슈퍼마켓' 같다는 감회를 가지게 된다고 한다.

일본의 와비다도는 결국 남방선(南方禪) 즉, 선과 도교의 습합(習合)으로 양성(釀成)된 남방선 사상이 뿌리가 되고 있다. 시가

---

113) 말차를 섞는 대나무 통발 모양의 도구.
114) 이 지구는 뭇 생명이 쉬어가는 여관.

를 통해 아름답게 승화시킨 한(恨)의 미(美) 이념이 상징적으로 기여하고 무사들의 칼을 통하여 얻게 된 극기와 임기응변의 변신력을 구성요소로 하고 있는 '살아있는 기술', 곧 '지혜'를 제공하는 문자 그대로의 '길(道)'이라 할 수 있다.

이와 같은 공식적인 끽음 의식을 세계 어디에서 찾을 수 있겠는가? 보잘것없는 한 잔의 차를 통하여 이와 같은 심미적 종교를 만들어낸 것은 일본인뿐만 아니라 세계 국민에게 새로운 세계관을 여는 지평선이 될 수도 있다. 만약에 도쿠가와 막부(德川幕府)가 그 통치이념으로 주자학을 앞세워서 자칫 유교를 이데올로기화 할 오류도 범할 수가 있었으나 이 와비다도를 통하여 예술적 정신과 자유로이 교류함으로써 주자학의 관념적 절대에 사로잡히지 않고 19세기란 격동기에 임기응변할 수 있었던 것이다.

부기(附記)

　차가 서구사회에 들어간 것은 아마 16세기에서 17세기 경으로 추산된다. 화란의 동인도회사의 선박들이 싣고 간 것 같다. 이윽고 프랑스, 러시아, 영국 사람들의 사랑을 받게 된다. 커피 역시 그들에 의해서 차와 전후하여 서구 세계에 등장하게 된다. 현대에 와서 티(Tea)와 커피(Coffee)는 세계의 음료로서 보급이 되고 있으며, 특히 각 인종마다 이것을 중매자로 하여 끽음 문화가 발달되고 있다.

　우리의 경우를 살펴보자. 차가 들어온 것은 신라조 선덕여왕 때까지 거슬러 올라간다. 훨씬 시대가 흘러 흥덕왕 3년(AD. 828년), 신라의 사신 김대렴이 당나라에서 차를 가져와 지리산에 심고 나서부터이다. 그 후 차는 우리나라에 희귀품 취급을 받아왔고 산사의 스님이나 궁중용으로 재배되어 왔던 것이다. 차는 동백과 식물로서 그 재배지가 한정되어 있다. 즉 동백꽃이 곱게 필 수 있는 정도의 겨울날씨가 필요하니 우리나라에서는 기껏, 경상도 남해안 일대, 전라남도 그리고 지리산 남쪽, 제주도에 한정된다. 결국 차의 희귀성은 그대로 남게 되어 서민들의 끽음과는 항상 거리가 멀었다고 할 수 있다. 그리고 보니 남정네들은 말할 것도 없이 아낙네들의 이웃간에서도 그 중매 음식으로 차가 등장하지 못하고 술이나 하다못해 숭늉으로 채워야 했으니 우리 특유의 끽음 문화는 결코 자라지 못하였던 것이다.

　2차 대전 후에는 봇물같이 쏟아지는 서구 음식 특히 커피가 우리들의 주 끽음물로 자리를 굳히고 말았다. 그것도 어디까지나 목을 축이는 음식물로만 기능하였으며 어떤 공예적인 의식(ceremony)도 마련하지 못하였다. 차가 우리나라에서 이웃이나 친구 접대용 끽음물로 되지 못한 이유로서는 차의 생산지가 한정되어 항상 희귀품으로 멈추었다는 것과 더불어 아마 조선조의 숭유억불로 이미 넓게 보급되어 있던 사찰에서의 다도의식이 하산(下山)하지 못하였다는 데도 있다. 고가의 식품이고 보니 좀 풍요로운 양반계급이 그것을 선호하였을 것이다. 점차 서민 사이에도 보급되었을 것이다. 최근 발표에 의하면 차 성분 중 카테킨의 살균효과는 우리의 상상을 넘는다고 한다. 원컨대 좀 더 내한성(耐寒性) 차나무를 개량 육종하여 최소한 충청이남에서는 재배가 가능케 하여 차 값을 훨씬 하향 조절할 수 있었으면 하는 필자의 생각이다.

13

야오요로즈노카미
- 범신교적 멘탈리티 -

　야오요로즈노카미(八百萬神)는 팔백만의 신이라는 범신교적 발상에서 나온 말이다. 일신교의 전도로 지구 구석구석까지 종래의 범신교적(汎神敎的) 흔적은 조금씩 사라지고 있다. 아주 체계적인 전도 전략과 경서(바이블, 코란 등)를 연구 탁마한 일신교 전도사는 목숨을 걸고 그들에게 신의 은혜를 설교한 까닭이다. 오늘날 중국은 무종교를 교조로 하고 있다. 8억 인구의 힌두교국 인도를 제외하면, 거의 대부분의 민족들은 기독교나 이슬람교의 일신에 의지하고 살고 있다. 하기야 기독교, 이슬람교국이라고 지목되고 있는 나라 안에서도 무신교(無神敎)인도 많고 다신교적 사상을 가지고 있는 사람도 많을 것이다.
　먼저 삽화 한 자루를 소개하면서 함께 생각하여 보기로 하자. 고이즈미 야구모(小泉八雲, 1850~1904)는 영국과 프랑스에서 교

육을 받고 미국에 건너가 40세 전후하여 일본에 와서 그대로 영주 귀화한 이름난 문필가이다. 그가 일본에서 출간한 서적 중『영의 일본(In Ghostly Japan)』,『일본의 설화(Japanese Fairy Tales)』,『가이단(怪談)』,『곳토(骨董)』 등이 있으며,『유키온나(雪女)』,『무지나(むじな, 오소리)』 등은 일본의 설화에서 꾸며낸 대단히 재미있고 암시하는 바가 큰 이야깃거리다. 고이즈미의 소개가 좀 길어지지만, 그것은 고이즈미가 일본을 사랑하고 일본인의 숨은 마음을 아주 재치 있게 풀어낸 사람이기 때문이다. 그가 어린 시절을 보낸 아일랜드에서 경험한 것이 그의 일본 귀화(歸化)의 계기가 되었다는 이야기이다.

성공회(聖公會, Anglican) 교회의 전도가 아일랜드에 들어오자 그때까지 이곳을 지키고 있던 드루이드(druid)[115]의 여러 재래 신들이 하나하나 추방되는 것이 못마땅하였다. 흡사 한국에 불교가 들어왔을 때나 훗날 기독교가 전도 되었을 때 재래의 온갖 범신교적 신앙이 '미신'이라는 이름으로 자취를 하나, 둘 감추게 되었던 것과 흡사하다. 이와 같은 현상은 비단 아일랜드에서뿐만 아니라 유태교를 모체로 하여 발달한 기독교 계통이나 이슬람교 계통의 일신교가 요원의 불길처럼 지구 구석구석으로 선교 활동을 전개하자 같은 운명에 놓이게 되었고, 지금도 일어나고 있다.

위의 고이즈미 야구모는 훗날 영국, 프랑스를 거쳐 미국에 가

---

115) 크리스트교에 개종하기 이전의 켈트 문화 일체로 지칭.

지만 같은 현상들이 일어나고 있었던 것이다. 새로운 일신교에의 교화로 재래의 범신교적 혹은 다신교적 신앙이 자취를 감추는 것까지는 좋으나 그에 수반되는 정서어린 문화들도 함께 자취를 감추는 것이 섭섭하였던 것이다. 일본에서는 범신교적 다신교적인 풍토가 고스란히 보존되고 있었던 것이다. 이곳에서 그는 영주(永住)하면서 이들 범신교나 다신교가 만들어낸 소재로서 주옥같은 문학 작품을 쓸 수 있게 되는 것이다.

그렇다면 일본에 있어서의 종교 풍토의 대략을 알아보는 것이 중요하다. 일본 땅에는 지금도 두 개의 큰 흐름 곧, 불교와 신토(神道)가 엄존한다. 물론 기독교 계통도 있지만 상기 두 종교에 비할 때 그 세력이 너무 빈약하다. 여기에서 불교는 대승불교이며 인도 원류 불교와는 많은 차이를 보인다. 일본 땅에 들어온 불교는 일본 고유의 신토와 습합(習合)하여 스스로 많은 변신을 하였던 것이다. 여기서 일본 고유의 신토라고 하였지만 그것은 몽고, 한반도에 걸쳐 일본으로 뻗어있는 샤머니즘(Shamanism)[116]과 애니미즘(Animism, 정령신앙)이 일본 풍토에 적응하여 형성된 일종의 범신론(汎神論)이 종교적 외모를 갖추어 일본 전역에 파급되게 되었다.

일본에서 신토(神道)라고 하면 곧장 연상되는 것이 진자(神社), 오마쓰리(お祭り), 오미야(お宮), 궁중 제사 의식 등이다. 그리고 일본 문화의 뿌리에는 확실히 신토적 감성이 엄존하고 있다는

---

[116] 무당을 통하여 신령이나 조령과 교령하는 원시종교 곧 무속.

것도 인정하지 않을 수 없다. 이를테면 자연과의 순수한 친숙을 넘어선 유착, 또한 신토에는 국가나 지역 공동체의 질서를 유지하게 하는 측면이 있으며 그것은 오마쓰리 때 그들의 흥분 상태를 볼 때도 알 수 있다. 그것이 정치적 내셔널리즘(Nationalism)과 손을 맞잡을 때는 제2차 세계대전 같은 무모한 불장난도 일으키는 것이다.

그러나 신토는 '종교'를 정의하는 어떤 요소도 포함하고 있지 않으니 종교라고 할 수는 없으나, 어떠한 종교보다 광범위하고 근엄한 사당으로서의 진자를 가지고 있다. 신토가 종교의 범주에서 벗어난다는 것은 종교에 있어서 '핵'이라 할 수 있는 경전이 없다. 또한 찬송가도 없으며 그냥 방울을 몇 번 울리고 합장할 따름이다. 물론 교조(敎祖)도 없다. 이름을 붙인다면 '자연 종교'라 하는 것이 무방할 것이다. 신토는 경전이 없고, 사람, 자연 모두가 신이 될 수 있다는 것이다.

제2차 대전의 전후 처리를 책임진 맥아더 원수는 제일 먼저 신토의 무력화 조치에 주력하였다. 무모한 전쟁을 일으킨 정신적 장본인으로 지목하였던 것이다. 국고금이 단 한 푼이라도 신토를 위해 쓰이는 것을 용납하지 않았다. 이렇게 함으로써 신토는 서서히 몰락해 버릴 줄 알았다. 사실상 일본이 주권을 회복한 샌프란시스코 강화 조약까지만 하여도 신사를 둘러싼 분위기는 그다지 밝지 않았다. 그러나 신토 신앙 자체의 땅속줄기는 조금의 훼손도 입지 않았다는 것은 그 후 신사 참배에 오는 사람 수

효에서 쉽게 알 수 있다. 특히 정월초하루의 신사 참배 인구는 총 인구의 약 80%를 하회하지 않고 있다. 누구를 그리고 무엇을 믿는 것도 아니다. 정초에 신사에 가지 않으면 일 년 동안 마음의 안정을 얻지 못한다는 것이다. 신토는 일본 문화의 전반을 움직이는 마그마같이 일본인들의 마음 깊은 곳에서 자리 잡고 있는 것이다.

신토의 가미(神)는 불교에 있어서의 호도케(佛)와 같은 것으로, 여호와나 알라 신과 같은 한 가지 이름으로 칭할 수 없는 애매모호한 존재이다. 산, 들, 큰 폭포, 연륜을 쌓은 나무, 바위, 성자, 악한 등의 모두가 신이 될 수 있다는 것이다. 훌륭한 사람은 죽어서 니키미타마(和御魂)117)가 되고 악한 자는 죽어서 아라미타마(荒御魂)118)가 된다는 것이다. 특히 아라미타마는 현세의 우리들에게 해를 끼치기 마련이니 아주 정중하게 모셔야 된다는 뜻이다. 그리고 보니 그들은 머리 위, 발 밑, 좌우전후 할 것 없이 신의 밀림 속에 살고 있는 격이다.

일본 고대 정계에서는 모노베(物部) 씨가 소가(蘇我) 씨와 정쟁으로 반목하고 있었으니 새로 들어온 반신(蕃神, 이웃나라의 신)에 대해서 상반적인 반응을 보였다. 이와 같이 정쟁으로 긴장되고 범신(汎神)으로 가득한 곳에 불교가 전래되게 된다. 금동제 불상이나 이채로운 불구(佛具)들, 그리고 박식한 승려들, 어느 하나도

---

117) 유순의 턱을 지닌 신.
118) 포악하고 거친 신.

재래의 자연신들이 대적할 수 있는 상대가 아니다. 또한 뿌리를 깊게 내리고 있는 범신 사상도 이 새로운 종교를 쉽게 받아들이기를 꺼렸으니, 처음으로 신앙마찰이란 문화적 불꽃 반응이 일어나고 정치인들의 반목이 심화되었으나 결국 불교의 승리로 끝난다.

그러나 여기서는 정복자, 피정복자의 말을 쓰기에는 애매한 점이 있다. 오히려 이들 잡다한 범신적 민간 신앙이 불교나 유교의 영향을 받아 아마테라스오미카미(天照大神)[119]를 중심으로 하는 또 하나의 종교적 형태를 갖추는 결과가 되었던 것이다. 이 과정에서 아주 지혜로운 논리가 등장한다. 즉, 본지수적(本地垂迹)[120]이라는 재치 있는 가설이다. 이와 비슷한 개념으로, 화광동진(和光同塵)[121], 곤겐(權現)[122] 등의 표현이 쓰이게 된다.

도쿠가와 막부 제1대 쇼군 도쿠가와 이에야스(德川家康)를 도쇼다이곤겐(東照大權現)으로 부르는 것과 같다. 일반적으로 이와 같이 신토의 가미(神)와 불교의 호토케(佛)를 서로 뒤섞어 애매모호하게 하는 것을 신불습합(神佛習合)이라고 부르고 있다.

무릇 일신교라 할지라도 미전도 지역에서 선교할 때는 그 지역의 지역 신앙과 의식(儀式)면에 있어서 다소의 습합이 일어나

---

[119] 해를 상징하는 여신.
[120] 본적지 즉 인도 불교의 불타난 보살이 중생을 구하기 위하여 모습을 달리하여 신토의 신으로 이름을 바꾸어 나타난다는 일종의 신체부동설.
[121] 불타가 중생을 구하기 위하여 모습을 달리하여 이 세상에 나타난다는 것.
[122] 중생을 구하기 위하여 불타가 일본의 신의 모습으로 나타난다는 것.

기는 하지만, 그것은 일신교의 정신을 잃지 않는 한도 안에서 이루어지는 것이다. 그러나 불교나 신토 같이 다신교 내지는 범신교적 속성을 지닌 종교는 완전 습합하여 불가리(不可離)의 관계에 놓이는 것이다. 일본 불교의 산천초목실개성불(山川草木悉皆成佛)이란 사상도 불교가 일본 재래의 범신 자연 종교의 영향을 받은 탓이라고 할 수 있다.

생명의 본래적 동일성(本來的同一性)[123]을 주장하는 일본의 기층문화가 불교를 크게 변용시켰다고 할 수 있다. 사실 신토의 진자에서 신체(神體)로 섬기는 것은 우리를 놀라게 하는 경우가 많다. 이를테면 이나리 진자(稻荷神社)는 여우가 신체이며, 미와진자(三輪神社)에서는 뱀이 신체로 되어 있다. 이와 같이 동물, 식물, 산, 강 등도 인간과 같은 영혼을 가지고 있다는 신토적 감정은 그 범신적 사상을 이렇게 설명한다. 동·식물도 지금 그런 모습으로 나타나 있는 따름이며 과거는 그렇지 않았었고 미래에는 또 어떤 모습으로 나타날지 모르지만, 혹 사람의 모습으로 나타날 수 있다는 것이다.

이와 같이 범신적 신토 사상은 일본의 풍토와도 관계가 깊을 것이다. 한 마디로 일본은 삼림(森林)의 나라이다. 국토의 70% 가까이가 상록, 낙엽의 숲으로 덮여 있고 그 중 60% 전후가 천연림으로 이 숲에는 도토리 등의 먹을 것이 풍부하다. 여기에 벼 문화가 한반도에서 들어오고 그 이름난 고온다습이라는 기후 풍

---

[123] 생명은 그 뿌리에 있어서 동일한 것이다.

토 때문에 순식간에 보급된다. 그러나 벼는 물을 가두어 둔 곳에서 재배되니 경사진 산복의 이용은 대단한 노력이 필요하다. 계단 논이 많이 만들어지는 데도 한계가 있었으므로, 산림의 수목들은 크게 생태적으로 훼손을 받지 않았던 것이다.

천연림(天然林)은 온갖 나무가 뒤섞여 자라는 곳이라 뭇 생명의 삶터가 된다. 이와 같은 풍요로운 환경 속에서 범신적, 윤회적, 애니미즘 즉, 정령(精靈)사상이 싹트지 않을 수 없었던 것이다. 일본에 뿌리내린 대승불교는 소승불교의 인간중심축을 자연 중심으로 돌려놓게 된다. 상대적으로 한국의 경우 호랑이, 늑대, 여우가 순식간에 사라져 버렸다. 원숭이는 원래 서식하지 않았고, 6·25 한국동란의 포성이 그들을 영영 먼 곳으로 추방하였다는 것이 일반적인 설명이다. 그러나 필자의 생각은 조금 다르다. 한국의 산림은 점유면적으로 볼 때 결코 적지 않다. 호랑이의 멋잇감이 점차 사라지고, 여우나 토끼는 그들이 먹이로 하는 더 작은 동물이나 식물이 줄어들어 생태계의 균형을 잃어가는 것이다.

흔히 종교의 발달을 범신적 자연 종교에서 다신교로, 마지막에 일신교로 진행한다고 규정해 왔다. 오늘날의 지구 황폐화를 눈앞에 볼 때 이 진행 방향이 거꾸로 되어야 한다는 생각조차 드는 것이다.

DNA는 인간이나 동·식물에도 공통적으로 있다는 것을 현대 과학이 밝히고 있다. DNA의 일정한 부분이 인간과 동·식물에 있어서 완전히 같은 배열로 되어 있다고 하며, 호메오박스

(Homeobox)라고 부르고 있다. 이렇게 볼 때 오랜 시간 동안에 뭇 생명체들이 만들어졌다는 것을 알 수 있다. 지구의 생명체는 한 가족과 다름이 없다. 우리가 사막 한복판에 있기보다 산림이나 잔디 위에 앉아 있을 때 마음의 평온을 느낀다. 카이로몬(Kairomone)이나 알로몬(Allomone) 같은 호르몬(Hormon)의 작용이라는 것을 과학자들은 밝히고 있다. 인간 중심의 종교에서 자연중심의 종교로 가야 하며, 인간 중심의 과학이 우리들의 대가족인 동·식물을 학대해왔던 것이다. 그러나 동물 없는 지구, 식물 없는 지구는 상상도 할 수 없고 그와 같은 환경 속에서 인간 역시 생존할 수 없을 것이다. 지금까지 우리가 무의식 속에 폄훼(貶毁)해 온 다신교관이나 범신교관을 재고할 때가 된 것 같다.

이에즈스(イエズス)[124] 회의 프란시스코 자비엘(Fransisco de Xavier)이 일본에 온 것은 450여 년 전인 AD. 1549년이다. 그러나 긴 전도 역사에 비해 일본의 기독교화는 거의 진전이 없다. 일본에는 뛰어난 성경학자도 많고 성경에 대한 연구 출판량도 적지 않다. 그럼에도 불구하고 신자의 인구가 늘지 않은 이유가 어디에 있을까? 물론 도쿠가와 막부 당국의 기리시탄(切支丹, 기독교 신자)에 대한 학대도 심하였다. 후미에(踏み絵)[125] 같은 방법까지 동원했으나, 목숨을 걸고 신앙을 지켜온 사람도 많았다. 그러나

---

124) 일본의 카톨릭 교회에서 부르는 예수(Jesus)의 호칭.
125) 에도 시대에 크리스트교 종문을 엄금하기 위해서 성모의 그림이나 십자가 등을 밟게 하여 종교가 아님을 증명했다.

이와 같은 물리적인 저지에 앞서 일본 전역에 마그마(Magma)처럼 깔려 있는 범신론적 멘탈리티(Mentality)가 원칙적으로 일신교의 배타적 존재논리를 거부하고 있는 것 같다.

찰스 다윈의 진화론이 인류의 세계관이나 자연관을 크게 바꾸어 왔다. 생존 경쟁이나 적자생존 같은 경쟁적인 어휘가 일상화되어 버렸다. 크로포토킨(Kropotkin)*36은 정반대의 '상호부조론'을 제의했다. 일본의 석학 이마니시 긴지(今西錦司)[126]는 「스미와케(棲み分け)」이론을 내놓고 있다. 뭇 생물이 종(種)의 단위로 삶터를 서로 침범하지 않고 상호의 몫을 인정하는 방향으로 나가야 한다는 것이다.

모르카(Molucas) 제도에서 사소한 시비가 종교분쟁으로 번져, 끝내는 이웃 상잔의 생지옥을 빚어낸 사건이 문득 생각난다. 훗날 이곳을 찾아온 신문기자와 그곳에서 선교활동을 하던 성직자와의 대화 내용은 다음과 같다.

"그 성직자가 호소하기를 '신이 없는 곳에 가서 살고 싶다고' 하는 대답에 신문기자가 '그곳이 어디입니까'하고 다시 질문하였더니, 그 성직자가 자조적인 어조로 '라스베가스'요"라고.

위의 대화 내용은 필자의 뇌리에서 지워지지 않는다. 그러나 여기서 신이 없는 나라라고 한 것은 고유 명칭을 가지고 있는 신

---

126) 1902~1992, 생물 생태학자.

이 없는 나라를 가리키고 있다. 우리 신, 너희들 신으로 편 갈이 하지 않은 나라를 말할 것이다. 이런 시각은 일본인의 곤겐(權現) 신앙과 맥을 같이 한다. 모든 종교의 이름이 다른 신도 그 신들의 본원(本源)은 한 가지라는 신앙이다. 흡사 학교 체육대회 때 청군과 백군이 되어 당일은 무의식간에 아군 적군이 되는 것과 비슷하다. 다음날 운동모를 벗어버리면 그와 같은 피아(彼我)감정은 사라져 버리는 것이다. 어머니가 옷차림이 한복차림이든지, 양장이든지 어머니의 그 아름다운 마음은 동일한 것이다.

크레이그 암스트롱(Amstrong, Craig)은 "이젠 부족적, 남성적 인격신을 지양하여 이름도 성도 없는 이념적 세계 신을 인류는 찾아내야 할 것이다"라고 말했다. 인간은 신앙 없이 살아 나가기는 너무 약한 존재이다. 일본인들의 종교관을 이해하는데 도움이 되는 삽화 하나를 소개하면, '자위관 합사소송(自衛官合祀訴訟)'으로 알려져 있는데, 원고는 자위대에서 근무하던 남편이 안전사고로 사망하였다. 일본에 있어서의 관례에 따라 국가를 위해 사망한 사람을 자동적으로 등록하게 하는 사당(祀堂)인 야스쿠니진자(靖国神社)에 합사(合祀)되었다.

그의 미망인은 기독교 신자로서 부당하다고 생각하여 제소한 사건이다. 고등법원까지는 그런 대로 원고가 승소하였지만 대법원에서 패소하였던 것이다. 대법원에서는 '고인을 조용히 추모하는 이익'을 요구하는 소송에 대해서 헌법 20조, '신교의 자유(信敎의 自由)'는 종교에 관해서 불이익이나 강제를 받지 않은 자유를 개인에게 보장한 것이라고 해석하고, 원고가 요구하는 '종교상의 인격권'은 결국 인정하지 않았다. 대법원(1988.6.1)은 일본인 특유의 '종교적 관용성'에 비중을 두고 있었던 것이다. 여기서 '종교적 인격권'이란 '안정된 정신적 환경 속에서 타인으로부터 부당한 간섭을 받지 않고 스스로의 종교적 양심을 지켜가는 행동'을 뜻하는 것이다. 일본인이 유태인들의 유태교에, 인도 사람들이 힌두교에, 근대 한국인이 유교에 결박(結縛)되듯 되지 않았던 것은 결국 그 마그마적 다신교의 멘탈리티 덕분으로 생각할 수 있다.

모듈러 문화

모듈러(Modular)란 1980년대의 미국 주간 타임(Time)이 일본특집을 내게 될 때 처음으로 일본요리의 특징을 설명하기 위하여 인용된 말이다. 그들이 쓴 기사에서는 "일본요리는 모듈러 요리다"라고 하고, 아주 정교롭게 변별되어 있다고 지적한다. 일본인들은 제공되는 요리를 변별적으로 하나하나 그 맛을 즐기며, 온갖 맛이 종합된 채 제공되는 것을 즐기지는 않는다는 취지로 설명하고 있다.

일본요리와 대조적인 것으로 프랑스요리를 예시하면서 프랑스요리가 동사적이라고 하면, 일본요리는 명사적이라고 하고 있다. 만약 프랑스요리 대신에 한국요리와 대조시킨다면 그 기자는 어떤 표현을 하였을까? 한국요리의 경우 반찬은 갖은 양념으로 먹음직스럽게 하고, 국물은 오랜 시간 고아서 맛을 내게 한다는 점을 지적할 수 있다. 특히 중국요리 같은 경우에는 짧은 시간에 기름과 고열로 맛을 나게 한다.

이런 요리들은 일본요리에 비한다면 열이나 기름, 갖은 양념으로 새로운 맛을 종합적으로 만들어낸다고 할 수 있다. 그러나 일본요리의 경우는 요리에 쓰이는 소재들의 맛을 개별적으로 끌어내는 데 있다. 따라서 양념이나 소금, 기름 같은 가공 기술이 비교적 쓰이지 않고 짠맛 신맛이 맛의 기준이 되고 있다. 안바이(塩梅)127)란 말이 그것을 암시한다. 일본요리의 특징에서 일본문화 일반을 설명할 수도 있는 것이다.

사방이 바다로 둘러싸인 일본열도의 풍토성을 다시 한 번 상기해 보자. 이 뒷문이 없는 앞문만의 열도128)에서 파상적으로 밀려오는 외국문물을 마쿠노우치벤토(幕の內弁当)129) 같은 공예적 기법으로 재치 있게 나열, 분류 보존하는 종착지성 문화수용법을 말하는 것이다. 따라서 들어오는 문화에 대한 선별의식도 대단히 강하다. 일단 들어온 문화는 빠짐없이 정리 과정을 거치면서 일본문화는 병렬문화(並列文化), 내지 중층문화(重層文化)의 특성으로 나타나게 되는 것이다.

병렬문화란 일종의 '더불어 사는 문화'라고도 할 수 있다. 바꾸어 말해서 경쟁 사회의 원칙이 구성원들의 특기를 유감없이 발휘해 승자와 패자를 확연(確然)하게 구별시키는 것이다. 이와

---

127) 소금과 매실을 가리키며, 잘 조화되어 있다는 뜻으로 쓰임.
128) 곧 대륙과 동남아해류를 통하여 받아들인 문화는 일단 일본열도에서 퇴적되고 다른 지역에 전해지지 않는다.
129) 온갖 반찬을 정갈스럽게 변별 나열하는 도시락.

대조적으로 병렬사회의 원칙은 경쟁을 기휘(忌諱)하는데 그 특색이 있다. 승자와 패자를 만들지 않고 전원이 승자 대우를 받게 한다는 것이다.

그러고 보니 경쟁사회는 세로줄서기가 되고 비경쟁사회는 가로줄서기가 되는 것이다. 강자는 약자처럼 처신하는 것이 미덕이 되는 것이다. 병렬사회에 있어서는 능력 있는 자가 그의 창의성을 발휘하는 데 부담을 느끼게 된다. 그래서 결국 창조적 학문이나 예술 활동이 활기를 띠지 못하는 것이다. 병렬(Nebeneinander)의 의미는 '함께', '다같이', '더불어'의 뜻이 된다. 병렬의 대응어로 직렬을 상정하면 더욱 병렬문화의 특징을 이해하기 쉽다. 모든 문화는 고층문화(古層文化) 위에 신층문화가 쌓여가고 다시 그 신층문화는 새로운 문화의 형성으로 고층문화로 쌓여지게 된다. 보통 발전적 해체(解體)라는 말을 하지만 일단 고층에 들어간 문화는 소거(消去)되는 형식이 된다.

이와 같은 현상이 활발히 이루어지면 개혁적 문화, 진취성 있는 문화로 평가를 받지만 병렬문화에서는 발전적 해체란 용어대신 발전적 공조(共助)란 표현이 걸맞다. 결과적으로 문화의 다양성(diversity)이 형성되게 된다. 개혁적이란 평가 대신에 보수적, 수구적(守舊的)이란 말을 듣게 된다.

기상천외한 예술적 재능을 가지고 태어난 자는 이 병렬사회에서는 항상 냉대를 받게 되고, 자신의 재능을 발휘하기 어려워서 결국 경쟁의 자유가 완벽하게 보장되고 있는 미국사회로 재능적 망명을 하는 경우가 많다. 이것은 비단 예술 분야에서뿐만 아니라, 학문분야에서도 예외는 아니다. 노벨상을 받은 도네가와 스스무(利根川進)*37)나 에사키 레오나(江崎玲於奈)*38) 같은 학자도 결국 그 천재적 재능을 미국에서 발휘할 수 있었던 것이다. 그러나 이와 같은 횡대형(橫隊形) 병렬문화의 체계도 서서히 허물어지고 있는 것이 오늘날의 일본이다.

대륙과 해양으로부터 당도하는 외래문물들이 간단(間斷)없이 이 종착지 열도에 부려지고 이것을 즉석에서 섭취・소화시킬만한 시간적 여유가 뒤따르지 못한 채 가까스로 분류 보존하는 데만 급급했던 일본열도의 문화적 정경(情景)이 머릿속에 떠오르게 된다. 그러나 그들은 그야말로 개미 같은 근면성으로 다양 방대한 외래문물들을 한 건도 소홀히 하지 않고 꾸준히 분류, 정리, 존안(存案)하였던 것이다. 흔히 있을 수 있는 문화충돌이나 이문화식상(異文化食傷), 혹은 사대적 이데올로기화 하는 일은 비교적 적었다고 할 수 있다.

백제 성명왕대에 전래되었던 불교를 둘러싸고 약간의 불꽃반응을 일으켰으나 그것도 소가(蘇我) 씨의 승리로 불교는 국교화되고 만다. 훗날 크리스트교가 들어올 때도 전도의 금지 등 충돌이 있었으나 일본열도에 뿌리 깊게 내리고 있던 다신교적 풍토 때문에 결국 크리스트교의 선교는 실패하였던 것이다. 불교처럼 재래신앙인 신토(神道)와 습합(習合)하지 못하였던 것이다.

그 후 일본은 외래문물의 수용에 있어서는 별다른 어려움이 없었던 것이다. 그들은 대량 반입되는 외래문물을 폐기하거나 부패시키지 않았으며, 나름대로의 재치 있는 발효작용을 일으키게 하였으며, 일상생활 속에 적당히 변형 활용했던 것이다. 외래문물에 대한 그들의 부가 가치적 활용에 대해서는 일본 열도 내에 유행병처럼 창궐한 일요박물학자(日曜博物學者)들의 활동을 살펴보면 쉽게 이해할 수 있다.

"시정의 호사가 중에서는 이윽고 학자가 부끄러워 할 업적을 남기는 자가 속출했다. 동쪽에서 곤충이나 패류, 그리고 철쭉꽃에 열을 올리는 다이묘(大名)나 하타모토(旗本)[130]의 박물동호패가 있는가 하면, 서쪽에는 금붕어의 사육에 열중하는 상인이 있고, 북쪽에는 지방 박물지의 편찬에 분주한 호농(豪農)이 있고, 남쪽에는 나팔꽃 변종만을 파고드는 집년자가 있고……. 이것이 18~19세기 일본열도의 문화적 정경(情景)이다"*39

이와 같은 시정인들의 박물학적 기호는 도쿠가와 막부의 평화시대 지속과 시민 부르주아적 계급의 대두로 여유 있는 시대가 되었는데 기인하겠지만, 간단없이 도래되는 선택적 수용 즉 개념(conception)이나 사상(thought)과 소재(素材, material)를 재치 있게 선택, 분리하여 개념이나 사상을 억제하고 소재에 비중을 둔 대외문화수용 정책을 썼다는 데도 크게 힘입었다고 할 수 있다. 또한 일본인들의 연계(連繫) 미학(美學)도 한 몫하고 있다. 외래문물

---

130) 에도 시대의 고급 무사.

을 직렬 연계하는 것이 아니고, 모름지기 병렬 연계하는데 있다.

와쓰지 데쓰로(和辻哲郎)*40)의 "일본인처럼 새로운 것에 민감하게 반응하여 그것을 받아들이는 민족은 없을 것이다. 또한 일본인들처럼 충실하게 낡은 것을 보존하는 민족도 없을 것이다. 한때 무가계급이 지배계급으로 부상되었을 때, 부정된 지배계급은 공가(公家)계급으로 보존되고 전통문화의 소유자로서 문화적 귀족으로 존경했던 것이다."라고 하듯이 흔히들 사회의 발전 과정에서 볼 수 있는 발전적 통합이라든지 발전적 해소 같은 용어, 혹은 새로운 집권자나 집권계급이 내세우는 주저하지 않는 신기원(新紀元) 만들기 등을 찾아보기 힘든 것이다.

그들이 항상 발전적 해소가 아닌 발전적 보존이란 기법을 써 왔다는 것은 병렬 연계적, 모듈러 문화적, 다양성 현상이 그것을 말해주는 것이다. 고층(古層), 중고층(中古層), 근·현대층 같은 것이 수직 혹은 수평형식으로 병렬 전개되는 것이다. 이처럼 일본은 시간이 흐르지 않고 쌓이는 곳이라는 것을 알 수 있다.

오늘날 일본문화의 비동화적(非同化的), 수평적 중층설을 이해하기 위해서는 아주 오래된 골동품 가게나 무엇이라도 구입할 수 있는 백화점의 진열대를 연상하면 된다. 진열대에 너저분하게 깔려있는 고색찬연한 골동품이나 상품들은 그 나름대로의 고객을 가지고 있으며, 고객의 취향에 따라 알맞은 가격으로 거래되는 것과 비슷하다. 다시 말해 어떤 품목이 골동품상에 들어오게 되면, 즉석에서는 별다른 가치를 인정받지 않으나, 그것을 선택하는 다양한 소비자의 기호에 따라 제각기의 가치를 지니게 되고 그에 따른 가격이 정해지는 것이다.

지정학적 시각에서 보면, 이와 같은 현상은 통과지와 문명의 퇴적지 곧, 종착지를 비교할 때 확연한 문명수용의 형태와 생리의 차이를 알 수 있다. 문명통과지에 있어서는 새 문명의 반입과 동시에 낡은 것들의 감가(減價)현상이 두드러지게 나타나게 되고, 끝내는 폐기, 망각되어 버리는 경우가 많다. 물론 문명 퇴적지라고 해서 모든 외래문물들이 모름지기 보존되고, 혹은 부가 가치 되고, 재활용되는 것은 아니지만 비교적 많은 것들이 계속 보존되고 살아남아 부가가치 됨으로써 뜻밖의 화사한 꽃을 피우는 경우가 많은 것이다. 좀 과장한 표현을 쓴다면 문명인자(文明因子)의 인자 은행적 역할을 할 때가 많은 것이다.

일본을 방문하는 외국인들, 특히 아시아 계통 외국인들을 놀라게 하는 것도 바로 이와 같은 골동품상의 보관 창고적 정경(情景) 때문일 것이다. 자국에서는 이미 낡아 없어지거나 폐기된 문화의 기억들이 아련히 되살아 나오는 것을 경험하게 된다. 지난 날의 그것들이 그냥 보존되어 있는 것으로 그치지 않고 현실적으로 숨 쉬고 있는 경우도 많다. 유리, 철근, 알루미늄 등으로 되어 있는 현대적 초고층건물의 틈바구니에 끼어서 끈질기게 숨을 쉬고 있는 청태로 뒤덮인 지장보살의 석불상들을 대할 때마다, 그런 감회를 자아낸다. 하기야 지장보살의 석불들이 현대 도시의 한복판 구석구석에 고루 자리하고 있는 그 자체만이 아니라, 그것이 현실적으로 숨을 쉬고 있다는 것이다.

즉, 시가지 구석구석마다 수없이 산재되어 있는 이들 석불 앞에는 언제나 누군가에 의하여 깨끗이 정화되어 있고, 계절 따라 아름답고 싱싱한 꽃이나 사철나무 가지들이 꽂혀 있는 것이다. 뿐만 아니라 우라본(盂蘿盆)131)이 되면, 지장제(地藏祭)를 올리고, 그 앞에 천막을 치고, 꽃자리를 펴서 인근 어린이들이 옹기종기 모여 앉아 밤늦게까지 놀이를 하면서 즐기고 있는 광경을 볼 때마다 이 지장제란 전통적 행사는 구세대의 유물로만 그치지 않고 새 세대의 문화로서 연계되어 가는 것이구나 하는 느낌이 든다.

오늘날, 흔히 볼 수 있는 상품화된 당국주도(當局主導)의 문화 행사가 지방마다 빠짐없이 온갖 명칭으로 성황을 이루고 있지만, 이것들과는 좀 취지가 다른 것 같다. 낡은 것 혹은 새것이든 일본열도에 당도된 외래 문물들은 예외 없이 어떤 형태로든 나름대로의 여맥(餘脈)을 이어가게 마련이다. 이것은 일본열도를 하나의 생체에 비유한다면 이종 담백질격의 외래문물이 반입될 때 일어나는 거절반응이 비교적 격렬하지 않다는 것이다. 혹자는 이것은 외래문물의 강제적 수용이 아니라 자연적 수용에 기인한다고 한다. 즉 강제적 수용을 종용 당할 때는 일종의 적대적 증오감이 앞서서 그 내용의 객관적 평가에 앞서 루산치만(ルサンチマン, ressentiment)적 거절이 일어나기 때문이다.

여기서 우리는 일본문화의 모듈러적 특성에 대해서 좀 더 심

---

131) 7월15일, 성묘 등으로 조령의 명복을 비는 날.

도 있는 고찰을 하여야 한다. 다채로운 외래문물이 모듈러 형식으로 조립되어 있다는 것은 이들 외래문물이 용해(溶解)되어 있지 않다는 뜻이다. 즉, 일본열도의 기본적인 외래문물 수용은 어디까지나 조립·통합하는 특징을 가지고 있으나, 용광로 같은 용해력을 가지고 있지는 않다는 것이다.

일본문화의 모듈러적 특징을 가장 익살스럽게 보여주는 것이 그들의 중층신앙(重層信仰)의 풍속이다. 특히 일신교 문화권에서 온 서구, 중동인들에게 경악을 금하지 못할 정경(情景)일 것이다. 그들이 열심히 섬기고 있는 칠복신(七福神)의 각 신들은 그 원적(原籍)지가 인도, 중국, 일본 토신들이며, 서구에 있어서 그리스신화나 로마신화에서 나오는 신들처럼 문학적(Poesy) 존재가 아니라, 현실적으로 일본인들의 생활에 관여하는 신들인 것이다.

그들 신토(神道)적 신앙으로 신이 된 일본 메이지천황을 재신으로 하고 있는 메이지신궁(明治神宮) 입구의 오모테산도(表参道)132)를 크리스마스 장식으로 꾸미고, 결혼식은 교회에서 올리고, 다시 신사(神社)에 가서 신전 결혼식의 의식으로, 부부의 계약을 하는 것이다. 그러나 모든 일본인의 상장(喪葬)은 불교의식에 의하고 있다. 이와 같은 타종교에 대한 무제한 관용은 어디까지나 다신교적 산물이며, 여기서는 이단(異端)이란 말이 통용되지 않는다.

일신교적 멘탈리티는 그들에게는 지극히 도발적으로 받아들여

---

132) 신궁으로 들어가는 길.

지는 것 같다. 말하자면 전술한 이마니시 긴지(今西錦司)의 스미와케(棲み分け)133) 이론이 곧 일본인들의 종교관에도 적용되는 것이다. 신(神)들의 스미와케 이론이 다신교적 멘탈리티의 기초가 되고 있는 것이다. 예를 들어 크리스천으로 알려져 있는 수상 오히라 마사요시(大平正芳)가 이세신궁에 참배하고 있었던 것과 같다.*41)

이와 같은 모듈러 문화의 참뜻을 설명하기 위하여 식물유전 실험에서 통용되고 있는 키메라(Chimera)134) 현상을 상기하면 된다. 즉 토마토와 까마중을 접목시켜 같은 그루에서 까마중 열매와 토마토 열매를 함께 열리게 하는 실험이다. 토마토와 까마중의 중간적 열매가 열리지 않는 것이 지극히 모듈러적이다. 우리가 상상만으로 만들어 낸 용, 기린, 봉새 등과 비슷하다. 일본문화는 샐러드(salad) 접시의 음식처럼 잘 통합, 조립되어 있으나 그 구성 소재들은 제각기의 맛을 유지하고 있는 것이다.

일본문화가 이와 같은 모듈러적 특징을 지닌 사실은 그들의 민족성을 이해하는데 중요한 열쇠가 될 수 있다. 이와 같은 비구축적 조립식 문화는 그 조립의 요추를 맡고 있는 나사못 하나로서 쉽게 조립되고 분해될 수 있다.

태평양 전쟁을 끝맺게 하는 포츠담 선언의 수락 여부에 있어서도 군부의 광적(狂的) 일억총옥쇄135)의 외침이, 천황의 옥음방

---

133) 자기 몫에 맞춰서 다소곳이 살아나간다는 뜻.
134) 희랍신화에서 나오는 괴물로서 머리는 사자, 몸통은 양, 꼬리는 뱀.
135) 일본인전원이 몸 바쳐 끝까지 싸우자.

송136)으로 파도가 지나간 간 듯 고요해졌다. 이윽고 일본국민들을 일억총참회 즉, 일본인전체가 전쟁에 대한 참회와 더불어 천황에 대한 참회를 맹세하게 되는 것이다. 이와 같은 불가사의에 가까운 현상들이 어떻게 일어날 수가 있겠는가 하는 것은 지금도 연구의 대상이다.

일본문화의 뿌리에는 자연과의 유착과 같은 신토적(神道的)감성이 있다. 또한 신토에는 국가나 지역 공동체의 질서를 유지하는 측면이 있으며, 이것이 정치적 내셔널리즘과 유착되어서 일으킨 과거의 참극을 겸허한 마음으로 되새겨야 한다. 사실 신토는 교조와 경서도 없고 크리스트교 같은 창창종교(創唱宗敎)와는 너무 대조적이다. 문자 그대로 자연종교이고 보니 타종교에 대한 무한수용과 관용도 가능하다. 일본인들의 무의식층에 구조화되어 자리 잡고 있기 때문에 타종교처럼 개종한다든가 배교(背敎)할 수가 없는 것이다.

일본 땅에 생(生)을 받은 일본인은 원하든 원치 않든 신토에 자동귀의 되는 것이다. 물론 일본인들에게 신앙종교에 대해서 물어보면 불교, 기독교, 혹은 무종교라고 주장하겠지만, 이미 본능화 또는 생리화 되어있어 신앙으로서의 감성을 느끼지 못하고 있을 따름이다. 무교다 기독교다 하는 사람들도 일단 이세(伊勢)에 있는 신토의 종묘에 가면 무의식적으로 옷깃을 여미고 근엄하여 지는 것이다.

---

136) 천황의 항복 수락 방송.

무로마치(室町)기 때부터 성황을 이루었던 이세코(伊勢講)[137] 같은 것이 그것을 말해주는 것이다. 이것은 이슬람 문화권에서 일어나고 있는 하지(Haji)[138]에의 집념과 비슷하다. 이렇게 많은 신(神)들을 모시고 또한 각양각색 외래문물의 모듈러적 수용에 의하여 만들어진 일본문화가 조화를 유지하면서 성장할 수 있었던 것은 이 모든 것을 조절하고 제어하는 신토적(神道的) 감성이 있었기에 가능하다. 그리고 그 신토의 재사장(祭祀長)으로서 일본 천황가의 신비스러운 군림이 있었다는 것을 잊어서는 안 될 것이다. 또한 그 황실을 유지시켜온 일본인 전체의 신토적 감성에 의한 묵계(黙契)가 있었다는 것이다. 지금도 일본 황실의 온갖 궁중예식, 의전의 제법도를 지켜오는 이에 모토(家元, 원조)인 다카쿠라케(高倉家)의 경우는 25대째 이어오고 있다.

돌이켜 보면 태평양 전쟁이 끝나고 미 진주군이 전후 처리에 임하게 되자 총수 맥아더 원수는 철두철미하게 전쟁 전중의 일본 군국주의와 관계있다고 생각되는 대표적 대상으로 일본의 고유 신앙인 신토(神道)를 지목하게 된다. 다음은 그와 관련한 G.H.Q포고문[139] 내용이다.

"신토 및 진자(神社)[140]에 대해서 공유재산으로부터의 여하한 경

---

137) 이세신궁에 가기위한 비용마련을 목적으로 한 계목임.
138) 이슬람 성지 메카를 순례한 신도.
139) 일본을 점령한 연합국 군 총사령부 초대 최고 사령관은 맥아더이다.
140) 신토의 신을 모시는 사당.

제적 원조나 공적요소의 도입을 엄금한다. 이세다이뵤(伊勢大廟)141)에 대한 종교적 식전의 지령 및 간페이샤(官弊社)142), 기타 신사에 대한 종교적 신전의 지령은 지금부터 철폐한다……. 관공서, 학교 내에 가미다나(神棚)143), 기타 국가 신토의 물적 상징이 되는 어떤 것도 설치하는 것을 금지하고 제거할 것을 명령한다.*42)

이와 같이 G.H.Q포고문을 내렸으나 오늘날 일본에 있어서 이 각서가 어느 정도 소기의 목적을 달성하였는가? G.H.Q의 목표 중에 다소라도 실효를 거두었던 것은 정치기구나 의식주의 유행 정도에 한정되었던 것이다. 결과적으로 일본문화의 기조를 이루고 있는 정신적 영역에는 아무런 변화도 주지 못하였던 것이다. 또한 주목할 만한 것은 미국식 표층문화도 전혀 거절반응을 일으키지 않고 일단 순조롭게 받아들여 그런 대로 병렬(並列)의 대열 속에 제각기 자리매김을 할당받아 정착되어 갔던 것이다. 일본문화를 편저문화(編著文化)라고 하는 근거가 여기에 있는 것이다.

시내의 간판에서는 가타카나(片仮名)144)가 범람하고 의식주 분야에 있어서도 미합중국에 새 주(州)가 생겼을 것 같은 착각을 일으킬 정도로 미국풍의 바람이 불었다. 그러나 시간의 흐름에 따라 하나하나 분류 재정리되어 제자리를 찾아 '일본문화'란 큰

---

141) 일본 신토의 대본산.
142) 전전 일본정부에서 경제적 지원을 한 신사.
143) 신토신을 모시는 가정용 제단.
144) 일본어는 두 가지 자형 곧 가타카나와 히라가나를 가지고 있는데 외래어 표기나 다른 예외적인 경우 이외에는 히라가나가 통용되고 있음.

틀 속에 편집되어 갔다. 예를 들면 미국 생활문화의 한 측면을 말해준다고 할 수 있는 '페인트문화' 즉 아무 곳이나 덕지덕지 페인트칠하기를 좋아하는 풍속이 일본문화란 큰 틀 속의 한 부분에서 나타나게 되고, 전반적인 뿌리를 내리지는 못하였다. 그러나 정월원단(元旦)을 맞이하여 민족 고유의 옷차림으로 진자를 찾아가 현세이익과 국가발전을 기원하는 전통적인 풍속은 오늘날(1999년) 신사참배 인구가 8,811만 명이나 될 정도로 오히려 더욱 활기를 띠게 되었다.

중국(中國)에서 문화혁명(文化革命)이란 회오리바람이 중국을 황폐화시키고 있은 때 일본지식인들의 반응을 기사화[43]하고 있었는데 그중에서 오쿠노 신타로(奧野信太郞)는 "몰유문화대혁명(沒有文化大革命)으로 시노로지(중국학)가 중국에서 절멸(絶滅)하려 한다. 그러나 이윽고 수정주의 시대가 올 것이며 그때를 위해 시노로지의 정통(正統)을 일본학자들이 보지(保持)해야 할 책임이 있다"고 대답하고 있다. 모로바시 데쓰지(諸橋徹次)의 대한화사전(大漢和辞典)이 일본인들의 외래문물 흡수열을 잘 증명해 준다. 저자가 중국 강희자전(康熙字典)이나 패문운부(佩文韻府)의 미비함에 만족치 못하고 중국문화의 완벽한 결정체로서 기능할 수 있는 것을 계획하고 결국은 전13권의 상기 사전을 완성한 것이다.

모듈러적 문화수용의 형태는 특히 사상문화를 받아들일 때 그 특징이 두드러진다. 유교, 불교, 크리스트교 등은 종교사상을 받아들일 때 면(감성적 직관)으로서가 아닌 점(지적 이해)으로서 받아들이는 경향이 있다. 학문으로서 분석 탐구되었으나 생활문화로서 뿌리를 내리지 못한다는 것이다. 많은 연구 서적이 나오기는 하나 사회화내지 생활화되는 일이 적다. 한일 양국은 유교문화의 주변국으로서 제각기의 민족문화가 자랐지만 일본에 들어온 유교는 학문으로서 꽃이 피나 국민들의 생활양식으로서는 그 역할이 미약하였다. 유교뿐만 아니라 크리스트교 같은 강력한 에너지를 가진 종교도 크게 전개 발전되지 못하고 말았다.

유태인들이 유태교, 인도인이 힌두교, 한국인이 유교에 세뇌된 것 같은 현상을 일본은 보이지 않았던 것이다. 외래 문물을 받아들여 그것을 모듈러 형식으로 키우게 되고, 필요하다고 생각될 때는 일본문화 속에 레고(lego) 조각같이 조립 활용되나 용광로 같은 용해현상을 일으키지 않는다는 것이 일본문화에 있어 외래문물 수용의 특징이라는 것을 여기에서 다시 한 번 천명해 둔다.

15

의리와 수치
- 나(名)에 대한 의리 -

도쿄도 한복판에서 일흔을 넘은 노모와 신체장애자의 아들이 굶어 죽었는데, 며칠이 지나 발견되었다. 냉장고 안에 마지막에 사 넣은 것 같은 빵 세 조각, 마아가린 그리고 현금 3백 9엔(円)이 남아 있었다. 한 달 수입은 8만 5천 엔이었으나 약값, 집세 등으로 모두 쓰였던 것이다 그런 와중에도 그날까지의 전기세나 물세를 완납하고 있었다.*44)

훗날에 동북지방의 센다이(仙台)*45)에서, 그리고 브라질의 일본인 사회에서도 비슷한 참사가 일어났다는 것을 신문에서 읽었다*46). 도쿄의 모자들은 굶어죽으면서도 죽는 그들이 그 딱한 사정을 당국에 조금이라도 알렸다면 그와 같은 참극은 일어나지 않았을 것이다. 세금도 떳떳하게 내지 못하면서 또 당국에 손을 내미는 것은 그들에게 있어 한없이 수치스러운 일이라고 생각했던 것이다. 남에게 동정이나 원조를 구하는 것을 일본어로 무신

(無心, 무심)이라고 한다. 세상에서 가장 못난 자, '수치'를 모르는 자가 하는 행위로 간주하는 것이다.

　도쿠가와 막번 체제 중반기(18~19세기)에 들어서자 시민 부르주아계급이 생겨나고 상·공 계급 중에는 비교적 여유 있게 사는 자가 많았다. 농민 계급은 막부의 통제로 농토를 떠나지 못하고, 각 번국은 인구의 증가, 타 번(藩)에 대한 위기관리 비용, 가끔 찾아오는 가뭄이나, 여름철 냉해 등으로 농작물의 수확은 줄어드는 데 반해 농업생산에 대한 조세비율을 높여, 농민들의 생활을 힘들게 했다. 이 과정에서 무사계급의 가족들은 봉급생활에 매달려 생활했음으로 특별한 고급무사를 제외하고는 그들의 살림살이는 넉넉하지 못하였다. 그렇다고 무사의 체면상 엉뚱한 돈벌이 수단도 강구하는 것은 엄금되어 있었다.

　특히 부케쇼핫토(武家諸法度)145)를 선포하여 무가 계급으로 수치스런 일을 하는 것은 용납되지 않았다. 또한 경제적으로 조금 넉넉한 상·공인들에게 무신(無心)을 하는 일이 없도록 무가로서의 '의리'와 '수치'를 기회 있을 때마다 강조하였는데, 다음의 속담은 그를 대변해 준다.

　　武士はくわねど高揚子
　　(무가는 먹지 않아도 항상 자랑스럽게 이쑤시개를 하면서 다녀라)

---

145) 무가들이 지켜야 할 법도.

이와 같은 이언(悝諺)이 나돌고 있었다. 이런 세태(世態)이고 보니 일본판 '흥부와 놀부' 같은 이야기는 나올 수가 없었던 것이다. 아무리 가난한 아우라 할지라도 부유한 형님에게 손을 내미는 것은 무신(無心)이란 '수치'를 사게 되는 것이고 보니 이야기가 되지 못했던 것이다. 막부당국의 재치 있는 통치수단에 힘입어 도쿠가와 280년 동안 결국 무사들에 칼을 쓸 기회를 주지 않았다. 이름난 검호(劍豪)도 많이 배출되었으나 어디까지나 사사로운 아다우치(仇討, 복수행위) 정도에 그쳤으며 온갖 검술의 유파가 있었으나 실질적으로 활용된 흔적은 별로 없었다.

그렇게 되고 보니 오히려 정신적인 면을 더욱더 강요하여 무사들이 유사시 죽음의 공포 앞에서 '인격의 단절'이란 넌센스(nonsense)적 비극이 일어나지 않도록 관념적 극기를 끈질기게 강조한 것이다. 무사들은 '수치'와 '의리'에 대한 관념적인 강박관념 속에 생활하였으며, 결국 이 두 가지 덕목은 오히려 이데올로기화 되어 막번 체제가 붕괴한 후에도 면면히 남게 되었다.

루스 베네딕트(Ruth Benedict)는 그의 명저 『국화와 칼(菊と刀)』에서 의리를 키워드로 하여 일본문화의 특징을 명쾌하게 분석하였다. 그는 일본인의 의무(義務) 및 반대의무의 일람표를 만들고 있다. 여기서 첫째로 대두 되는 것이 '온(恩, 은혜)'개념이며, 이것은 우리말의 은혜와 비슷한 뜻이기는 하나, 근본적으로 많은 차이가 있다. '온'은 수동적으로 입게 되는 의무로서 이를테면 고온(皇恩)[146], 오야노온(親の恩)[147], 누시노온(主の恩)[148], 그리고 시노온(師の恩)149) 등으로 구별하고 있다. 뭇사람들은 이와 같은 은혜 속에서, 은혜의 그물에 얽혀 살고 있다는 것이다. 그런데 이 '온'은 영원히 갚을 수 없는 속성을 가지고 있다는 것이다. 여기까지는 다 같은 중국 유교의 주변국가로서 한국에서도 충분히 인식되고 있는 개념이다. 그러나 이와 같은 무한 은혜에서 파생되는 유한 은혜 곧 '의리'의 개념이 일본문화에서 큰 비중을 차지하고 있다는 것이다. 이 의리는 일본인들 마음속에서 아주 미묘하게 굴절되어 자라난 것이다. 결과적으로 일본문화의 특징으로 큰 자리매김을 하고 있다.

일본속담에 '의리만큼 괴로운 것은 없다(義理ほどつらいものはない)'라는 것이 있다. 곧 스스로가 받은 은혜와 똑같은 양으로서 되돌려 주어야 하는 것이 의리상의 은혜이다. 수량에서뿐만 아니라 유예(猶豫)기간에 있어서도 그 제한된 시간을 어기면, 이식(利息)이 눈덩이처럼 불어난다고 인식하고 있다. 이것은 천황에 대한 은혜나 부모, 그리고 스승에 대한 은혜같이 시간이나 수량에 제한 없이 죽을 때까지 짊어져야 한다. 그러나 '의리'의 은혜처럼 절박한 것은 아니다.

일상생활에 있어서 금전상의 부채와 똑같은 개념으로 반드시 상환 지불해야 한다는 것이다. 즉, 사람들이 부채를 지고 마음이

---

146) 천왕으로부터 입고 있는 은혜.
147) 부모로부터 입고 있는 은혜.
148) 주군 즉 봉건할거시대 각 번주로부터 입고 있는 은혜.
149) 스승으로부터 입고 있는 은혜.

편안할 수가 없는 것과 똑같이 이 의리에서 빚어진 부채도 채무자의 마음을 그림자처럼 따라다니며 압박하는 것이다. 타인으로부터 무의식간에 입게 된 은혜, 이를테면 금전이나 호의 혹은 어려웠을 때의 친절한 말 한 마디도 모두 부채로서 치부되는 것이다.

일본인들은 의리상의 은혜를 입히는 것을 채권으로, 그리고 은혜를 입는 것을 채무로 생각하고 대차대조표를 평형상태로 유지할 때 가장 마음이 평온하다는 것이다. 일본어에서 '고맙습니다'라는 표현을 '아리가토고자이마스(有難うございます)'라고 한다. 이 말은 '내가 참 난처하게 되었습니다.'라고 풀이 된다. 바꾸어 말하면, '내가 채무자가 되었습니다. 빠른 시일 내에 갚도록 하겠습니다.'와 같다. 그러나 이와 같은 좀 객관성이 있는 부채의 상환은 큰 문제가 되지 않는다. '나(名, 이름)에 대한 의리'가 불가사의한 일본문화 특유의 개념이다. 여기서 '이름'이라 할 때 사전적 의미*47)는 ① 사람의 성 아래 붙여 다른 사람과 구별하는 명칭, ② 개념을 대표하고 그 사물과 다른 사물과를 구별하기 위한 칭호, 이외에 ③ 평판, 명성, 명예 등이 있다.

여기에서 '나(名)'라 할 때 이 세 번째의 뜻에 비중을 두고 파생된 것인데 이것이 이상비대(異常肥大)한 것은 일본인이 가장 신경을 곤두세우는 '나(名)에 대한 의리'이다. 말하자면 자기명예에 대한 부채감을 말하는 것으로, 자기명예에 대해서 거의 노이로제(neurosis)적 증후를 보인다. 이 '나(名)에 대한 의리'의 참뜻을 인식하지 못하면 서두에서 소개한 모녀의 아사사건과 같은 것을 결코 이해할 수 없게 되는 것이다. '나(名)에 대한 의리'는 당사자의 명예를 더럽히는 일이 없도록 한다는 의무이기도 하다.

물론 이 부채감은 결코 타인에 의해서 입게 되는 것은 아니다. 당사자 스스로가 점검한 스스로의 명예를 기점(起點)으로 야기되는 부채감이다. 당사자의 직업이나 능력, 가문(家門)의 격 이 모든 것을 스스로가 임의로 책정하여 만들어진 명성, 명예가 곧 '나(名)'가 되는 것이다. 결국 이 나(名)에 걸맞지 않는 것을 스스로 저지르게 될 때 무한한 수치감을 느끼게 되는 것이다. 그러므로 '의리의 일본문화'라는 표현처럼 '수치의 일본문화'란 표현도 일맥상통되는 개념이다. 스스로의 나(名)에 걸맞지 않는 짓을 하는 것은 스스로의 나(名)를 모독하는 것이고 보니 결과적으로 오명(汚名)을 낳게 되며, 이 오명을 씻지 않으면 무한한 수치감에서 벗어날 수가 없게 되는 것이다.

이와 같이 '나(名)에 대한 의리'는 뜻밖의 문화적 부산물을 무수히 낳게 된다. 스스로의 나(名)의 자리매김을 아주 높게 책정할 경우는 그 나(名)에서 파생하는 수치감도 아주 커지는 것이며, 나(名)를 아주 낮게 자리매김 할 때는 그에서 파생되는 수치감도 그다지 크지 않을 것이다. 도쿠가와 막번 체제(德川幕藩体制) 시대를 통하여 어떤 '나(名)에 대한 의리'가 문제 될 때, 그 당사자가 상공인이나 미스노미 뱌쿠쇼(水呑百姓)150)에게는 별것 아닌 것이나 지도계급을 자칭하는 무사의 경우에는 때에 따라 셋푸쿠(切

---

150) 아주 미천한 농부.

腹)151)해야 할 경우도 허다하였다. 흔히 우리가 말하는 면목이나 체면을 지키기 위한 것이다. 무사들에게는 나코소오시케레(名こそ惜しけれ)152)라는 관용구가 가슴 깊은 곳에 자리 잡고 있었다. 그러나 비단 무사계급이 아니라 할지라도 그 나름대로의 나(名)를 대단히 소중히 여기는 풍조가 작용하고 있었던 것이다.

상인의 경우라면 '신용'이, 공인(工人)의 경우라면 그가 만든 작품에 대한 명성이 때로는 생명이상으로 중요시 되었던 것이다. 공인은 그가 만든 작품에 그의 나(名)를 걸었으며 애착을 느꼈던 것이다. 자신의 나(名)에 어떤 오명이 가하여졌을 때는 생명을 담보로 그 오명을 씻으려 하였다. 그와 같은 행위를 이사기요시(潔ぎよし)153)라고 하였다. 이를테면 금전을 차용할 때는 그 차용증에 가장 믿을 수 있는 담보로서 '나(名)에 대한 의리'를 기록하였다. 예를 들면, "만약 차입금을 변제하지 못할 경우 뭇사람 앞에서 사실을 알리고 놀림을 당하여도 좋다"라는 내용 증서이다. 놀림을 당한다는 것은 '나(名)'에 대한 최대의 모욕이며 결과적으로 최대의 수치심을 당사자에게 안겨준다는 것이다. 그러나 변제 불가의 경우는 군중 앞에서 놀림을 당하기 전에 나(名)를 죽이지 않기 위하여 몸을 죽였던 것이다. 그리하여 자결을 택했던 것이다.

---

151) 배를 찔러 자결하는 것.
152) 이름이야 말로 가장 소중하다.
153) 깨끗하고 멋이 있다.

이 나(名)에 대한 병적인 골몰은 우리들의 마음을 서늘하게 하는 일화들을 너무 많이 남기고 있다. 이제는 옛날이야기가 되었지만, 어떤 초등학교에서 화재가 발생하였는데 그로 인하여 천황의 고신에(御眞影, 천황의 사진)가 함께 타버렸다는 이유로 교장선생이 자결하는 일도 몇 명 발생하였다. 화재에 대한 책임이 아니라 천황사진 소실에 대한 책임이며, 이 책임은 당사자의 나(名)를 한없이 더럽혔다고 생각했던 것이다. 이 오명을 깨끗이 씻기 위하여 이사기요쿠(潔ぎよく)154) 자결하였던 것이다.

천황의 옥쇄가 찍힌 군인칙유(軍人勅諭)155)를 학교장이 봉독하다가 오독하였다는 이유로 자결한 경우도 있다. 천황에 대한 무한한 충의의 마음에서가 아니라 스스로의 실수를 치명적인 수치(羞恥)로 받아들였던 것이다. 여기서 무가(武家)들 사이에서 통용되는 의리에 얽힌 이야기를 이하라 사이카쿠(井原西鶴)*48)의 '부케기리모노가타리(武家義理物語)'를 통해 살펴보기로 하자.

막번 체제(幕藩体制, 18~19세기) 때, 한 사무라이(士)가 그의 번주(藩主)156)로부터 부탁을 받았다. 번주의 아들을 대동하여 전국을 순유하며 세상공부를 좀 시켜달라는 것이었다. 번주가 이 사무라이에게 부탁한 것은 자기 아들과 나이가 같은 아들이 있어서 함께 전국순유의 친구가 되리라고 생각했던 것 같다. 그 사무라이

---

154) 깨끗하고 용감하게.
155) 군인들에 대한 훈계문.
156) 보통 다이묘라고 불렸음.

는 번주에게 도중 안전을 굳게 약속하고 길을 떠났다. 해가 뉘엿할 무렵 큰 강가에 도달하였다. 그 강을 지나야 유숙할 만한 곳이 있어서 도강을 결심하였다. 제일 앞에 자기가 서고 바로 뒤에 번주의 아들 제일 꽁무니에 자기 아들을 세워 건너기 시작하였다. 그러나 뜻하지 않는 난류에 휘말려 번주의 아들은 실종되고 겨우 강을 건넌 것은 자신과 자신의 아들이었다. 사방은 이미 캄캄하고 이젠 어떻게 할 수도 없게 되었다. 그가 존경하고 충성을 다하였을 뿐만 아니라 자기에 아들의 안위를 맡겨준 번주 앞에 자기와 자기아들만이 살아서 돌아갈 수는 없었다. 아들의 얼굴을 뚫어질 듯 응시하는 아버지의 눈빛에, 아들은 아버지가 무엇을 원하는가를 쉽게 눈치 채게 된다. 서슴지 않고 캄캄한 탁류 속에 뛰어들어 버린다.

아마 그는 번주의 아들만을 죽게 하고 그들 부자만이 살아남게 된 결과에 대한 아버지의 '나(名)에 대한 의리'가 무엇인가를 눈치 차렸던 것이다. 훗날 이야기가 되겠지만 무사는 그 길로 자기 번국에 돌아가 번주에게 사죄하고 곧장 머리를 깎고 산문(山門)으로 들어가 소식을 끊었다고 한다. 물론 전날 강가에서 일어난 아들이야기는 일체 알려지지 않았다. 이 이야기는 물론 한 작가의 픽션(fiction)이겠지만, 그 당시로서는 얼마든지 있을 수 있는 이야기이고, 무가들의 의리를 풍자하는데 모자람이 없는 걸작이라고 할 수 있다. 장인(匠人)들의 '나(名)에 대한 의리'도 예외는 아니었다. 고다 로한(幸田露伴)의 작품 『오층탑(五層塔)』의 경우도 장인들이 그들의 '나(名)에 대한 의리'가 어떤 것이었던가를 잘 알려주고 있다. 작중 주인공이 자기가 세운 오층탑의 견고성에 목숨을 거는 장면이 독자들을 감동시킨다. 전대미문의 큰 태풍이 온 천지를 진동시키는 야밤중에 그가 쓰던 큰 끌 하나를 손에 들고 오층탑의 최상층에 올라간다. 그가 갓 완성한 작품에 대한 믿음과 애착이 친 자식에 대한 그것과 조금도 다를 바 없는 장인들의 자신과 신념이 '나(名)에 대한 의리'로서 결정(結晶)되어 있었다고 하겠다. 또한 상인들이 보여주는 신용도(信用度) 같은 것에 대해서도 많은 일화를 남기고 있다. 도야마 쇼닌(富山商人)이란 말이 아직도 일본어 사전에 실려 있을 정도이다.

일본 혼슈(本州) 호쿠리쿠(北陸)지방에 있는 도야마(富山)지역의 상인이야기이다. 그들은 주로 약품들을 행상하였는데 아주 넓은 지역에 다니면서 각 가정에 일단 무료로 맡겨 두었다가 그 약의 효능을 충분히 증명할 수 있는 기간을 두고 훗날 약 값을 받으러 간다. 만약 효능이 없었다고 하는 가정에 대해서는 약 값을 받지 않았다고 한다. 이와 같은 상술은 소비자에게 상인의 철두철미한 신용도를 심어주는 데 크게 기여한 것이다.

시니세(老舖)[157], 노렌(暖簾)[158]같은 말이 뿌리를 내리고 장사꾼에 있어서 신용과 친절은 그들의 생명같이 소중이 여겼으며, "노렌니키즈가쓰쿠(暖簾にきずがつく)[159]를 가장 두려워하였던 것

---

157) 한 가지 업종을 대를 물려 취급하는 가게.
158) 가게의 상호 같은 것으로 오늘날의 브랜드 개념과 닮아 있음.

이다. 오늘날 같은 국제사회에 있어서의 기업체 브랜드 개념과 아주 비슷하다. 노렌시(暖簾師)160)라는 말이 있다. 즉 가짜 노렌을 앞세워 등급 이하의 상품을 파는 상인들을 가리킨다. 오늘날의 국제사회에서 물의를 일으키고 있는 유명브랜드를 모방해서 양산되고 있는 중국제 사이비 브랜드제품들이 상기된다. 일본 재래의 스시야(寿司屋, 초밥집)는 그 맛에 대한 병적 집념이 온갖 일화를 남기고 있다. 일본초밥은 세계적으로 그 맛을 인정받게 되었지만, 이 맛의 나(名)를 지키기 위하여 굉장한 노력을 기울여 왔던 것이다. 만약 초밥집의 맛에 대한 나(名)가 손상당하는 것을 두려워하였던 것이다. 한마디로 말해서 노렌은 상가의 생명으로서 신념화되어 있었던 것이다. 여기서 필자의 일본 오사카(大阪) 체류 시에 경험했던 실수담을 소개해 보자.

1960년대의 일이다. 부엌칼을 사러 갔는데 내가 찾아간 칼 가게는 그 곳에서 칼을 직접 만들어 파는 집이었다. 가게주인이 상인이며 또한 공인으로 일하고 있었던 곳 같다. 마음에 드는 칼을 하나 골라 가격을 흥정하다. 한국에서 보통 표시가격에서 10~20% 정도 깎는 것은 상례이고 보니 필자도 그런 관행에 익어 있어 10% 정도 가격 에누리를 꾀하였더니 가게주인이 별안간 시뻘겋게 흥분하여 칼을 팔지 않겠다는 것이다.

이 가게는 상인과 공인을 겸한 곳이라는 것을 미처 몰랐던 것에서

---

159) 상호 혹은 신용도에 흠이 간다.
160) 가짜상품을 속여 파는 상인들.

일어난 해프닝 이였다. 필자는 공손히 사과하고 제시가격으로 칼을 샀다. 나의 가격 흥정이 그의 작품에 대한 모욕으로 느꼈던 것으로 생각된다. 가게 주인은 자신이 부르는 값이 자신이 만든 작품의 질에 합당하다고 믿고 있으니 손님의 가격흥정은 자기작품에 대한 모욕으로 받아들였던 것이다.

이와 같은 장인의 자기제품에 대한 자긍심은 아직도 각 영역에서 살아남아 있다. 그들은 자기 작품을 과대평가하여 합당하지 않는 값은 절대로 받아들이지 않았다. 또 다른 필자의 경험담으로, 대구에서 조로(如雨露)[161]를 만드는 가게에서 있었던 이야기이다.

이 집주인이 일본에서 조로 제작의 장인으로 자란 탓인지 그가 매긴 가격에 대해서 단돈 일전의 에누리나 웃돈도 용납 않았던 기억이 있다. 부산에서 온 조로 도매상의 수요과잉으로 상품제작이 따르지 못하여 웃돈을 붙여 생산을 독촉하였으나 거절당한 것이다. 식당에서 하루의 판매량이 끝나면 절대로 공급량을 늘리지 않고 폐점하는 것이다.
이것은 마치 식당에서 고유의 맛이 조금이라도 나쁜 평판을 받게 되는 것이 두려워하는 데서 오는 처사와 비슷하다. 흔히 일본인들은 경쟁을 꺼린다고 한다.

경쟁 상태에 들어가면 경쟁에서 패했을 경우 그는 굉장한 수

---

161) 꽃밭에 물은 고루 뿌려주는 도구.

치감을 느끼게 되므로 그것을 미연에 피하자는 심사이다. 무경쟁 상태로서 홀로 자기 일에 몰두할 때와 경쟁 상태에 두었을 때 성과에는 커다란 차이가 있다는 것을 증명하고 있는 실험 결과가 많다. 경쟁 상태에서 혹시 패하였을 때 당하는 치욕을 예상하여 일은 도리어 망쳐버리는 수가 많다. 이것은 오로지 그가 자신 스스로에 대해서 책정하고 있는 '나(名)에 대한 의리'를 아주 높이 책정해 놓고 있는 까닭이다. 명인(名人)급에 있어서는 극구 경쟁 같은 것을 멀리하고 오히려 그와 같은 것은 초극하고 있다는 태도를 보이는 것이다.

또 다른 뜻밖의 문화가 이 '나(名)에 대한 의리'에서 파생한다. 일종의 자기기만이라고도 할 수 있지만 가만(我慢)162)이 미덕으로 자리 잡게 된 것이다. 이를테면 외부로부터의 작용에 반응하는 희로애락을 정직하게 표출하지 않는다는 것이다. 희로애락을 그대로 표출할 때 그들의 속마음이 함께 노출되게 되니 그것을 두려워하는 것이다. 흡사 무사가 죽음 앞에서 인격의 단절이 발생하는 것을 가장 두려워하는 것과 비슷하다. 죽음자체를 무서워하지 않을 수 없으나 죽음 앞에서 태연히 미소를 지운다는 굉장한 가만(我慢) 즉 자기 기만을 실천함으로써 '나(名)에 대한 의리'가 유지될 수 있는 것이다.

이를테면 일본의 큰 병원 영안실을 찾아갔을 때 쉽게 이해할 수 있다. 곡성이 있어야 할 영안실 일대가 고요한 정적으로 싸여

---

162) 참는다는 것, 억제한다는 것.

있다. 친지나 혈육이 타계하였는데 통곡이 터져 나와야 할 터인데 말이다. 끝까지 슬픈 감정을 삼켜야 하는 것이다. 흔히 일본인의 미소(Japanese Smile)란 말을 쓴다. 바로 일본인들이 보여주는 그 신비스러운 미소가 내포하는 감정의 난기류를 가리키는 말이다.

고이즈미 야구모(小泉八雲)*49)는 그의 소품「일본인의 미소」에서 다음과 같이 분석하고 있다.

"그 미소에는 반항도 없고 남에게 보이려는 가식이나 위선의 흔적도 없다. 그렇다고 해서 흔히 성격 약한 사람에서 연상되기 쉬운 그 병적 체념의 미소와도 혼동해서는 안 될 것이다. 그것은 정성껏 오랜 세월 속에서 다듬어진 하나의 방법이다. 입으로는 표현되지 않는 또 하나의 언어이다."

위와 같이 희·노·애·락을 가벼운 미소로서 처리해 버린 일본인, 결국 '나(名)에 대한 의리'에서 야기될 수 있는 수치(羞恥)를 미연에 방지하기 위한 이 재치 있는 행동미학은 온갖 종류의 예의범절로 가지를 뻗어 일본인 특유의 생활문화로서 깊이 뿌리를 내리게 된 것이다. 『NO, 라고 말할 수 있는 일본인』이란 책이 나와서 세상을 떠들썩하게 하였지만, 이것은 곧 일본인들이 말하는 하이(はい, 예), 이이에(いいえ, 아니)의 분간이 불분명한 것을 문제 삼은 내용을 담고 있다. 미소로서 만능적으로 처리하던 것을 확실하게 말로써 표현하자는 것이다.

그 이유는 일본인들이 어떤 긍정 혹은 부정의 대답을 할 때 아주 신중하며, 가끔 그것을 흐리게 하여 대답하는 경우가 많다는 것이다. 그것은 상대자에게 명백하게 부정적 반응을 보일 때 그 상대자가 수치감을 느끼지 않을까 하는 배려에서 생겨난 처사라고 할 수 있다. 상대자의 의견에 대해서 즉석에서 부정하는 것은 상대자를 모욕한다고 생각하고 있는 것이다. 설사 상대자의 의견이 자기와는 전혀 다를 경우에, 면전에서는 일단 「하이 하이」로 응급조치 해놓고 훗날 아무도 모르게 그것을 「이이예」로 이끌어 가는 것이다.

일본에서 최고 경영인으로 알려진 바 있는 마쓰시타덴키(松下電器)의 회장 고 마쓰시타 고노스케(松下幸之助) 씨도 부하의 의견이나 신문기자들의 단도직입적 인터뷰에 있어서 언제나 질문자의 의견을 존중하여 "자네의 의견도 일리가 있지만, 나는 이렇게 생각한다.……." 형식으로 상대자의 의견동의를 거절하였다고 한다. 국제사회에서 항상 일본인의 참 얼굴, 즉 가면을 벗은 참 얼굴을 보고 싶다고 외치지만, 일본문화의 뿌리에 이와 같은 요인이 있다는 것을 이해해야 할 것이다.

태평양 전쟁에서 무조건 항복에 해당되는 포츠담 선언[163]을 받아들였을 때도 연합국측은 반신반의로서 대처하였다고 한다. 조금 전까지만 하여도 일억총옥쇄(一億総玉砕)[164]를 부르짖었던

---

163) 1945년, 미·중·영국 연합군이 일본에 요구한 항복권고.
164) 일억 일본국민들이 박살이 될 때까지 싸운다는 뜻, 사실 이 중에는 3,000만 명

일본이 그냥 고분고분 '무조건 항복'을 받아들여 숨을 죽이지는 않을 것으로 생각했던 것이다. 또한 많은 전문가들의 의견도 그와 비슷하였다고 한다. 그래서 진주군도 준 전투대열을 갖추어 일본에 상륙하였다.

그러나 일본 본토에는 연합군 상륙에 대비하여 상당한 병력을 갖추고 있었지만 저항 조짐은 전혀 보이지 않았다. 연합군이 행진하는 노변에는 가끔 손을 흔들어 환영하는 일본인들이 있었으나 대체로 평온한 상태였다고 한다. 이와 같은 뜻밖의 반응에 대해 일본인들의 천황에 대한 충성심을 내세우는 것이 일반적이다. 사실 원자폭탄의 폭격을 받고서도 일본 군부는 항전을 고집하였다. 그러나 천황은 단호히 항복을 받아들였다.

종전 당시 항복을 받아들일 수 있는 자는 천황 한사람을 제외하고는 군부의 귀기(鬼氣)가 감도는 기세에 대항 할 사람은 없었다. 그러나 이 사실만으로 전후의 일본이 연합군에 보여준 순종, 나아가서는 적극적인 협조를 모두 설명할 수는 없다. 물론 일본인들이 천황의 옥음방송(玉音放送)[165]을 듣고, 허탈과 분노 속에서도 일단 안도의 숨을 쉬게 된다. 그러나 이 옥음 방송을 기점(起點)으로 하여 연합군에 대한 태도가 그야말로 표변한 것까지는 설명되지 않는다.

여기서 다시 일본인들이 '나(名)에 대한 의리'를 원용하지 않을

의 한국인이 포함되어 있었음.
165) 천황의 육성에 의한 항복 수락.

수 없다. 일단 천황에 의해서 수락된 항복을 지켜나가는 것이 '나(名)에 대한 의리'로 간주한 것이다. 이제 이 순간부터 나(名)에 걸맞게 항복의 뜻을 지켜나가야 한다는 것이다. '세계만방이 우리를 지켜보고 있다'고 하는 강박감 속에서 세계 역사상 가장 멋있는 모범적인 패전국의 태도를 보여 주는 것이 '나(名)에 대한 의리'라고 확신하였던 것이다.

  이와 같이 그때그때의 상황을 민첩하게 포착하고 응변(應變)한다는 일본특유의 현실주의는 '나(名)에 대한 의리'의 가장 밝고 순기능적 측면이라 할 수 있다. 흔히 일본인을 가리켜 야누스(Janus)적 두 얼굴을 가졌다고 지적하지만, 그때그때의 상황에서 '나(名)에 대한 의리'가 잣대가 되는 것이다. 나(名)의 잣대가 A가 되면, A에 대한 의리에 부응하기 위하여 생명을 걸고 나(名)의 잣대가 B로 바꾸어지면, 이번에는 주저하는 일 없이 B에 대한 의리에 부응하기 위하여 목숨을 거는 것이다. 세계 제1차 대전이 끝나고 그 마무리 작업의 하나로서 미국 워싱턴에서 개최된 군축회의, 다시 훗날 일본군의 저돌적인 대륙 침범에 우려하여 대륙으로부터의 철군요구를 주장하였을 때 일본인들은 굉장한 치욕감을 느끼고 그에 대한 의리를 지키기 위하여 당랑지부(螳螂之斧)166)격의 태평양전쟁을 발발시켰던 것이다. 일본인들은 이 오만무례한 세계열강들의 요구를 물리치는 것이 자신의 '나(名)에 대한 의리'를 세우는 일이라고 생각했던 것이다. 이와 같이 일본

---

166) 사마귀가 도끼에 대항한다는 것.

문화에서 운위되는 의리(義理)는 이율배반적인 뜻과 거의 정의 불가의 다의적(多義的) 속성을 가지고 있다는 것을 알아야 한다.

서두에서 언급한 아사한 모자사건도, 적어도 일본인이라면 굶어 죽는 일이 있더라도 당국에 무신(無心)[167]해서는 '의리'가 아니라는 생각에서 일어난 비극이지만, 이와는 정반대로 적어도 일본인이라면 굶어죽는 일이 있어서는 안 된다고 '나(名)에 대한 의리'를 당국의 책임을 묻는 구호형식으로 바꾸어 책정할 수도 있다.

2차 대전 때 미국 대통령령(9066호)으로 설치된 전시 전주국(轉住局)에 의한 재미 일본인에 대한 강제 전주(轉住)명령에 대해서도 일언반구의 불평도 없이 당국의 지시에 따랐던 것이다. 미합중국헌법상 용납되지 않는 것이었으나 그때의 미국 내 분위기를 재치 있게 파악하고, 그 대통령이 잘못된 것이라는 것을 실제로 증명하기 위하여 미군에 입대한 일본인들은 다투어 가장 격전지를 찾아 미국을 위해서 용감하게 싸웠던 것이다.

---

167) 남에게 구원의 손을 내 미는 것.

16

에도사람들의 야쿠와리

"하코네야마(箱根山)168), 가마를 타는 사람, 가마를 메는 사람, 가마꾼의 짚신을 삼는 사람, ……. 그 헤어진 짚신을 줍는 사람," 이라는 속요가 있다. 이 말은 직업에 귀천이 있음을 뜻하기도 하지만, 직업상의 몫을 재미있게 풍자하고 있다. 이 속요는 에도(江戶)169)시대, 즉 17세기에서 19세기에 걸쳐 완벽한 통치체제로 자리 잡게 된 에도막번 체제(江戶幕藩体制)170) 때 유행한 것이다.

흔히 에도시대를 가리켜 사농공상(士農工商)이란 사대계급과 이 계급에 넣지 않았던 에타(穢多)와 천인의 두 가지 형태로 구성되어 있었던 것이다. 그리고 이 사대계급 속에서 무수히 많은 계급안의 계층이 있었다. 모든 직업은 거의 세습제의 경향을 띠고, 계급은 돌에 새긴 글자와 마찬가지로 지울 수 없었다. 또한 계급

---

168) 일본 혼슈를 동서로 가로막는 칠십 리 고갯길.
169) 오늘날 도쿄에 막부정청이 있었음.
170) 막부란 중앙정부에 느슨한 연맹체를 이룩하고 있던 여러 번국들로 형성 된 체제.

안에 있어서의 직종도 결코 쉽게 바꿀 수는 없었다. 결과적으로 계급은 날 때부터 몸에 붙어 다니고 그가 속하는 계급과 직종에 의해서 사회적 지위가 정해지고 보니, 그 사람의 잠재적 재능과는 전혀 연관이 없었던 시대였다. 올챙이는 결국 개구리 이외로 변태되지 못하는 것과 마찬가지로 직종마저 다른 직종으로 뛰어 넘는 것은 거의 불가능하였다.

사농공상이란 계급개념은 고대 중국에서 직업을 크게 네 개로 구분하여 사민(四民)이란 뜻에서 만들어진 호칭이며, 우리나라에 있어서도 유학자들에 의해 그대로 통용되어 왔지만, 일본 에도 시대의 경우는 아주 엄격하였으며, 흡사 인도의 카스트계급처럼, 사회적 인습으로 뿌리를 내리게 되었다. 약 10%에 불과한 사(士, 무사)계급이 90%의 여타 계급을 통치하기 위해서 취한 방법이라고 할 수 있다. 인마살상용(人馬殺傷用) 장검(長劍)을 허리띠에 상시 꽂아 다닐 수 있는 계급을 무사에 한정하였으며, 여기에 유학자들을 통하여 '인간이란 날 때부터 천명을 받고 있다', '사농공상이란 신분도 천명에 의한 것이다', 게다가 오행설(五行說)을 원용하여 일종의 필연적인 계급발생론과 그 타당성을 사람들의 머릿속에 깊숙이 심도록 힘을 쏟았다.

이것은 유럽에서 문예부흥을 계기로 직업이나 가문의 부속물에 불과했던 개인이 조금씩 한 개의 독립된 인간으로서 표출되게 된 것과는 매우 대조적이라 할 수 있다. 계급의식이나 직업의식 같은 것은 싹틀 수 있었으나, 인권, 개성 등은 꿈도 꿀 수 없었던 시대였다. 그렇다고 통치계급으로서 무사들도 무한정 자유스러운 몸이 될 수는 없었다. 치하계급을 안정되게 제각기의 계급이나 직업에 묶어두기 위해서는 스스로도 일정한 규범 속에서의 자율적인 구속을 감내하여야 했던 것이다.

번국의 번주171) 역시 경솔한 언동은 삼가야만 뜻하지 않았던 부작용을 막을 수 있었던 것이다. 이렇게 되고 보니 사람들은 자기 직종이나 계급에 알맞고 지탄을 받지 않는 생활규범, 즉 일종의 생활형이 만들어지게 되었다. 번주는 번주 나름대로 의·식·주 전반에 있어서 번주에 걸맞은 형(型)이 있게 되고, 일상적 언동에 있어서도 일정한 형을 따라야만 했다. 번국의 최고 권력자인 동시에 이에 걸맞은 형을 지켜야 한다는 부담감이 항상 따라다녔다. 이와 같은 신분이나 직종상응의 몸가짐과 말투는 무사계급에서 시작하게 되었지만, 점차 무사 이외의 치하계급에도 스며들게 되었다. 무사계급은 치하계급의 안정된 통치를 위해서, 치하계급은 통치계급이 발포한 각종 법도가 두려웠던 것이다.

에도막부 초창기는 순수한 농본주의 시대로서 각 번국의 금고는 농민들의 연공(年貢) 곡물의 석수로서 환산되었으니, 상공계급에 비해 농민계급이 우대되었던 것이다. 점차 상·공업 영역이 확충, 발달되자 상·공계급의 지위가 농민계급을 추월하게 된다. 물론 농민계급이라 할지라도 혼뱌쿠쇼(本百姓)172)와 미즈

---

171) 일반적으로 다이묘(大名)라 호칭.
172) 스스로 가옥과 전답을 소유하고 연공이나 모든 부역을 부담하는 독립된 농민.

노미뱌쿠쇼(水呑百姓)[173]는 그 사회적 지위가 전혀 달랐다. 일반적으로 에도 막부시대를 에도 막번 체제가 정립된 시대라고 한다. 이것을 정치적 측면에서 부연하면 이 체제는 막부 혹은 번국의 지배기구라고 할 수 있으며, 쇼군(將軍)[174]이 최고의 권위자로서 권력을 점유하고 그 밑에서 각 번주들이 그들 번국에서의 권력을 독점하고 있는 상태로서, 막부나 번에 있어서 봉건 관료적 틀이 완성되어 결과적으로 농·공·상에 대한 지배체제가 완벽하게 기능할 수 있는 상태가 곧 막번 체제다.

예를 들어 당시 일본 전국의 곡물생산고를 보통 2,500만석~3,000만 석으로 추산하고, 이 중 막부의 직할지 혹은 하다모토(旗本)[175]용으로 확보된 것이 800만 석이라고 하니 막부는 상대적으로 큰 몫을 차지하고 있었던 것이다. 그 밑에 많은 중소 번주가 막부의 느슨한 통제 밑에서 불평등한 동맹체를 이룩하고 그 중 막부는 절대적인 권위를 가진 동맹주 역할을 하고 있었다는 것이 막번 체제에 대한 현대적 해석이라 할 수 있다. 이런 견지에서 에도막번체를 일본합번국(The United Clans of Japan)이란 표현으로도 그 당시의 특징을 어느 정도 나타낼 수 있다. 물론 미합중국(U.S.A)과 다른 것은 각 번국 상호간의 넓이나 재정에 있어서 큰 차등이 있었다는 것이다. 물론 미합중국의 할거 독립과 막번

---

173) 전답을 소유하지 못하고 혼뱌쿠쇼 밑에 소속하는 아주 가난한 농민.
174) 막부의 최고 통치자.
175) 막부 직찬의 무사.

체제의 그것은 원천적으로 이질적요소를 가지고 있겠지만 여하튼 중앙집권체제의 아시아적 정치풍토에서 볼 때 이 막번 체제라는 것은 쉽게 이해할 수 없는 일본열도 특유의 체제였다. 미합중국에 비할 때 훨씬 중앙집권적 할거 체제였다고 할 수 있다.

이와 같은 정치풍토에서 막부는 항상 긴장하여 각 번국의 길항적 힘의 균형을 꾀하게 된다. 게다가 일본국토의 지세가 아주 산만한 열도적 입지 조건이고, 험준한 산악이나 급류천이 많아, 에도에 위치하고 있는 막부로서 각 번국에 대한 감독, 감시에 진력해야만 했다. 번국할거의 내력이 각양각색이며 300여 번의 에도 막부에 대한 친소(親疎)관계도 각양각색이었던 것이다. 그래서 도쿠가와 막부(德川幕府)는 일찍이 신판(親藩)[176], 후다이(譜代)[177], 도자마(外樣)[178]로 구분하여 감시, 감독에 활용하였다. 이외에도 여러 가지 막부 안보를 위한 책략을 세워왔던 것이다. 이를테면 에도로 통하는 모든 중요 가도의 요소마다 세키쇼(関所)[179]를 두고 세키쇼테가타(関所手形)[180]를 발행하게 하여, 이것을 도주범죄자들의 색출에 활용하는 한편, 막부에 대한 각종 모반음모의 색출에도 크게 도움을 얻으려고 한 것이다.

또한 에도막부는 부케쇼핫토(武家諸法度)[181]를 발표하였다. 그

---

176) 도쿠가와 막부와 혈연관계에서 출발한 번국.
177) 번국의 연혁이 대를 이어 도쿠가와 측에 섰던 번국.
178) 마지막에 부득불 도쿠가와 측으로 돌아온 번국.
179) 통행인의 신분을 살피는 일종의 검문소.
180) 통행을 위한 신분증명서.

내용을 보면, 거성의 신축금지, 거성의 수축계출, 혼인의 허가제 등이 포함되어 있었으며, 이외에도 사소한 무가로서의 생활 태도가 명기되어 있다. 여기에 다시 산킨코타이(參勤交代)의 의무를 부가하고 있다. 이 산킨코타이는 에도막부 특유의 기묘한 의무법으로 원·근을 막론하고 각 번국의 번주들은 원칙상 격년 교대형식으로, 또 그 고쿠다카(石高)182)에 걸맞은 규모의 휘하무사들을 대동하여 출부(出府)해야 했다. 이것은 번국 재정의 약화를 꾀한 간접적인 효과를 노린 것이었다. 또한 각 번국 번주들은 에도에 번저(藩邸)를 두고 그들의 처자식을 상주하게 하였다. 이것은 각 번국의 번주들 처자식을 볼모로 에도에 잡아두고 막부 통제 하에 두는 책략이었던 것이다.

상기 세키쇼(関所)의 검문 목록 중에 가장 신경을 쓴 것이 이리뎃포데온나(入鉄砲出女)였다고 한다. '이리뎃포'는 곧 지방에서 에도로 밀반입되는 총포를 뜻하고 '데온나'는 볼모격으로 에도 번저에 있던 번주들의 부녀자 가족들이 에도를 빠져나가는 것을 뜻한다. 에도에 총포가 들어오면 각종 규모의 소요로서 사회적인 불안을 조성하게 되고, 또한 에도 번저의 번주 가족이 탈출할 경우 지방 번국에서 무슨 모략을 획책하고 있을지도 모른다는 것이다. 막부에서 각 번국이 독자적으로 하고 있던 대외 무역행위가 각종 정보의 누출뿐만 아니라 막대한 이득이 생긴다는 것을 깨닫고 번

---

181) 주로 번주가 지켜야 할 의무들을 열거한 법률.
182) 번 내에서의 곡류의 총 수확량.

국의 치부(致富)와 정보교류를 두렵게 여겨 결국 쇄국정책을 통하여 막부의 독점적인 무역을 가능하게 하였다. 이외에도 에도로 통하는 주요 가도를 가로 흐르는 강에는 교량을 놓지 않았다. 일조유사시를 가정하여 에도 침공을 어렵게 하기 위함이라고 한다. 기회 있을 때마다 큰 토목공사를 일으켜 각 번국에 할당 부담시켜 번국의 재정적 이상비대를 막는데 세심의 주의를 하였다.

지금까지 에도 막번 체제에 있어서 정치적, 사회적 평화, 안정을 위하여 막부가 신경과민적으로 대처하였다는 것에 대해 언급하였다. 그러나 이와 같은 막부의 정치적 책략만으로 에도 270여 년의 절대 평온을 설명할 수는 없을 것이다.

도쿠가와 막부는 그들 가문의 연구 집권과 영광을 위하여 부케쇼핫토(武家諸法度) 같은 것을 만들어 발표하였지만, 더욱 우리들을 놀라게 하는 것은 그들이 언제나 니시키노미하타(錦の御旗)[183]로서 재치있게 활용했던 천황가에 대한 법도까지 재정·강요했으니, 시각에 따라 천황가에 대한 간접적인 도발적 행위와도 맥을 같이 한다. 곧 긴추나라비니쿠게쇼핫토(禁中並公家諸法度)이다. 또한 불교사원에 대해서는 제종파본산별로 쇼슈쇼혼산핫토(諸宗諸本山法度)를, 그리고 좀 아래계단으로 내려와서 하타모토(旗本)에 대해서는 쇼시핫토(諸士法度)를 제정하여, 각 사회계층이 준수해야 할 기본조항을 명시했던 것이다. 농·상·공업 종사자에 대해서는 오로지 단행법령발행(単行法令発行)의 형

---

183) 스스로의 행위에 권위를 주기 위하여 활용하는 대상.

식을 취하였으나, 그 내용은 공납(貢納)관계는 말할 것도 없고 의식주 전반이 대상이 되었으며, 점차 세밀화 되어 갔다. 어떻게 보면 에도 270여 년은 각종 법령이나 규정으로 규제가 심했던 시대였다고 할 수 있다.

이와 같은 법망과 각종 불문적인 제재로 얽혀있다는 점은 우리나라에서도 비슷하지만 일본의 경우는 그 지도계급이 장검을 찬 무사이고 보니 신분 상응의 생활형이 철저히 이행되었던 것 같다. 특히 무사계급 스스로가 제정한 자신들에 대한 법도가 '의리(義理)'라는 형태로 굳어져 한 개로 성장하였다는 것은 주목할 만하다. 이 '의리'란 가치체계는 스스로를 규제 단련하는데 지속적인 역할을 하게 된다. '인정(人情)'이라고 하는 가치체계에 많이 젖어있던 비 무사사회에서도 무사사회의 지나친 '의리' 준수를 비웃는 한편, 배울 점이 많다는 점을 인식하여 '의리' 문화에 조금씩 물들게 되었다는 것도 부정할 수 없었다.

각 번주는 영지 내 무사계급을 모두 조카마치(城下町)[184]로 집결시켜 농촌에서 농사 이외의 어떠한 행위도 이뤄지는 것을 억제하기 위하여 농촌에 산재하고 있던 상·공인들을 강제적으로 조카마치에 이주시켜 병·농과 상·공·농 분리를 철저히 추진하였던 것이다. 결과적으로 텅 비었던 들판에 번주의 거성을 중심으로 벼락도시가 만들어지는 격이 되었다. 이로서 도시와 농촌의 사회적 분업이 확립된다.

---

184) 번국의 정청으로서 거성을 중심으로 발달한 도시.

농민들이 농토에서 이탈되는 것을 막기 위하여 여러 가지 법령이 더욱 첨가되었다. 그리고 새로 건설된 조카마치는 무사계급과 상·공인 계급만이 거주하게 되고 이들 계급간의 신분적 분리를 위하여 조카마치의 마치와리(町割)[185]도 무사계급은 말할 것도 없고, 상·공인계급의 신분적 분리를 위하여 상인가(商人街), 공인가(工人街)의 분리를 명확히 할당했다. 주로 큰길가에는 상인가를 할당하고 그 뒤쪽 골목에 공인가를 할당했다. 무사계급은 가구당 넓이로서 상·공인들의 몇 배가 되는 터전을 주로 좀 높은 지역 혹은 번주의 거성 주위에 할당하여 신분상의 우열을 확실히 볼 수 있도록 하였다. 조카마치는 무사계급의 수요충당에 비중을 둔 것이지만 새로운 상공부르주아 사회의 진전과 상품경제가 점차 큰 몫을 차지하게 되자 무사계급은 상대적으로 궁핍하여졌으나 상·공인계급들의 생활의 활력을 가져오게 된다.

그러나 이미 언급한 신분이나 직종에 대한 세밀화 되고 구체적인 법도화는 결국 당해 사람들에게 제 신분에 대한 확실한 인식과 신분이나 직종에 대한 불가분의 관계성에 체념적 친화성을 불어 넣게 되었다. 여기에서 빠트릴 수 없는 큰 요인으로 중국으로부터의 문물제도 수용에 있어서 과거제도를 받아들이지 않았다는 점은 한국과 대조적이라 할 수 있다.

일본에서 과거제도와 환관제도를 받아들이지 않았던 이유는 과거제도에 의하여 신분계급의 질서가 흐트러질지도 모른다는

---

[185] 일종의 계획적 토지조성.

우려가 있었고, 환관제도도 우리나라 고려시대 환관들의 행패에 의한 궁정내의 문란 같은 것을 의식하였는지 모른다. 의식적이든 무의식적이든 이 두 제도는 이미 신라 때부터 그 흔적이 보이고 고려 조선조를 통하여 뿌리를 내린 관리채용제도이다.

응시 자격은 물론 제술과(製述科), 명경과(明經科) 같은 기간(基幹) 관리의 등용문은 양반계급에 제한되었으나 그 밖의 의사(醫), 역(譯), 주(籌, 산학, 수리학) 관상(觀象), 율(律) 같은 것은 중인(中人)[186]들이 차지하였으며, 현대 사회적 측면에서 볼 때 가장 실질적이고 중요한 전문 직종을 중인들의 등용문으로 남겨두었던 것이다. 즉, 이 과거제도는 고정된 계급을 타파하기 위한 일종의 돌파구로서 계급의 동요를 가져 올 요소가 매우 크다고 할 수 있다.

이와 같은 분야에 있어서 중인(中人)들이 사회발전의 기축적인 에너지가 될 수 있는 영역에 있어서 그 전문적인 지식을 획득하게 되었고 그것은 간접적으로 중인계급의 정치영역에 미치는 역량을 키워왔다. 그리고 아전(衙前)[187]들 중 특히 무시할 수 없는 힘을 가진 이교(吏校)[188]들로서, 이들은 관료계급과 평민계급의 중간에 위치하여 전국적인 세력망을 만들고 있었던 것이다. 이 아전이라고 불리던 중인계급은 그들의 소원이 각종 과거시험의 잡과에 합격하여 하급관리에 임용되는 것이었다. 이처럼 상방계

---

186) 양반에 다음 가는 신분층으로 양반계급이 천민계급의 대두를 막기 위하여 그 외벽(外壁)으로 삼기 위하여 만들어졌다고 함.
187) 중인계급이 점유하는 실무급 서리들.
188) 지방의 하급관리.

급에의 이동성향(upward mobility)을 자극하는 큰 요소가 바로 과거제도였다고 할 수 있다.

반면, 일본의 경우 에도막부시대를 통하여 신분계급의 고정은 조선시대의 중인들에 충만했던 상방계급에의 이동성향은 끝내 싹트지 못하였다. 다만 지금 자기가 관여하는 신분이나 직종에 최선을 다하여 자기만족의 기쁨을 찾을 수밖에 없었던 것이다.

에도막부 치하에 있어서는 신분계급의 개혁은 말할 것도 없고 직종에 있어서의 사소한 변혁도 직·간접적인 방해 요소가 너무 많아 사실상 불가능하였던 것이다. 모든 직업이나 직종은 세습적이어서 직종 고유의 노하우(know how)가 쌓이게 되므로, 직종의 세습화가 자동적으로 유지된다. 일종의 일본 특유의 가업(家業)의 연계(連繫)가 사회·문화적으로 그래서 사회·문화적 미학(美學)으로 자라나게 된 것도 사실이다. 이와 같은 직종의 연계는 각 직종간의 협동과 친화, 때로는 경쟁을 불러일으키기도 하는 반면, 한편 타 직종에 대한 절대불간섭과 격리현상으로 나타나게 되었다. 자기 몫에 만족하고 남의 몫에 관여하지 않는 것이 상·공·농민들의 미덕으로 자리 잡게 된다.

에도시구사(江戶仕種)[189]에서 강좌(講座)란 말의 뜻풀이로, 먼저 강(講)은 사람이 살아나가기 위한 수단, 방법이라고 정의하고, 좌(座)는 OO좌 XX좌 형식으로 특정한 사람들이 좌를 조직하여 살아나가기 위한 방법을 강구하는 것이라고 규정하고 있다.

---

189) 에도 주민들이 지켜야 할 사소한 에티켓.

따라서 개인이 제 멋대로 좌를 조직한다든지, 혹은 타인의 좌를 침범하거나 넘본다든지 탈취하였어도 안 된다고 한다. 그것은 가장 큰 사회적 배신이라고 규정하고 있다. 결국 타인이 가입되어 있는 좌는 그 사람의 절대적 권리에 속하며, 그 권리를 침범해서는 안 된다는 것이다.

이것이 바로 에도 조닌(町人)들의 전통적 미적 행동이라는 것이다. 이 강(講)은 우리나라에서 흔히 쓰고 있는 다노모시(頼母子)란 일본어인데 항간의 계(契)와 비슷하다. 어떤 목적을 위하여 돈이나 물건 같은 것을 모으는 상호부조 조직과 같은 기원을 가지고 있다. 좌는 같은 직종의 사람들로 조직된 동업조합 같은 것으로 상품의 제조 판매에 있어서 독점권을 유지하기 위한 것이기도 하다. 이와 같은 직종의식 하에서는 타의 추종을 불허하는 전문기능인 다쿠미(匠)[190]가 양산되지 않을 수 없다.

한편, 에도(江戸)는 도쿠가와 막부의 정청인 에도성을 둘러싸듯 만들어진 초대 조카마치로서 일본의 정치적 중심이고 보니 에도 시민에 대한 막부의 관리체계는 아주 정교하고 완벽하였던 것이다. 상기한 강좌(講座)에 대한 에도시구사가 곧 전국의 모델 역할을 하고 있었다고 할 수 있다. 에도막부를 일으킨 초대 쇼군(將軍) 이에야스(家康)는 대단히 정치적 기량이 뛰어난 사람으로, 도쿠가와 가의 영구적 집권과 영광을 위하여 치밀한 기반공사를 하게 된다. 그 중에서도 우선 300여 개에 달하는 제번국들의 자

---

[190] 한 분야에 있어서의 명인급 기능인.

리매김부터 시작하였던 것이다.

이들 번국은 대다수가 자립, 독립이 가능한 소국가와도 같아서 치밀한 세력 조정이 필요하다고 판단한 것이다. 쇼군가(將軍家)와 직접적인 혈연관계에 있는 고산케(御三家)191)와 고카몬(御家門)192)이 통치하는 번국을 신판(親藩)이라 자리매김하고, 그 다음이 후다이(譜代), 다시 도자마(外樣)라 불러, 쇼군과의 친소거리에 알맞은 정확한 대우와 관리를 하게 된다. 이들 번주들은 다시 관위(官位)에 의하여 격(格)이 달라졌던 것이다. 위로 곤다이나곤(權大納言) 종이위(從二位)부터 시작하여 시종(侍從), 종사위(從四位), 수령(受領)은 종오위(從五位) 이하로 일목요연하게 자리매김되어진다. 또한 각 번주들의 영지(領地)의 넓이에 따라 구니모치(国持)193)에서 준쿠니모치(准国持) 성주(城主), 성주격(城主格) 순으로 아주 질서정연하게 서열을 만들어 자리매김하였다. 또한 에도성중에 있어서의 좌석의 격도 쓰메쇼(詰所)194)라 하여 오로카(大廊下)195), 오히로마(大広間)196)에서부터 시작하여, 기쿠노마(菊間)197)까지 질서 있고 엄격한 자리매김으로 운영되고 있었다.

이와 같은 엄격한 상하 위계질서는 상·공인의 경우에도 마찬

---

191) 이에야스의 형제가문.
192) 고산케의 분가.
193) 20만 석 이상의 큰 번국.
194) 쇼군을 만나 뵙기 위하여 대기하는 곳.
195) 고산케에 한함.
196) 주로 도자마의 큰 번국의 번주들을 위한 곳.
197) 후다이의 소번국 번주를 위한 곳.

가지였다. 상점 점원의 경우 고조(小僧)198)에서 시작하여 조금 더 연륜을 쌓게 되면 뎃치(丁稚)199), 데다이(手代)200), 마지막에 반토(番頭)201)로, 그 위계질서가 아주 명백하게 구분되어져 있으며, 쓰는 말, 일거수일투족까지 차이를 나타냈던 것이다.

이를테면 뎃치에서 데다이가 되는 것은 굉장한 승급으로 데다이가 되면 겐푸쿠(元服)202)를 하고 완전한 정식 점원 자격이 부여되는 것이다. 그리고 주인은 점원의 부모들로부터 증문(證文)을 받아서 앞으로의 변치 않는 상점에의 충성을 다짐하게 한다. 일단 데다이가 되면 상품 시이레(仕入れ, 구입) 및 상품 판매에 자유재량이 주어지며, 데다이 중 주인의 인정을 받으면 다시 반토(番頭)로서 발탁되게 되는 것이다. 반토가 되면 그 상점에 있어서의 구입 판매의 전권을 주인으로부터 위임받게 된다. 즉, 상점주인과 상점 흥망을 같이 하는 각오를 해야 하는 것이다. 이와 같이 엄격한 직업이나 직종 안에 있어서의 '몫' 지키기는 결국 모든 분야에서 실천되고 있었던 것이다.

오늘날 일본의 국기(國技)로 되어있는 스모(相撲, 일본씨름)도 그냥 리키시(力士)들의 승부를 가리는데 그치지 않고 반즈케(番付け)203)가 중요시 되었다. 스모에 입문하여 기본적인 기량을 인

---

198) 점원으로 처음 고용된 풋내기.
199) 상·공인의 집에서 계약을 하여 일에 종사하는 초급 견습생.
200) 뎃치 바로 위에 점원.
201) 점원들 중 최고 높은 위치에 있음.
202) 성인의식을 치르는 일.

정받으면, 우선 최하급의 리키시가 되는데 이를 조노쿠치(序ノ口)라 한다. 여기서 좋은 성적을 얻으면, 조니단(序二段)으로 승진한다. 이어서 산단메(三段目), 마쿠시타(幕下), 주료(十両), 마에가시라(前頭) 등의 순서로 승진한다. 이 보다 상위 리키시로 대접을 받게 되는 고무스비(小結), 세키와케(関脇), 오제키(大関) 등은 우두머리가 되는 세 가지 역할이라는 뜻으로 산야쿠(三役)리키시라 한다. 산야쿠리키시 과정을 두루 거쳐 피라미드의 정점에 오른 실력자를 요코즈나(横綱)라고 한다. 이와 같이 계급들이 뚜렷하게 질서 지워져 있다.

구루와(廓, 청루)란 일종의 집단 청루 단지가 있었는데 이들 청류 여인들 사이에서도 가부로(禿)[204], 신조(新造)[205], 가장 위에 오이란(花魁)[206]순으로 제각기의 몫을 가지고 있었다. 에도 막부가 270년간의 평화를 유지하게 되었던 것에 대해서는 여러 가지 그 원인이 있겠지만 정책으로서 '몫 지키기'에 주력하여 마침내 사회적 문화로서 가치를 낳게 된 것에 있다고 할 수 있다. 막부당국은 전국 300여 번국을 유기체의 기관(器官)처럼 기능시키고, 각 번국안의 사농공상을 유기체의 조직(組織)처럼 간주하여 한 개의 국가 유기체적 시각에서 통치한 것 같은 느낌을 들게 한

---

203) 혼바쇼가 끝날 때면 심판 위원들은 리키시들의 시합 성적에 따라서 랭킹을 새로 정한다. 이 랭킹 일람표를 말한다.
204) 어린나이로 갓 들어온 자.
205) 풋내기 유녀로서 고참격의 오이란에 부속된 젊은 유녀.
206) 청루에서 가장 위층에 속하는 유녀.

다. 한 유기체의 건강은 각 조직과 기관이 적절한 조절을 통하였을 때 달성되는 것이다. 몫을 넘은 활약은 악성종양처럼 타 기관이나 조직에 위해를 강하고 몫을 다하지 못할 때는 그것대로의 기능장애를 초래하게 되는 것이다.

일본의 이름난 생태학자 이마니시 긴지(今西錦司)는 그의 진화론에서 상호부조나 생존경쟁도 아닌 스미와케(棲み分け)207) 이론을 제창하였는데 절대평화로 이어진 에도막부 270년의 가장 큰 요소도 이 이론과 닮아 있다. 야쿠(役)에 대한 사전적 의미*50)는 원초적 마이너스적 뜻이 점차 플러스적 뜻으로 진화되어온 발자취를 찾아볼 수 있다. ① 관(官)에서 인민에게 과해지는 노동 즉 부역 ② 부역의 대가로서의 금전, 곧 세(稅) ③ 직무, 관직, 특히 높은 직위 및 임무 ④ 전일적(專一的)인 일 ⑤ 노가쿠(能樂) 등에서 각자가 맡는 역할…… 등으로 되어 있다.

일본의 관서를 야쿠쇼(役所)라 하고, 회사의 기간 간부를 중역(重役)이라고 하는 것은 바로 여기에 있다. 실로 에도막부의 치밀한 '몫 지키기' 정책은 흡사 시계 내부를 들여다보듯 큰 톱니바퀴, 작은 톱니바퀴 등이 서로 맞물려 정확하게 시간을 기록하며, 270년간 고장 없이 기능하였다는 것을 연상하게 한다. 이 '몫' 지키기의 멘탈리티(mentality)는 지금도 일본문화의 큰 가락 중의 하나로서 잘 지켜지고 있다는 것을 알아야 한다.

---

207) 자기 거소 안에서 자기 몫을 지키면서 생존한다는 것.
    'segregation of habitat' 혹은 'mutual share of habitat'로 이해하면 된다.

일본문화와 에로스

일본의 탄생은 니혼쇼키(日本書紀) 상권에서 이자나기노미코토(伊邪那岐命, 男神), 이자나미노미코토(伊邪那美命, 女神)가 일본 땅을 낳기 위해 천상의 아마노우키하시(天上浮橋) 위에서 아마노나호코(天瓊矛)를 하계(下界)의 바다에 꽂아 휘저어서 다시 올려보니 그 호코(鉾, 창) 끝에서 뚝뚝 흘러 떨어진 액체가 곧 오노코로섬(日本國)이 되었다고 한다. 이 내용은 고지키(古事記)의 일본 탄생 신화와도 일치되고 있다. 이것은 결국 남녀의 성교에서 새 생명이 탄생하는 것을 은유한 것이라고 학자들은 말하고 있다.

이외에도 일본 고대신화, 주로 고지키(古事記), 니혼쇼키(日本書紀)의 가미요(神代) 내용(內容)을 보면 여신숭배, 여신존중의 관념에서 여체(女体)의 비소(秘所)를 여러 가지 표현으로 대신하고 있는 것을 볼 수 있다. 그러나 이것은 일본에만 한정된 것은 아니다. 미국의 가수이며 육체파 배우인 마돈나(Madonna)의 가장 에로틱한 사진첩 'SEX' 기획에 출판사(Wanner Books)는 선금으로 5백5십만 달러를 주었다는 최근 보도가 있다. 인도의 힌두교, 특히 그 중에서도 탄트라파에서는 남녀의 합일을 범.아(梵. 我, Brahm, Atman), 곧 우주와 자기의 일체로 간주하고 깨달음의 경지를 설명하고 있을 정도이다. 일본에서도 12세기 초 진언밀교(眞言密敎)의 일파인 다치가와 류(立川流)도 이와 비슷한 교리를 펴고, 한때는 크게 유행하였다가, 결국 사교로 배척된 일이 있다.

오소쿠즈(偃息図)로 알려진 춘화(春畵)도 중국의 춘초비희도(春宵秘戱図)에서 온 것 같지만, 일본의 경우 에도시대(江戶時代)의 우키요에(浮世繪)가 판본삽화(版本揷畵)로서 그 양식의 기초가 완성되고, 판화의 대량복제에 힘입어 다채로운 춘화가 항간에 대량으로 보급되었던 것이다. 여기서 한 가지 유의할 만한 특징은 중국의 춘화의 기법이 그 여체(女體)의 국소를 의식적으로 축소화하는 데 비해 일본의 그것은 과장화 하는 의장(意匠)법을 쓰고 있다.

그리고 일반적으로 일본사회에서 성적(性的) 취향을 보여주는 간행물이 놀랄 정도로 많이 출판되고 있다는 것은 부정 못한다. 익살스럽게도 이상적 공산주의 사상을 고집한 프랑스의 사상가 푸리에(Fourier, 1772~1835)가 '문명의 진화도'를 여성들의 성해방에 기준하여, 일본과 프랑스, 그리고 타이티를 선진국으로 손꼽은 것은 흥미롭다. 사실상 무사도(武士道) 성립 이전 즉, 중고(中古), 고대(古代) 일본의 성도덕이 그 계급 여하를 막론하고 지금 우리가 생각하는 것보다는 훨씬 개방적이었다는 것은 이영희(李寧熙)의 만요슈(万葉集)에 대한 새로운 시각에서의 조명(照明)이 잘 말해주고 있다.

오늘날 일본에서 출판되는 여성주간지의 등장을 시대별로 부감해 볼 때 단연 일본인 특히 일본여성들의 성문화관의 한 단면을 잘 보여준다. 대표적으로 『미소(微笑)』, 『신선(新鮮)』, 『레이디스코믹(レディースコミック)』, 『fuu』, 『kireru』, 『HIMITU』, 『Daisuki』, 『파스테루인(パステルイン)』, 『멧차(めっちゃ)』…… 등을 들 수 있다. 다음 내용은 『예술신조(藝術新潮)』*51)의 서두 기사 중의 한 구절이다.

"빙빙 돌고, 현기증이 나는 러브호텔, 우주선이 있고 룰렛(roulette)형의 회전침대도 있고,……. 1970년대에서 1980년대에 걸쳐서 전국 각지에 들어서게 되는 화려하고 번쩍번쩍한 그 기상천외한 경관은 무엇이라 할까! 기괴함과 희한함을 다투어, 재미만 있으면 그만이지, 재미있는 것은 무엇이라도 다 있다. 풍조의 감각으로 안팎 가르지 않는 에로스에의 봉사를 위한 디자인(意匠)……."

위와 같은 간행물은 확신범적(確信犯的) 성관계 잡지가 되겠지만, 일반 저널의 경우 그 내용 광고에 있어서 우리들의 얼굴을 뜨겁게 하는 내용 소개들이 다반사로 되어있는 것이 현실이다. 일본이 경제대국으로서 발돋움하기 시작한 1970년대 이후 일본인 해외 관광객이 홍수같이 5대륙 방방곡곡을 찾아 나가게 되는

데 그들 중에는 '섹스관광'이란 추문을 일으키는 여행자가 많았던 것도 사실이다. 하기야 어느 나라, 어느 민족 할 것 없이 경제적으로 윤택해질 때 그와 같은 바람을 일으키고 그것이 새로운 문화로서 싹트게 된다는 것은 북유럽 여러 나라의 성관련 상품에서 잘 입증되고 있다.

그러나 일본문화에 있어서 에로스가 차지하는 비중은 좀 이질적인 것이 있으며, 그 이질성을 이해하기 위해서는 잠깐 그들의 역사적 발자취를 더듬어 올라갈 필요가 있을 것 같다. 일본의 고대, 중고시대까지 거슬러 올라가야 하겠지만, 여기에서는 일본의 중세, 근대로 한정하여 살펴보기로 하자. 어떤 종족이나 민족을 막론하고 좀 과대 단순화의 비난을 양지하면서 '에로스와의 흥정'이 곧 그들 문화의 특질로서 초석을 다져왔던 것이다.

반면, 이 에로스란 걷잡을 수 없는 에너지와 어떻게 관계를 맺어 가느냐 하는 문제가 되는 것이다. 에로스의 역기능만에 비중을 두는 극좌석 문화에서 에로스의 순기능에 더 많은 비중을 두는 극우적 문화가 자연적으로 탄생되는 것이다. 물론 이것을 일괄적으로 논할 수는 없겠지만 어떤 종족이나 민족을 불문하고 조심스레 그 이면의 골목문화를 더듬어 나가면 이 문제에 부딪히게 되는 것이다. 『메디슨 카운티의 다리』가 세계적인 열풍을 일으켰던 것도, 독자나 평론가들의 시각 여하에 따라 여러 가지 의견이 쏟아져 나올 것이다. 1977년 와타나베 준이치(渡辺淳一)의 실락원(失樂園) 선풍도 점잖은 도덕가들을 당황케 하고 있다.

한 때 항간에 『일본인과 에로스』란 책이 나와서 많은 독자층을 모았던 일도 있다. 이것도 좀 시각을 달리하면 그와 같은 현상이 저작물 자체의 내용에 의하기도 하겠지만, 책명 자체가 적지 않은 독자층의 시선을 끌게 되었다고도 할 수 있을 뿐만 아니라, 정력증진(精力增進) 운운의 허브상품이나, 그 관련 약품들이 호황을 누리고 있는 정경(情景)을 감안할 때 익살스럽게도 우리 한민족 역시 에로스의 우파에 속한다는 증거도 되는 것이다.
　같은 유교의 종주국, 중국의 주변 문화국으로서 한일 양국이 적지 않은 이질적인 문화 특질을 키우게 되지만 그것은 어디까지나 양국에 있어서의 문화적 수용 기틀이 서로 달랐다고 하는데서 그 원인을 찾을 수 있다. 물론 애당초 유교를 받아들일 때부터, 저마다 수용국문화가 형성하고 있는 문화막이 있고 보니, 이 막이 가지는 항체형성(抗體形成)의 특징에 따라 이미 상당수의 선택이 이루어진다고 봐야할 것이다. 그리고 그 문화막의 특질 역시 긴 역사를 통하여, 위정자를 포함한 전 국민 구성원들에 의한 살아나기 위한 지혜의 소산이라고 할 수 있다. 예를 들면 일본의 경우, 중원문화에서 단호히 중요한 역할을 하여 온 관리 등용의 '과거제도(科擧制度)'나 '환관제도(宦官制度)'가 위정자들의 단호한 거절에 의해 일본에 상륙하지 못하였다. 이것만으로도 유교문화가 가지는 기능이나 특징이 크게 변질되었으며 적지 않은 문화적 이질성을 키워 왔다고 할 수 있다.
　일본에서 생활문화 전반의 자리매김이 일단 다듬어지는 도쿠가와 막부(德川幕府) 270여 년(1605~1868) 동안 과거제도를 거절함으로써 사·농·공·상인과 에타(穢多)208)의 계급 차등은 매우 뚜렷해졌다. 특히 지도계급으로서의 사무라이(士) 계급은 대·소 두 자루의 칼을 항상 허리띠에 꼽고 다니는 무사였다는 것은 계급제도를 유지하기 위해서 무엇보다 우선 목록이 되는 것이 타 계급과의 혼인이나 남녀간의 사랑을 차단하는 것이었다. 유학자들이 존중했던 『예기(禮記)』의 '남녀7세 부동석'만으로서는 그와 같은 차등계급 간의 사랑을 막을 수 없다고 생각한 것이다.

에도 전기의 겐로쿠고호시키(元祿御方式, 막부형법서)를 보면 "주인의 따님과 밀통한 자 혹은 그와 같은 행위를 돕는 자는 사죄(死罪)에 처한다. 단, 주인 쪽에서 유배를 희망할 때는 그것도 가능하다."와 같은 엄격한 형벌은 과장이 아니고 그 판례를 많이 남기고 있다. 일부다처제로 남자가 여자집(妻家)에 다니던 세칭 통혼(通婚)이 관례였던 헤이안 귀족사회에서는 불륜(간통)이란 의식이 없었지만, 중세 무가들의 사회가 되고부터 가마쿠라(鎌倉)시대에 만들어진 조에이시키모쿠(貞永式目)209)에서는 쇼료(所領)를 몰수하였고, 좀 더 내려가서 무로마치(室町)시대 후기에는 간쓰료세하이(姦通兩成敗)210)이라는 일종의 사형(私刑)이 공인되었던 것이다. 메가다키우치(妻敵討)라 하여 간통한 유부녀의 남편

---

208) 중세·근세 천민 신분의 하나. 메이지 4년(1871)까지는 히닌(非人)과 함께, 사민(四民) 계급의 밑에서 차별 대우를 받았음.
209) 13세기 초에 만들어진 법전.
210) 간통자는 양쪽 모두 사형.

은 그 간부(姦夫)를 반드시 살해한다는 것도 공인된 사형(私刑)이었다. 그러나 이와 같은 간통사건은 무가 가문으로서의 수치스러운 일이고 보니, 될 수 있으면 음밀히 큰 소동이 일어나지 않도록 조치하였다.

여하튼 근세일본에 있어서 남녀 간의 성애소식을 재미있게 꾸며낸 책들은 결코 적지 않지만, 그 중에서도 지카마쓰 몬자에몬(近松門左衛門)이나 이하라 사이카쿠(井原西鶴)의 작품들은 문학사의 한 장르를 차지할 정도가 되는 것이다. 예를 들어 17~18세기에 걸쳐 일본문학사에서 찬란한 빛을 내고 있는 지카마쓰몬자에몬의 최상급 희곡의 주제는 대부분 「구루와(廓)」211) 여인과 조닌(町人) 간의 비련으로 되어있다.

「구루와」라는 남녀 성애(性愛)를 위한 집단적인 공창단지가 마련되지 않을 수 없었던 이유가 어디에 있었겠는가 하는 것이다. 상기한 바와 같이 성애에 대한 가혹한 처벌에서 오는 사회적인 질식감을 풀어주기 위한 것이 구루와 제도의 육성이라 할 수 있다. 구루와(廓)는 구루와(曲輪, くるわ)라고 표기하기도 했지만, 이 공인집창특별지역(公認集娼特別地域)은 에도(江戸)시대의 문화적 산물로서, 불야성(不夜城), 염향(艶鄉), 가가이(花街), 게세마치(傾城町) 등 표기법도 다양했다. 이와 같은 대규모 집창(集娼)지역이 발달한 곳은 에도의 요시하라(吉原), 교토(京都)의 시마하라(島原), 오사카(大阪)의 신마치(新町) 등, 당시의 삼대 구루와 지역은

---

211) 청루(靑樓)가 일반 주민과는 격리되어 큰 단지를 이루고 있는 지역.

조카마치(城下町)로서 크게 발달한 곳이기도 하였다.

이 중에서도 에도는 각번(各藩)의 번주(藩主)들이 가신(家臣)들과 함께 산킨코다이(參勤交代)*52)란 기묘한 제도 때문에 에도에 상주하게 되니, 이들의 생활을 위한 재화들이 이곳에 모여드는 것도 자연적 귀결이었다. 특히 겐로쿠(元祿, 1688~1704)시기에는 막번 체제(幕藩体制)가 안정되고, 조닌계급의 대거 대두로 상공업은 미증유의 번성기를 맞게 된다. 이에 따라 이동 인구는 급거 증대되니 지금까지의 정태적(靜態的) 사회풍토는 크게 움직이기 시작한다. 인구 100만을 넘었던 에도는 말할 것도 없고, 교토는 긴 정통을 이어받는 왕도(王都)로서, 일본 전역의 부엌 몫을 한다는 오사카(大阪)를 위시하여 각처에 활기찬 중소도시가 형성되게 된다. 이 도시화와 경제적 풍요는 필연적으로 온갖 서비스업을 창출하고, 그 중에서도 청루(靑樓) 흥행은 사람과 돈이 모이는 곳에서는 어김없이 창궐하게 되었다.

이와 같은 상황에서「구루와」란 일종의 공창제도가 만들어지지 않을 수 없었으며, 일단 당국의 공인 하에 만들어진 이 독버섯은 순식간에 뿌리를 내리게 되는 것이다. 초기 구루와는 무가 귀족들이 곧 고객의 대종을 이루게 되고 특히 에도의 요시하라(吉原)는 다이묘(大名)나, 하다모토(旗本)212)의 돈을 쓰게 하기 위하여 온갖 상품들을 개발해내게 되는 것이다. 그 중 최고의 걸작품이 다유(太夫)라고 호칭되는 최상급의 기녀(伎女)이며, 하다케

---

212) 막부 직속 무사.

야마 기산(畠山箕山)이 저술한 색도대감(色道大鑑, 17세기 중엽)에 보면 당시 이름난 다유와 하룻밤을 지내는데 약 100만 엔(円)이 들었다는 것이다. 당시의 화폐 단위로서 그 가치를 속단하기 어려우나 여하튼 서민들은 정말 꿈속에서라도 그와 같은 돈을 만져볼 수 없는 액수였다고 한다.

더욱 흥미로운 것은 이와 같은 최고급의 호칭을 얻게 된 여성들은 비단 외모에 한정한 것이 아니고, 그 마음씨, 솜씨, 말씨뿐만 아니라 서(書), 화(畵), 향도(香道), 화도(花道), 시가(詩歌), 다도(茶道)를 비롯해 고토(琴), 샤미센(三味線), 쓰쓰미(鼓), 하이카이(俳諧), 고(碁), 스구로쿠(雙六, 주사위 던지기)…… 등의 어떤 손님의 취향에도 즉석에서 화답할 수 있는 만능적 재능과 지혜를 겸비하고 있었다고 한다. 그도 그럴 것이 다유는 7~8세경에 이곳에 팔려 와서, 입문자계급(下階級)인 가부로(禿)부터 소양교육을 받도록 강요되었던 것이다.

이렇게 되고 보니 그 때의 다이묘나 귀족들이 볼 때는 태생적 신분과 가문에 구속되어 오로지 정숙 하나만을 목표로 양육되어진 자신의 요조숙녀형 배우자와는 대조적 여인들이었다. 그 다유들이 발산하는 색향과 지성적인 재치 앞에서 세속적 판단력이 마비되었을 것이다. 다음 속요는 그 소식을 잘 전하고 있다.

君と寝ようか五千石取るか、何の五千石君と寝よ
(너하고 하룻밤을 즐길까 오천 석 봉록을 얻을까 그까짓 오천

석, 너하고 놀고 싶다)

위의 속요가 나돌게 된 것도 결코 과장된 이야기가 아니고 사실상 오천 석의 봉록을 날린 사무라이(侍)도 있었다고 한다. 이렇게 되고 보니「구루와」에서의 남성조종법은 날로 갈고 닦아져서 그 비기비전(秘技秘傳)은 대단하였다고 한다. 에도 요시하라의 기녀 인구는 약 5,000여 명까지 추산되고 있으며, 이것과 비슷한 숫자가 교토의 시마하라, 오사카의 신마치에 있었다고 하며, 이 삼대구루와(三大郭) 이외에도 크고 작은 조카마치에는 저마다 이것과 유사한「구루와」가 있었고, 이것보다 훨씬 저급의 화류가인 오카바쇼(岡場所)란 이름으로, 항구나 몬젠마치(門前町)213), 온천장, 슈쿠바(宿場, 역촌) 등에서 남성들을 매혹하였다.

특히 여기서 유의할 것은 상기 삼대구루와, 즉 에도, 교토, 오사카의 경우는 그 속에서 새로 통용되는 구루와고토바(郭詞, 유곽 말투)를 위시한 온갖 최신유행들, 곧 가장 멋있는 신조어, 유행 의상, 헤어스타일 등이 만들어져서 일반사회의 새 풍조를 자극하였던 것이다. 이것은 흡사 오늘날의 인기가수나 탤런트가 사회일반의 유행을 이끌어내는 것과 비슷하다고 할 수 있을 것이다. 결국 상기 삼대구루와는 에도시대의「이키(粹)」문화 정보의 총 발신처 역할을 본의 아니게 떠맡게 되었다.

처음에는 구루와가요이(郭通い, 구로와 고객)가 무가층(武家層)으

---

213) 큰 사찰 어귀에 발달한 도시.

로 대종을 이루고 있었으나, 마침내 상공업의 발달로 신흥 부르주아 계급으로서의 조닌의 대두로 무사계급들의 기세가 꺾이게 되자 구루와의 고객층도 바꾸어지고 따라서 「구루와」의 발신정보에도 질적 전환을 가져오게 되었다. 말하자면 초기 무가들에 대응하여 꽃피게 된 구루와문화로서의 멋은 좀 오토코(男)기(氣)였으나, 그것도 점차 조닌 고객 상대의 다테(伊達)214)의 기(氣)를 띠게 되는 것이다.

한국인의 멋과 유사한 일본인의 이키(粹)의 미의식이 이 구루와에서 다듬어져 나왔다는 것은 결국 일본문화의 특징을 이해하는 데 대단히 중요한 열쇠가 된다. 이키에 대해서 구키 슈조(九鬼周造, 1888~1941)가 밝혀낸 『이키의 구조』는 지금도 설득력을 지니고 있다. 그는 이키를 '남녀간의 성적 미태(媚態)'를 그 질료인(質料因)으로 하고, 불교적인 체념과 유교적인 이상주의를 추구하는 이쿠지(意氣地, 남자다운 고집)가 형상인(形相因)으로 되어있는 구조로 파악하였던 것이다.

'진지하게 되면 서로 촌놈이 되고(真実になると互に野暮になり)' 바로 이 속요가 이키를 이해하는 길잡이 경구(警句)가 되었다. 결국 사랑하되 헤어나지 못할 정도로 빠져들지 말고, 서로 나쁜 소문을 내지 말고, 교만하지 말고, 야(野)하지 않고, 돈 씀씀이는 깨끗하게 등이 그들의 교제 원칙이었으며, 이와 같은 각종 규제를 잘 지키면서 남녀가 서로 마음껏 즐기자는 성애적 레크리에

---

214) 외식에 비중을 두는 기질의 성향.

이션이 곧 이키의 미학이라고 하는 것이다.

이와 같이「구루와」가 무가뿐만 아니라 부유한 조닌 계급들의 고급 사교장으로 역할하게 되자, 이「구루와」의 주인공이라 할 수 있는 여성들은 일반서민들의 화젯거리로 오르게 되고, 당시의 이름난 우키요에(浮世繪) 화공(畵工)들이 구루와의 다유(太夫, 최상급 기녀)들을 그들의 화제(畵題)로서 활용하게 되는 것이다. 뿐만 아니라「구루와」에서 일어날 수 있는 온갖 장면들은 판화가들의 날카로운 상상력으로 수없이 작품화되어 결국 후에, 춘화첩의 목록에 들게 된다. 특히 시각적 미의식이 큰 역할을 하는 일본문화의 속성도 감안되어야 할 것이다.

'일본인과 에로스'가 유달리 일본문화 속에서 큰 비중을 차지하게 된 연유도 이와 같은 구루와 문화의 육성과 개화를 큰 변수로 하고 있다는 것을 알아야 하는 것이다. 구루와라는 집단적인 성애관리처(性愛管理處)가 일반주민들과는 격리되어 있으므로, 외부사회와의 별다른 마찰 없이 그 격리된 단지 안에서 충분한 성애의 이론적 미학이 시행착오를 거듭하면서 성숙할 수 있었다고 할 수 있다.

또한 '일본인과 에로스'를 논할 때 빠트릴 수 없는 변수로서 일본의 기후상의 특징도 감안하지 않을 수 없다. 일본의 고온다습은 어떤 열대성 기후에 못지않게 견디기 힘든 불쾌지수를 만들어 낸다. 여름철 도쿄를 떠나 아마존 유역 탐사에 갔던 사람들이 모두 도쿄지역에 비해 그곳 아마존 유역이 적응하기 쉽다는 의견을 듣고 놀라지 않을 수 없었다는 이야기가 있다.

그러나 도쿄를 중심으로 하는 관동지역의 여름은 오사카 중심의 관서지역에 비하면 여름 지내기가 훨씬 편한 곳이다. 최근에는 '에어컨' 같은 더위와 습기제거의 이기(利器)가 상용화되고 있어 별문제가 없지만, 그와 같은 이기가 없었던 시대의 더위 이기기가 만만치 않고 보니 여름철에는 기회 있는 대로 교즈이(行水, 등물)를 하고「시보리(絞り, 물수건)」로 끈적끈적한 살갖 땀을 닦아내는 방법 이외에는 별도리가 없었을 것이다. 결과적으로 여름철 의상은 얇아지거나 간편해지지 않을 수 없고, 훈도시(褌)215)나 고시마키(腰卷)216) 등의 의복은 살갖 노출에 대한 수치심을 마비시켰으며, 이것에서 유발되는 성적 자극도 결코 적지 않았을 것으로 추리되는 것이다.

이와 같은 기후풍토의 부산물로 목욕문화가 육성되고, 다시 센토(錢湯, 공중 목욕탕) 문화가 일찍부터 뿌리를 내려 일본 특유의 청결문화로 자리 잡게 되었다는 것은 특기할 만하다. 일본의 센토제도는 아주 오랜 전통(14세기 초엽)을 가지고 있다. 남녀 혼탕에 대해서 실질적인 금지령을 내린 것은 극히 최근대의 일이다. 1872년 서양문물들의 유입과 서양인들의 빈축이 계기가 되었던 것이다. 각 지방마다 계절 따라 즐기고 있는 오마쓰리(お祭り)217) 중에는 하다카마쓰리(裸祭)218)가 많고 남성의 성기나 여

---
215) 남자들의 국부만을 가리는 긴 헝겊 천.
216) 여성들의 간이 속옷.

성의 그것을 본뜬 것들이 신위로서 선보이는 오마쓰리(お祭り)도 때때로 구경할 수 있다.

〈그림-13〉 구루와의 여인들
자료 : 『비고의 일본 소묘집』 pp.26~27.

---

217) 우지카미(氏神)를 미코시(神輿, 가마)에 태워 동네 청년들이 가마꾼이 되어 동내 안을 돌며 즐기는 것.
218) 알몸의 남자들에 의한 축제.

18

시각적 감성 문화

루이스 콜라르(Ruis Kolar)*53)이 일본인 평론가인 가라키 준조(唐木順三)와 사학가 스즈키 나리다카(鈴木成高)와의 대담 속에 다음과 같은 내용이 나온다.

스즈키(鈴木) : "유럽인의 일본 발견은 눈에 의한 발견자였다. 즉 시각적 발견자였다. 페놀라사(Fenollosa, E. F.)*54)나 브루노 타우트(Bruno Taut)*55)가 그랬했고, 특히 콜라르 씨는 더욱 그러한 것 같습니다. 콜라르 씨의 '아시아의 여행'에 대한 서평에서 번역을 맡았던 가미요시 게이조(神吉敬三) 씨가 시각적 지성(視覺的知性)이라고 한 조어(造語)는 아주 정확한 것 같습니다. ……. 일본문화란 것이 본질적으로 시각적인 것이 아닌가 여겨집니다. 사상적 문화가 아니고 감각적 문화란 것이며, 뒤집어 생각하면 로고스적이 못되고 사상성이 없다는 것입니다. 이것을 콜라르 씨는 완곡히 표현해서 미적 문화라고 규정하고 있습니다."

콜라르 : "스즈키 씨가 '시각적 지성'이라고 한 지적은 대단히 적절한 표현이라고 생각합니다. 동양에서 볼 때 유럽이란 것을 하나의 통괄체(統括體)로서 보기 쉽습니다만 그 문화내용으로 볼 때는 아주 복수체이며, 특히 스페인 사람들의 경우 순수하게 추상적 사고를 행하는 이성이란 형태로서의 공헌도는 대단히 미미하며, 반면 구체적, 직각적, 시각적 측면에의 기여는 괄목할 만한 것입니다. 벨라스케스(Velazques)*56), 고야(Goya)*57), 달리(Dali)*58), 피카소(Picaso)*59) 같은 화가가 쉽게 연상되는 것입니다. 또한 신비주의의 경우도 독일 같은 사변적 신비주의*60)가 아니고 시각적 신비주의입니다. ……. 유럽에 있어서 스페인 사람들은 그 누구도 철학체계를 쌓아올렸다는 측면에서 큰 공헌을 하지 못하였습니다만, 그러면서도 구체적, 개성적 가치 있는 공헌은 많이 하여 왔습니다. 그들은 철학이나 논리학보다는 윤리학, 미학, 그리고 신비주의에서 우위를 점하여 왔던 것입니다."

여기에서는 스페인 사람과 일본 사람 사고의 원형이 유사하다는 이야기가 되고 있지만 외국의 철학가가 피부로 느낀 감회를 그대로 토로하고 있다는 점에서 귀를 기울여 볼 만하다. 하기야 '미적'이란 말은 '감각적' 나아가서는 '감각적 지성'이란 측면에서 재음미되어야 할 것이다. 예를 들어 『돈키호테』를 쓴 세르반테스(Cervantes, Miguel de)*61)의 사상도 특정한 환경 내에 있어서의 생활회화란 표현으로 설명하고 있지만 이것은 곧 스페인의 철학자 호세 오르테가 이 가제트(Jose Ortega y Gasset, 1883~1955)의 '우리는 우리와 우리 환경이다'란 명제를 제기케 하며, 이것은 또한 일본인의 자기를 「지분(自分)」으로 표현하는 것을 연상케 하는 것이다.

일본인들이 흔히 쓰는 「48차(茶) 100네즈미(ねずみ, 쥐)」[219]란 이언(俚言)이 떠오른다. 이것은 곧 일본인들의 색채감각이 지극히 정교하다는 것을 말해주며, 동일계통의 색채에 대한 미분학적 변별의욕이 곧 일본인의 미의식과 시각적 감성이 서로 연관되고 있는 원점이라고 할 수 있다. 이와 같은 미분학적 색채변별은 비단 시각적 잣대를 넘어서서 뭇 감각적 영역에서 작용하고 있다고 봐야 할 것이다. 일본인 주부들의 가전제품을 위시한 여러 가지의 수요선택에 있어서 이것이 크게 작용하고 있으며, 일본제품들의 완벽성을 단시일 내에 세계시장에서 인정을 받게 한 원인이 되고 있다.

시대별로 규정을 달리하는 문학이념의 상징적 용어, 예를 들면 헤이안(平安)시대는 「미야비(雅)」, 가마쿠라(鎌倉)시대는 「하리(張り)」, 무로마치(室町)시대는 「와비(侘)」 혹은 「사비(寂)」, 에도기를 「이키(粹)」로서 표현하고 있다. 이들 이념어의 뜻을 색채로 대체해 보면 「미야비(雅)」를 자색계통에서, 「하리(張り)」를 헤이안기의 우아한 부드러움에 상반되는 보다 명쾌한 색채에서 그리고 「와비(侘)」를 '내향적 엄격성'에서, 「사비(さび)」를 '외향적 유화성'에서 찾으려고 하며, 「이키(粹)」는 주로 '쥐색', '남색',

---

[219] 48가지의 차색과 100가지의 쥐색.

'갈색'에서 찾고 있다. 「와비」, 「사비」 색감에 대해서는, '감색에 가까운 것', '모란꽃 색(牧丹色, 자주색)' 「히와(鶸, 방울새 색)」를 말하며, '보통 선명한 녹황색', '도마뱀 색' 즉, 광택이 나는 어두운 청색을 보기로 드는 경우가 많다. 또한 「이키」의 감성을 대표하는 인기 있는 가부키 배우들의 의상 색채로서는 「로코차(路考茶)」220), 「바이코차(梅幸茶)」221), 「시칸차(芝翫茶)」222), 「리칸차(璃寬茶)」223), 「이와이차(岩井茶)」224), 「고라이난도(高麗納戶)」225)······.

  이 정도만 하여도 여러분은 더 이상 참으면서 읽기를 거부할 것이다. 도대체 상기한 호칭들이 어떤 색채인지 쉽사리 머릿속에 그려내지 못할 것이다. 이와 같이 열거해 가면서 필자 자신도 느끼는 것은 곧 일본인이 좋아하는 색채는 확실히 우리 머릿속에서는 변별되지 않으나, 직감적 인상으로 우울하고 불투명하고 뭔가 뚜렷하지 않은 계통에 쏠려 있다. 즉, 그들이 좋아하는 「시부이(しぶい : 떫은)」 색채들인 것이다. 이처럼 색채 억제의 시각반응은 역으로 그들이 잘 쓰는 「하데(派手, 화사함)」에 대한 무한한 동경이 굴절된 반문화적 문화의 산물인 것이다. 결코 혼네(本

---

220) 녹색이 비치는 적황색 곧 갈색에 가까움.
221) 적황색이 비치는 연한 연두색.
222) 붉은색이 비치는 진한 갈색.
223) 남색을 풍기는 연한 갈색.
224) 포도 색깔 쥐색에 차색이 가미된 것.
225) 좀 어둡고 탁한 남색기미의 쥐색.

音)의 색채는 아니다.

이와 같은 우울한 색채가 시민권을 얻게 된 이유는 선종문화에서 찾아야 할 것이다. 일본에 불교의 선종파가 전래된 것은 가마쿠라 막부의 비호를 받게 된 에이사이선사(榮西禪師) 때이며, 임제종(臨濟宗)의 개산(開山)이 곧 그것이다. 그는 또한 다서(茶書)『끽다양생기(喫茶養生記)』를 남겼으며, 일본에 차를 전래한 첫 인물이기도 하다. 그를 뒤따르듯 송나라의 명승들 란케이도류(蘭溪道隆)*62), 무가쿠소겐(無学祖元)*63)이 도래하여 막부체제의 새로운 무가(武家)문화의 기틀잡기에 크게 기여하게 되는 것이다. 하루에도 몇 번이나 생사의 갈림길을 가야하는 무사사회에서 인격의 단절 없이 태연한 최후를 연출할 수 있는 강인한 극기정신을 닦아나가는데 이 선종(禪宗)이 요구하는 달마적(達磨的) 인내심은 그들에게 안성맞춤의 지침이 될 수 있었다고 생각했던 까닭이다.

여기서 갑자기 선종 이야기가 나오는 것은 곧 선과 도교와 다(茶)의 관계에서 일본문화의 형성과정에 중요한 변수로서 작용했으므로 믿어지는 '감성적 지성'에 대한 재조명을 꾀하기 위함이다. 선종도(禪宗徒)가 사물의 내면적 본성에 직접 다가가려는 태도는 노장(老莊)의 사상과 비슷하다. 원래 달마가 인도에서 옮겨온 불교의 일파로서의 선종은 이곳 남송의 도교사상에 의해서 크게 변질되게 되고, 다만 선종의 명상에 의한 자성요해, 즉 '자기실현'만이 남고, 모두 환골탈태되며, 재래의 인도적(印度的) 이상주의와는 거리가 멀어졌으며, 도교가 유교와 대립한 것처럼 남방선과 정통 불교의 계율과 대립하게 되었던 것이다. 그들은 선의 선험적 통찰에 있어서 말은 사상의 장애물에 불과하며, 불전의 어떠한 힘으로도 그것이 할 수 있는 것은 개인의 사변(思弁)을 주석하는데 그친다고 본 것이다.

그래서 선종도(禪宗徒)들은 사물의 내면적 본성에 어떠한 매개체 없이 직접 닿아야 한다고 생각하였으므로 사물의 외면적 속성이나 장식을 완전히 무시하고자 노력하였던 것이다. 그러므로 그들에게는 고전불교도들이 즐겨 그려온 정치하고 화려한 색채화를 대신하여 묵화의 아주 단순한 조형수법에 열을 올리게 되는 일종의 미니멀리즘(minimalism)226)을 낳게 되는 것이다. 심지어 고전불교들이 만들어 놓은 불상조차 우상이란 이유로 파괴하고자 한 것이다. 무로마치(室町) 막부의 제3대 쇼군 요시미쓰(義滿)가 간아미(觀阿弥), 제아미(世阿弥) 부자(父子)로 하여금 대성케 한 노가쿠(能樂)에서 「시테(して, 주역)」가 입는 노쇼조쿠(能裝束)는 아주 화려하나 모든 부수물, 즉 소도구, 대사, 연기일체는 줄거리를 이어갈 수 있는 최소 한계까지 생략되고 거두절미된 수법을 쓰는 것이다. 후에 가부키 무대에서는 야쿠샤(役者, 배우)들의 의상 색채는 극도로 억제되고, 「야쿠샤이로(役者色)」라는 일본문화 특유의 떫은 색채로 정착되는 것이다. 그러나 이와 같은 지미(地味)227)로운 색채에의 경도(傾倒)는 일본문화의 「혼네(本音, 참

---

226) 정상적인 디자인을 가능한 제거한 심플한 디자인이나 직선적인 실루엣의 선정적인 옷.

마음)」와는 거리가 멀다는 것이다. 또한 이와 같은 「하데(派手)」에서 「지미(地味)」로 「아마미(甘み, 단맛)」에서 「시부미(しぶみ, 떫은 맛)」로 바뀌는 취향은 선과 손잡아 꽃피게 되는 다도(茶道)문화의 영향을 간과해서는 안 될 것이다.

다실(茶室) 곧 스키야(數奇屋)의 초막(草幕) 취미, 다실 인테리어의 정치한 청빈취미가 화려한 색채에 대한 욕구를 강인하게 저지하여 왔던 것이다. 다실의 소박, 청빈주의는 선림(禪林)에서 온 것이다. 선방은 중앙 벽에 조금 오목한 공간을 만들어 선종의 개조인 보리달마(菩提達磨)의 탱화가 걸려 있는 이외는 일체의 장식을 배제하고 있다. 이 선림의 불단형식이 훗날 일본가옥에서의 도코노마(床の間)로 변형되고 이 공간이 손님접대의 배경장식이 되고, 가옥 전체에 있어서 가장 중심적인 청결과 미의 수렴점이 되었던 것이다.

다실은 한낮에도 밝은 빛을 그대로 받아들이지 않고 일단 길게 뻗은 처마나 종이 문으로서 입사광선을 여과하고 천장에서 방바닥, 벽에 이르기까지 「하데(派手)」스러운 색채는 배제하여 주인이나 손님이 입고 있는 의복의 색깔도 「지미(地味)」로와야 하는 것이다. 다화(茶花)도 화려한 것은 피하고, 단순, 담백, 지미로운 것을 택한다. 결국 일본 다도문화란 사람의 마음을 들뜨게 하는 모든 일상적인 화려함을 멀리하고, '억제(抑制)', '은폐(隱蔽)', '도회(韜晦)'의 미에 잠겨 보겠다는 대단히 고의적인 반문

---

227) 어둡고, 눈에 잘 뜨이지 않는.

화적 문화의 결정이라 할 수 있다. 그러나 이와 같은 억제의 이쿠지(意氣地, 고집)도 오랜 세월을 두고 되풀이되어 강요당하고 보니, 그 항원적 요소로서의「하데(派手)」는 점차 사라지고 끝내는 이 지미로운 색채들이 일본적 미의식의 문화로서 뿌리를 내리게 된 것이다. 화려한 것과 거리가 멀지만 응달에 피어나는 강인한 생명력의 야생 풀꽃과도 같은 또 하나의 미의식으로 일본인의 가슴 한구석에서 착실히 자라나게 된 것이다. 따라서 기형적, 이질적 전통은 하루아침에 이루어진 것이 아니라 이질적 문화의 꽃을 피우기 위해서 작용한 긴 역사적 배경이 있다는 것을 간과해서는 안 되는 것이다.

이와 같은 일본인의 미의식에서 볼 수 있는 중층 내지는 길항적(拮抗的) 특징은 일본문화 전 영역에 걸쳐서 찾아볼 수 있다. 앞면이 있으면 반드시 뒷면이 있는 법이니, 어떤 민족문화라 할지라도 이를테면 속담 같은 지혜의 산물 속에도 상반적 요소가 포함되게 마련이지만, 중층성, 길항성은 타민족문화와 비교할 때 역시 일본문화의 특징으로 지적하지 않을 수 없다.

화가 다나카 히사오(田中日佐夫)는 일본 우지(宇治)에 있는 보도인(平等院) 봉황당의 복원사업에 관여하였는데 다음과 같은 말을 하고 있다.

"일본미술의 원색, 혹은 그것에 가까운 색에 대한 나의 체험은 어릴 때 본 우메하라 류사부로(梅原龍三郎, 1888~1986) 화백의 작품에서 시작하여, 교토 우지의 보도인 봉황당의 채색에 이어져 간다. ……."

오카모토 다로(岡本太郎)가 『조몬(繩文)토기 곧 민족의 생명력』이라는 저술에서 일본 문화 속에도 민족의 생명력이 폭발적으로 존재하는 것이 있다고 훤자하였고……. 라고 술회하고 있다. 이것은 원색기호에 에네르깃슈(エネルギッシュ, 정력적)한 일면이 있다는 것을 알려준다. 여기서 다나카는 봉황당(鳳凰堂)의 목존 뒤편의 천정 봉황당(鳳凰堂)에 있는 중당(中堂) 상계화장(裳階化粧) 천정요간(天井橑間)에서 그 색채의 화사함에 놀라 오카모토의 의견에 찬동하고 있는 것이다. 봉황당 내부의 복원에서 나타나는 운간채색(繧繝彩色)은 한국 사찰의 색채와 완전히 동일하다.

우리는 흔히 무로마치시대 이래의 일본 수묵화의 연상에서 중세 문학이념인 와비, 사비나 고담, 청빈에서 일본인의 색채 기호를 우울하고, 어두운 측면으로 이해하기 쉬우나, 그것은 어디까지나 「다테마에(建前)」적인 것이며, 그 뒷면에는 타민족을 능가하는 원색의 세계가 있었다는 것을 재인식해야 할 것이다. 또한 그와 같은 원색에 대한 강력한 갈구가 역사적, 사회적 간섭으로 왜곡, 변질되어 세칭 일본적 「지미(地味)」와 「유겐(幽玄)」의 기형적 미의식을 낳게 되었던 것이다. 무채색의 선화(禪畵)가 도사파(土佐派) 화가들의 극채색(極彩色)을 포장하여 버린 것이 일본 문화에 있어 시각적 감성의 현주소라 할 수 있다.

「도쿠가와 일본의 문화사적 정경(德川日本의 文化史的 情景)」이란 논제로 하가 도루(芳賀徹)*64)는 '번욕(繁縟)의 미 세계'를 언급하면서 이토 자쿠추(伊藤若冲, 1716~1800)의 그림 「동식채회(動植綵繪)」30폭(幅)과 「군계도(群鷄圖)」를 제시하는 한편 요사 부손(與謝蕪村)*65)의 그림 「야색누대설만가도(夜色樓台雪萬家圖)」, 「아미노정도(峨眉露頂圖)」, 「충광청우도(春光晴雨圖)」, 「죽계방은도(竹溪訪隱圖)」를 대조시면서 약간의 시간적 차이는 있으나 거의 동시대의 천재들이 완전히 상반된 정신과 감각의 구조를 지니고 있다는 공통점은 놀랄지 않을 수 없었다고 한다.

여기서 이토 자쿠추는 일본인 감각과 감성 본래의 모습을, 그리고 요사부손은 「와비(侘)」와 「유겐(幽玄)」이라는 중세의 반골적 미의식의 안개로서 농화(朧化)시킨 길항적 이쿠지(意氣地, 고집)을 보여주고 있는 것이다. 하가 도루는 이토 자쿠추를 「니혼진 바나레(日本人離れ, 일본인답지 못한)」라고 표현하고 있다. 어떤 선승(禪僧)은 이토 자쿠추의 그림을 '욕욕란란(縟縟爛爛)'이라고 평가하는데 이것은 과잉 장식, 과잉 난숙을 익살조로 표현한 것이다. 그와 같은 채색과 묘사에 당시의 지식인들이 얼마나 당황하였던가를 짐작케 한다. 그러나 이토 자쿠추의 그림이 던지는 이단적 원색 풍경은 한 개인의 기인적 심미안의 결실이 아니라 오랫동안 본의 아니게 묻혀 있었던 광맥이 18세기란 시대적 배경 때문에 돌발적으로 나타낸 것으로 보는 것이 옳을 것이다. 일본인 특유의 다테마에와 혼네의 색채가 연상되는 것이다.

일본 여인들이 축제일에 입고 나오는 「기모노(着物)」의 화사함과 농부 부녀자들이 농번기에 평상복으로 즐겨 입는 「몬페(モンペ)」가 생각난다. 일본문화의 중층성 내지는 양극성, 모순동거성(ambivalence) 등이 여기에서도 잘 나타나고 있다. 일본문화의 타자성(他者性)이 외부인들에 의해서 훤자(喧藉)되는 것도 바로 이와 같은 명암동거적, 양면성 때문이라고 할 수 있다. 모순동거성은 애매모호성과는 전혀 다른 특성을 가지고 있다. 다음은 미국 주간지 타임(TIME)지에 기록된 일본 문화의 모순동거성(ambivalence)에 관한 내용이다.

"많은 외국인들의 두려움과 놀라움을 한 몸에 모으고 있는 이 땅(일본)은 도대체 어떤 곳인가? 칭찬받으면서도 사랑을 받지 못하고, 기술을 예술화하고, 상행위를 종교화하는 이들은 도대체 어떤 사람들인가? 민주 체계와 위계체계의 공존, 로고스와 페이소스의 자연스러운 공생, 상호 단합적이면서 자유로운 기업 활동, 무자비할 정도의 의식화 체질, 이상 비만의 스모 선수들, 자연의 생태를 그래도 살리고 있는 왜소화된 분재작품, 따돌림 당하는 것을 두려워하면서도 높은 담을 쌓은 것을 좋아하는 이들……."[66]

위의 내용은 일본의 모순동거성(ambivalence) 문화에 외국인들이 당혹감을 감추지 못하고 있다는 것을 말해 준다. 서두에서 언급한 「48차(茶) 100네즈미(ねずみ, 쥐)」란 정량 분석적 정교한 변별력을 과시하는 동일인이 같은 정열로 절대적인 중간색, 불투

명성을 선호하는 정성분석적, 경향분석적, 감수성에 만족할 수 있다는, 거의 무한정한 두뇌의 신축성에 타임(Time) 기자들이 경악을 금하지 못하고 있다. 구키슈조(九鬼周造)는 『이키(粹)의 구조』*67)에서 「이키(粹)」의 색채로서 '회색', '갈색', '청색' 계통을 꼽았으며, 결론에서 다음과 같이 저술하고 있다.

"요컨대 「이키(粹)」의 색채란 것은 화려한 체험에 뒤따르는 소극적 잔상이다. 이키는 과거를 그 속에 품으면서 미래를 살고 있다. 개인적 혹은 사회적 체험에 기초한 냉엄한 지견(知見)이 가능성으로서의 이끼를 지배하고 있다. 따뜻한 색상의 흥분을 남김 없이 체험한 넋이, 보색잔상으로서의 차가운 색상 속에서 마음이 차분히 가라앉게 되는 것이다. 또한 이키는 이로케(色氣, 성적 기호) 속에 색맹(色盲)의 회색(灰色)을 그 속에 담고 있다. 색정적(色情的)이면서도 결코 타락하지 않는 것이 이키이다. 이키는 색정적인 긍정 속에 검은색 부정을 숨기고 있다."

이와 같이 일본인들이 선호하는 어두운 중간색이 만들어지기까지 그 속에 겹겹이 쌓아올린 다채로운 색상을 짐작케 한다. 결국 일본문화는 다채로운 시각적 감성이 블랙홀(Black hole)화한 것이라고 할 수 있다. 여기서 우리는 일본의 '코믹(comic)문화' 즉 만화문화에 대해서 생각해 보기로 하자. 일본의 만화문화는 현대 한국사회의 대중문화 속에 넓게, 깊게 자리해 가고 있다. 연간 60억 권을 넘는 출판기록 가운데 약 40%가 만화출판이라는 사실은 경악하지 않을 수 없다. 이 만화문화는 어디까지나 시각의 순간적, 면적요해(面的了解)에 호소하는 것이 특징이라 할 수 있다.

서두에서 이미 언급한 일본의 감성문화와 연계시켜 이해하는 것이 좋을 것이다. 감성이라 하면 비단 시각에만 그치는 것이 아니고 촉각, 미각, 청각 등 다른 통로도 많다. 인간은 3~4차원에서 생활하는 우주적 존재로서 오감 작용의 80%를 시각에서 얻어, 이것이 전두엽으로 옮아져, 오감의 상호작용으로서 이미 만들어진 과거의 기억들 속에 투영시켜 새로운 생각을 불러일으키는 것이다. 이렇게 볼 때 일본문화의 특징 가운데 시각적 소재로서 조성된 기억형이 다시 시각의 통로로서 얻어지는 시각적 소재에 친근감을 보여준다는 추측은 수긍이 간다.

결국 시각에 편중된 행위의 연속은, 인간생활에 있어서 가장 중요한 원시적 감각으로서의 후각, 촉각이 배제되기 마련이다. 결과적으로 생물적 신체감각이 결여되며, 다시 이것은 생명에 대한 존엄성 의식이 희박해질 수 있다는 논리도 도출될 수 있다. 인간을 하나의 생명체로서 보기에 앞서, 하나의 순수객체로 보는 경향을 낳기 쉬운 소지조차 있는 것이다. 이것은 어떤 급격한 환경이나 상태의 변화 속에서 가공할 참사를 빚어낼 수도 있다.

흔히 일본요리는 그 양념 맛이나 소재 맛에 앞서 눈으로써 먹는다는 말이 있다. 일본요리의 특징을 '명사적'이라고 표현한 외국신문의 기사에서 우리는, 완성된 요리의 색채에는 좀 둔감한 구축성이 강한 중국요리나 프랑스 요리를 같은 맥락에서 '동사적'이라고 표현한 의미를 알 수 있을 것 같다. '명사적'이란 개념 속에는 요리를 구성하고 있는 각각의 소재가 독립성을 유지하고 맛이나 색깔에 있어서도 그 특징을 유지하고 있다는 것이며, '동사적'이란 그 반대의 개념을 연상하게 한다.

우리 속담에서도 '보기 좋은 음식은 맛도 좋다'라는 말이 있지만, 일본요리는 철두철미하게 이 속담의 이념을 따르고 있다고 할 수 있다. 그러나 시각에 대한 지나친 편중은 아무래도 사물의 본질파악에 앞서 표면적, 직감적 파악으로 흐르기 쉽고, 조형적 예술품에 앞서 의장적 공예품을 낳게 될 것이다. 일본 식문화(日本 食文化)에서 끝내 수저나 나이프, 포크가 만들어지지 못하고 젓가락 하나로써 그쳤다는 것은 공예적 음식을 공예적으로 먹어 보겠다는 생각에서 왔다고 본다.

월간지『문예춘추(文藝春秋)』의 광고란 속에는 수년 동안 연재 형식으로「스루야 하치만(鶴屋八幡)」이란 과자점포의 광고가 아름다운 그릇에 담긴 과자의 사진과 함께 연재형식으로 실려 나왔던 때가 있다. 얼핏 보면 과자 광고인지, 도자기 그릇의 광고인지를 구별할 수 없다. 사실인 즉 광고내용 중에는 과자내용과 같은 분량으로 그 과자를 담고 있는 그릇에 대한 해설이 부연되어 있다. 과자와 그릇의 아름다운 대조의 미를 통하여 과자 맛을 즐기도록 되어 있다.

이와 비슷한 그릇과의 조화는 식문화에서도 예외는 아니다. 일본의 경우 '명사적' 공예성 때문에 시각효과에 절대적인 가치를 부여하고자 하는 것이 특징이다. 이와 같은 시각적 감성에 호소하는 일본문화의 징후는 생활 전반에 걸쳐 충만 되어있다. 결국 일본인들은 모든 대상을 미술적 체험으로서 받아들이는 경향이 많은 것이다. 흔히 인도인은 예술을 종교적 시각에서 본다고 하지만, 일본인은 종교마저 예술적 시각에서 본다고 할 수 있다.

19

오보로의 미학

照りもせず くもりもはてぬ 春の夜の 朧月夜に しくものぞなし
(환히 개이지도 않고, 그렇다고 어둡게 흐려있지도 않는 봄 안개 자욱한 달밤이 어디 비할 곳 없이 아름답구나)

— 오오에 센리(大江千里) —

이 와카(和歌)의 시상(詩想)은 당조(唐朝) 백락천의 문집 가능춘야시(嘉陵春夜詩)에서 얻은 것 같지만, 이외에도 이와 같은 희미한 달밤이나 봄 안개 자욱한 풍경을 즐겨 읊어왔다. 중세 수필작품의 백미로 알려져 있는 겐코(兼好)법사의 쓰레즈레구사(徒然草)228)에서 나타난다.

"꽃은 만발하였을 때 달은 이지러짐이 없이 온전하게 차 있을 때만 볼 만하다고 할까 보냐. 비 내리는 밤에 달을 그리워하고, 홀

---

228) 일본판 광새 같은 지성적 수필.

로 방문을 걸어 닫고 앉아서 봄이 어디까지 왔는지조차 모르는 것도 더욱 정취가 있는 법이구나. 아직 꽃망울을 터뜨리지 않는 꽃나무가지 또는 꽃이 떨어져버린 꽃밭에서 더욱 볼 만한 것이 많다고 할 수 있다"

얼핏 보기에는 어딘가 성격 도착적인 취미라고 할 수 있겠지만 일본문화에 있어서의 몽롱과 미완성에 대한 막연한 동경을 미의식의 조짐으로 볼 수 있는 것이다. 특히 여기서 인용하고 있는 신고킨와카집이나 쓰레쓰레쿠사 같은 일본문학사에 있어서의 고전들은 고등학교, 대학입시나 대학 교양과정에서 되풀이 학습하게 되니 일본인에게는 미의식의 한 패턴으로서 깊이 뿌리를 내리고 있으리라고 믿어지는 것이다. 사실 일본어사전에서 오보로(朧)229)를 접두사 혹은 접미사로 하는 어휘는 한국 사전과 비교할 때 압도적으로 많은 것이다. 이 몽롱(朦朧)에서 생겨 나오는 미의식은 시각영역에서뿐만 아니라, 청각영역에서 작용하며, 때로는 시・청각의 공감각(共感覺)으로서 꽃피고 있는 것이다.

　　海くれて　鴨の聲　ほのかに白し
　　(바다는 저물고 물오리 우는 소리 가냘프게 하얗다)
　　　　　　　　　　　　　　　　　　－ 바쇼(芭蕉) －

---

229) 명석하지 못하고 몽롱한 분위기.

청각과 시각이 상호 전화되어 오보로(朧)의 밤바다 위에 깃을 내리는 땅거미를 매개체로 해서 물오리 우는 소리가 가냘프게 보인다는 표현을 하고 있는 것이다. 물오리 우는 소리가 캄캄한 어둠 속에서 희게 느껴지는 이 특수한 지각은 다름 아니라 바로 저녁 땅거미 때문이라 할 수 있을 것이다.

　　石山の 石より白し 秋の風
　　(이시야마의 돌보다 더욱 하얀 가을바람)
　　　　　　　　　　　　　　　　　　　　　　　　　- 바쇼(芭蕉) -

이것도 역시 상기 물오리 소리를 보는 것과 같은 미의식에서 만들어진 것이다. 이와 같은 복수감각(複數感覺) 즉, 공감각(共感覺, synesthesia)은 중세 일본 가인들이 즐겨 써왔던 기법이기도 하였다. 눈과 귀의 감각이 서로 간섭하여 기능하는 것이다.

　　里わの火影も、森の色も、田中のこみちを たどる人も 蛙のな
　く音も、鐘の音も、さながらかすめる 朧月夜
　　(마을의 불빛도, 숲 그림자도, 좁다란 들녘 길을 가는 사람 그림자도, 개구리 우는 소리, 들려오는 종소리, 한결같이 희미하고 은은한 달밤)

여기에서는 개구리 우는 소리, 들려오는 종소리마저 농화(朧化) 곧 미화(美化)되고 있다. 사전적 의미*68)로 「호노(ほの)」를 접두어로 하는 복합어가 의외로 많다는 것을 지적하지 않을 수 없다.

「호노(ほの)」의 본래 의미는 '가냘프게 있을까 말까'의 뜻을 꾸며내는 접두사인데, 「호노카(ほのか, 가냘픈)」, 「호노구라이(ほのぐらい, 약간 어두운)」, 「호노보노토(ほのぼのと)」230), 「호노보노아케(ほのぼのあけ)」231), 「호노메카스(ほのめかす)」232) 「호노메쿠(ほのめく)」233) 등 많은 복합어를 사전에서 찾아낼 수 있다. 상기 오보로(朧)와 일맥상통되는 미의식이다.

일본인들이 회화에서나 문학작품에서 가스미(霞, 봄안개), 기리(霧, 안개), 모야(靄)234)를 대담하게 원용(援用)하고 있는 것도 이 오보로(朧)의 미학과 관계 지울 수 있는 것이다. 상기 가스미나 기리를 접두사 내지 접미사로 한 조어는 무수히 많다. 「다나가스미(棚霞)」235), 「가스미사쿠라(霞桜)」236), 「가스미노스소(霞の裾)」237), 「가스미노마가키(霞の籬)」238)…… 등 많은 문학적 합성어가 만들어지고 있으며, 때로는 동사로서 「가스무(霞む)」239), 「기

---

230) 꼭 집어서 밝혀낼 수는 없으나 어딘가 훈훈한 느낌이 도는.
231) 땅거미가 서서히 가시는 새벽녘.
232) 넌지시 암시하다.
233) 희미하게 겨우 보이다.
234) 연무(煙霧).
235) 봄 안개가 가로 길게 선반처럼 깔려있는 것을 묘사하는데, 일본조 동양화인 야마토에(大和絵)에서는 이 안개 무늬로 중경이나 원경을 재치 있게 처리하는 화법이 잘 쓰이고 있다. 일반적인 동양화의 원경처리와는 달리 여기에서는 안개 자체가 구상적인 화면구성의 한 요소가 되어 있는 것이 특징이다.
236) 벚꽃이 중경 원경을 봄 안개같이 가득 채우고 있는데 비유한 것.
237) 산기슭을 자욱이 길게 채운 봄 안개를 치맛자락에 비유한 것.
238) 봄 안개를 울타리에 비유한 것.
239) 봄 안개가 끼다.

라우(霧らう)」240) 등으로 쓰이기도 하는 것이다. 다 같은 대기 현상이지만 봄은 가스미로, 가을은 기리로 표현한다. 일본문화의 코드(Code)화 취향을 보여주는 예가 된다.

이와 같은 오보로의 미학은 일본의 고온다습한 풍토와도 직접적인 관계를 맺고 있으리라고 생각되는 것이다. 사방이 바다로 둘러싸인 일본열도의 다습성은 그들이 자칭하는 「도요아시하라(豊葦原)」241)라는 표현 속에서도 쉽게 짐작할 수 있다. 일본의 서양화가들이 유화의 물감이 지니고 있는 조형적 특징을 살리지 못하고 항상 비구축성 일본조 서양화풍으로 변질되어 버리는 것도, 그들 앞에 전개되는 일본풍경 자체가 보여주는 다습성 비구축성 때문이라고 할 수 있을 것이다. 댐(dam)이라든지 현대 건축물을 제외하면, 일본풍경은 서구적 구축성을 지닌 풍경이 적다. 게다가 안개로 그 물체의 선이 몽롱하게 되니 더욱 그와 같은 효과가 있을 것이다. 이와 같은 비명석성(非明晳性), 경향분석적(傾向分析的) 내지는 정성분석적(定性分析的) 미의식은 서구적인 명석성이나 정량분석적 미의식과는 아주 대조를 이루고 있는 것이다.

시가 시게타카(志賀重昂)*69)의 『일본풍경론』에서도 그가 일본풍경의 특징을 소쇄(瀟酒, 말끔한 멋)미, 질탕(跌宕, 파격적인 멋)에 있다고 전제하고, 그 원인이 되어 있는 것이 첫째, 일본에는 기후, 해류가 다변다양하고, 둘째, 일본에는 수증기가 많다는 것

---

240) 가을안개가 끼다.
241) 갈대가 무성한 들판.

을 지적하고 화가 히가시야마 가이이(東山魁夷)*70)도 일본풍경을 화가의 시점에서 다음과 같이 술회하고 있다.

"아열대적 경관에서 아한대적 성격을 지니고 있는 풍도이므로 사계절의 추이가 선명하다. 고산이 많고, 산정에는 백설, 중복에는 홍엽, 산기슭에는 녹엽이란 정경에 곧장 만나게 된다. 그러나 습윤한 기후는 안개나 이슬을 대동하기 쉽고, 대륙성 기후의 건조한 대기 속에서 볼 수 있는 선명성과는 달리, 억제된 부드러움이 있는 독특한 다감(多感)이 자생하는 것이다."

일본의 대표적 서양화가 고야마 게이소(小山敬三)의 사망에 즈음하여 추도사로 기고된 다음 기사는 다분히 시사적이다.

"서구에서 돌아온 서양화가가 자국의 자연풍경의 취약성, 윤곽의 애매함을 탄식하고, 그 비구축성과 싸우다가 좌절하거나, 혹은 '일본인의 유화'란 기괴한 영역으로 빠져들어 가고, (중략)……. 그 중에서도 고야마 씨가 선택한 것은 댐이나 성곽 같은 것이었고, 또한 산악이었다. 즉 일본풍경으로선 비교적 구축성이 있다고 할 수 있는 모티브였으나, (중략)……. 그의 유(柔)구조의 거칠고, 굵직굵직한 형태와 억제적인 색채의 구사 속에 이 나라의 습윤한 공기와 담담한 빛의 입자들을 선명하게 그려 넣고 있는 것이다."

결국 일본문화의 한 구성요소로서 '오보로의 미학'은 일본의 습윤한 풍토와 관계가 깊은 것 같다. 그러나 일본인들의 선분석

(線分析) 아닌 경향분석(傾向分析), 정량분석(定量分析) 아닌 정성분석(定性分析), 디지털(digital)적이 아닌 아날로그(analogue)에의 취향을 결코 애매모호성(ambiguity)으로 평가해서는 안 된다. 오히려 양면가치성(ambivalence)의 특성으로 형성되고 있다는 것을 알아야 하는 것이다. 즉, 개념이 어느 한쪽으로도 편재되지 아니하고 주위환경과 요청에 응하여 재치 있게 배분된다는 것이다.

  1964년에 등장한 고속전철 신칸센(新幹線)은 1994년까지의 결산에서 한 명의 사망자나 큰 사고도 발생시키지 않았다고 한다. 그간의 총 주행거리 10억km 수송여객 28억 명, 하루 282편 운행, 발착 평균오차 48초라고 보도되고 있다. 프랑스 TGV 조사단이 방문하였을 때의 자료이다. 험준한 산악, 복잡한 해안선, 그리고 환태평양 지진대의 10%를 차지하는 열도(列島)라는 것을 생각할 때 찬사를 던져줄 만하다.

20

일본인의 미소

　일본문학 특유의 오보로(朧)의 미학(美學)은 그대로 그들 생활 전반에서 찾아볼 수 있다. 그 대표적인 표현이 무표정의 표현 노멘(能面)[242]이며 좀 나아간 것이 '일본적 미소'라고 할 수 있을 것이다. 흔히 일본인들의 미소를 재패니즈 스마일(Japanese smile)이라고 부르고 있지만, 이것은 일본인들의 미소 속에 담겨져 있는 헤아릴 수 없이 농축되어 있는 요소를 가리키는 것이다. 세계의 대표적 신비로운 미소는 '일본인의 미소', '이상한 나라의 엘리스에 나오는 고양이의 웃음', '모나리자의 웃음'으로 들 수 있는데, 그 중 일본인의 미소는 첫 번째 지위를 점하게 될 것이다.

　이와 같은 애매모호한 일본인의 표현관습은 그 내부적 감정, 곧 희·노·애·락에 대한 끈질긴 은폐, 극기적 억제 속에 미의

---

242) 노가쿠에서 주역이 쓰는 탈.

식을 키워온 일본 문화의 기형적 산물이라 할 수 있다. 바로 일본 특유의 시노비(忍び, 참고, 숨기는 것)의 미학에서 자라난 생활 문화인 것이다.

일본 고유의 긴 전통극인 노가쿠(能樂)에 쓰는 노멘(能面)의 무표정은 곧 그 속에 온갖 희·노·애·락의 표정이 침잠(沈潛)된 형태로서 갈무리하고 있다는 약속에서 성립되는 기교인 것이다. 노가쿠 공연중 갑자기 시테(して)가 모든 행동을 중지시키고 무대 한가운데서 그냥 쪼그려 앉아 버리는 장면이 나온다.「이구세(いぐせ)」라 하는 기법인데 무표정, 무행위 속에서, 감정, 행위의 최고조를 암시하는 순간을 말한다.

노가쿠는 물론 팬터마임(pantomime)은 아니지만, 소도구, 배경장치, 배우의 대사 그리고 행위(춤)에 있어서 최대한 생략하고 아끼고 있다는 것을 쉽게 볼 수 있다. 노가쿠의 대성자「제아미(世阿弥)」도 그의 예도론 저서인『후시가덴(風姿花傳)』에서 다음과 같이 말하고 있다.

  秘すれば花なり、秘せずば花なるべからず…….
  (숨기면 꽃이 되고 숨기지 않으면 꽃이 되지 않는다…….)

이와 같이 '숨김으로써 큰 효과가 있는 법이다'라고 하고 있다. 여기서 '꽃'이라고 하는 것은 노가쿠가 찾고 있는 궁극의 '미 이념'이라고 생각하면 될 것이다.

19세기말 일본에 건너가서 4년 후 일본에 귀화한 영국인 작가 고이즈미 야구모(小泉八雲)는 그의 소품 『일본인의 미소』에서 소개되고 있는 그의 일본인 가정부에 대한 이야기가 일본인이 웃는 미소의 난해함을 잘 설명해 주고 있다. 어느 날 그의 가정부로 일하고 있던 일본여인이 미소를 지으면서 그녀의 남편이 사망하였으므로 말미를 받겠다고 하였다. 그리고 훗날 남편의 장사를 치르고 돌아온 그 여인이 역시 전과 같은 미소를 지으면서, 그녀 남편의 화장한 뼛가루가 들어있는 작은 항아리를 보이더라는 것이다. 여기서 고이즈미 야구모는 자기 나름대로의 분석을 다음과 같이 하고 있다.

"그 미소에는 반항도 없고 남에게 보이려는 가식이나 위선의 흔적도 없다. 그렇다고 해서 흔히 마음 약한 사람에서 연상되기 쉬운 그 병적 체념의 미소와도 혼돈해서는 안 될 것이다. 그것은 정성껏 오랜 세월 속에서 다듬어진 하나의 방법이다. 입으로는 표현되지 않는 또 하나의 언어이다."

이것은 흡사 현대미술의 온갖 형식들이 언어로서는 다듬어낼 수 없는 것을 감수성으로 끌어내 보자는 시도와도 흡사한 것이다. 즉 비언어적 실천으로 가득 차 있는 일상생활의 미묘한 것을 미소로서 메워 가는 일종의 지극히 섬세한 일본인 특유의 생활기술 문화라고 할 수 있다. 이것은 일본인과 서구인과의 문화충돌의 원점이라고도 할 수 있을 것이다. 모든 것을 '이성'이란 잣대로서 조정하고자 하는 서구문화와 '이성'의 잣대로서는 측정

할 수 없는 '감성'이나 '감정'의 영역이 별도로 있다는 것을 잘 보여주는 단면이라고 할 수 있다. 일본인에게 있어 이 미소의 불가지성은 전기한 제아미(世阿彌)의 노가쿠에서 그 핵심을 이루고 있는 「하나(花, 꽃)」의 불가지성과 비슷하다.

어떻게 보면 아시아적 겸양의 덕이 낳게 한 부산물이라고 할 수 있다. 아울러 일본문화에 있어서 다테마에(建前) 속에서도 우리는 그것을 읽을 수 있다. 상대자의 면전에서 '아니오(No)'라고 말하는 것을 매우 부담스럽게 여길 뿐만 아니라 예절에서 벗어난다고 생각하는 것이다. 그래서 『'No'라고 할 수 있는 일본인(The Japanese that can say No)』이 출판되었을 때 미국 국회에서는 그 뜻을 이해하지 못하고 일대 소동을 일으켰다는 기사를 읽었다.

그들이 평소 잘 쓰는 「소노바시노기(その場しのぎ)」243), 「지칸카세기(時間かせぎ, 시간 끌기)」, 『마아마아슈기(まあまあ主義)』244), 『하라게이(腹藝)』245) 등도 될 수 있으면 서로 분명한 선을 그어 나가기보다 적당히 구렁이 담 넘듯이 해결하는 것을 미덕으로 삼아온 문화의 소산이라 할 수 있다. 일본인의 이언(俚言) 그대로 '모난 돌이 안 되겠다는 심산(あたらずさわらず)', '내가 먼저 건들지 않으면 신도 가만히 있다(さわらぬ神に祟なし)', '긴 것에는 말려든

---

243) 고식적인 문제해결.
244) 그런대로 좋다 주의.
245) 배짱과 경험으로 논리를 뛰어넘어 어떤 일을 일괄 처리해 버리는 기술.

다(長いものにはまかれる)' 등 항상 소극적이고 안전제일의 처세술을 낳게 하였으며 우리들의 서민 지혜와 매우 비슷하다.

달팽이의 더듬이질 같이 일본인들의 처세용 더듬이는 대단히 예민하다. 더듬이에 부딪히는 외계의 저항이 크다고 판단되면 즉각적으로「시리고미(しりごみ)」246) 전술을 쓰는 것이다. 언제나 연중행사처럼 되풀이되는 일본 각료급 인사의 대한(對韓), 대중국(對中國) 문제발언 소동도 이것을 말해주는 듯하다. 이와 같은 히요리미(日和見, 기회주의)적 대외처세가 대내적으로 만성화한 것이 곧 그들의 야쿠자(ヤクザ) 문제일 것이다. 일본사회의 무사안일의 고식주의(姑息主義)가 키워온 패륜아들이라고 할 수 있다. 이 문제에 대해서는 최신 뉴스위크(News week)지*71)가 아주 정확한 기사를 싣고 있다.

"결과가 어떻게 되었는지 우리는 지금 똑똑히 보고 있는 것이다! 즉 일본에 있어서는 거의 공개적으로 법 대신 폭력이나 미묘한 공갈로써 일을 해결해왔다. 오늘날 일본 금융계에서 겪고 있는 곤욕이 바로 이와 같은 당당하지 못한 뒷방에서의 흥정술을 이용해왔기 때문이다. 그래서 결과적으로 자승자박의 수렁에 빠진 것이다. 이 어려운 문제는 쉽게 풀리지는 않을 것이다. 왜냐하면 일본인들은 스스로의 어려움을 공개함으로써 야기될 사회적 조화의 붕괴를 크게 두려워하니까!"

---

246) 일단 물러서서 뒷전을 펴는 것.

이와 같은 오보로(朧)의 미(美)이념은 일본중세의 시가이념에도 잘 반영되어있다. 일본의 중세와카집(中世和歌集) 중, 특히 고킨와카집(古今和歌集)이나, 신고킨와카집(新古今和歌集)에서 추구한 유겐(幽玄)도 도회취미(韜晦趣味)247)와 관계가 있는 것이다. 「유겐(幽玄)」의 사전적 의미는 ① 깊이 숨어 있어서 미묘하고 쉽게 알아낼 수 없는 것, ② 일본 중세의 문학이론으로서, 언설 이외에 깊은 정취를 내포하고 있는 것으로 되어있다. 일본인들이 즐겨 쓰는 '우아하다'의 뜻을 「오쿠유카시(奧床し)」로 표현하는 것도 이것과 맥을 같이하고 있다.

전술한 축소지향의 일본문화가 일본인 특유의 과잉 에티켓으로 전환된 것처럼, 오보로의 미의식은 또한 일본인 특유의 표현에 있어 모호 내지는 표현인색이란 생활문화로 전화된 것이다.

"외국 상인들은 일본인들의 상냥한 태도를 긍정적인 승낙으로 착각하지 말아야한다. 일본인 거래자는 버릇처럼 고개를 끄덕이며 하이하이(はいはい) 한다. 그러나 그것은 곧 '이야기를 계속 하세요' 정도의 뜻이며 영어의 'Uh-hur' 혹은 '알겠다' 정도의 뜻입니다.*72)

라고 주간 타임(TIME) 기자들은 포착하고 있다. 즉 일본사람들은 대화중 상대방의 말이 일단락 질 때마다 「아이즈치(相槌)」248)

---

247) 숨어서 정체를 분명히 보이지 않는 취미.
248) 상대방 이야기에 장단을 맞추어 주는 것.

를 맞추는 버릇이 있다. 예를 들면 「나루호도(なるほど)」[249] 또는 「핫핫(はっ!はっ!, 예 예)」같이 장단 맞추기는 가능한 대화의 흐름이 중단되지 않게, 일단은 긍정적인 반응을 보인다는 것이다. 그들이 말하는 「하이(はい, 예)」는 긍정적 반응이나 부정적 반응의 경우 할 것 없이 대단히 명료하게, 절도 있게 한다. 그래서 상대방은 자기의 주장이 잘 먹혀 들어가고 있다고 오판하게 된다.

이와 같이 일본인들의 의사표시는 항상 애매하며, 명석성을 결여하고 있다. 이것을 부정적인 관점에서 본다면, 일본인들은 이중성격의 소유자이며, 야누스적 얼굴을 하고 있다는 것이다. 그러나 긍정적인 관점에서 볼 때, 오모이야리(思遣)[250], 기가네(氣がね)[251] 등이 그들의 일상생활 전반에 깔려있기 때문일 것이다.

일본을 대표하는 건축가, 구로카와 기쇼(黑川紀章)가 일본인의 애매성 취향에 대해서 재미있는 비유를 하고 있다. 리큐네즈미(利久ねずみ)로 대표되는 회색(gray)은 여러 가지 원색이 혼합한 복잡한 색채인데 이 검은색과 흰색의 중간색이 지니는 애매성이 즉, 일본인의 전통적 색이라 전제하면서, '교통신호', '육법전서', '문학작품'의 세 가지 영역을 빌려서, 교통신호의 청색, 적색, 황색의 기능은 절대적이며, 중간색을 용납 못하였으며, 육

---

[249] (듣던 바와 같이) 과연, 정말. 상대편의 말에 긍정이나 동의하는 뜻을 나타냄. 아무렴. 그렇고말고.
[250] 불행한 상대자의 마음을 살펴보는 것.
[251] 남, 상대자에 대한 배려.

법전서의 해석에 있어서는 정상참작이 가능하게 개입하는 것을 시인했다.

그렇지만 문학작품은 독자들에 의한 여러 가지 이해가 가능함과 동시에 예술이란 애매한 성질을 지니고 있어야만 하는 것을 강조하면서 감동적인 것은 애매한 것이라야 한다고 주장하고 있다. 따라서 일본문화에 있어서의 비합리성에 대한 관용이 오히려 합리성을 앞세우는 서구적 비관용성보다 낫다는 이야기를 끌어내고자 하고 있다.

많은 모순 요소들을 안고 있으면서 그것으로 인한 불편이나 거부반응을 보이지 않는 문화 복수주의(pluralism) 경향을 다분히 지니고 있는 것이다. 통념적으로 일본은 단일 민족, 단일 언어의 문화 단일주의로 간주되어 왔지만, 문화 복수주의이면서 문화 단일주의라는 것이 일본의 문화적 특징을 표현하는 알맞은 정의라고 할 수 있다.

〈그림-15〉 일본인의 미소

21

상냥한 목소리 정중한 인사

『축소지향의 일본 문화』라는 책이 한 때 많이 읽혀졌다. 우선 일본 문화에 있어서 '축소지향'이 문화로서 배태(胚胎)된 이유가 무엇인가 살펴볼 필요가 있다. 무릇 인류 문화는 각기 그들이 생존의 터전으로 삼게 된 자연환경과의 관계에서 형성되었다는 것을 쉽게 추리할 수 있다.

이를테면 추운지역을 터전으로 하는 경우에는 내한(耐寒)문화가, 건조지역에서는 물을 아끼는 문화가 자연적으로 만들어질 것이다. 나아가서 하늘을 쳐다보고 비오기를 기원하는 기우제 같은 상징적 문화가 정신적 내용의 표현으로 파생되었을 것이다. 이와 같이 새롭게 만들어진 정신문화는 육체적 생존을 넘어 정신적 생활을 영위하기 위한 문화적 요소가 되었을 것으로 짐작된다.

서두에서 언급한 일본은 섬이라는 풍토성이 무의식간에 '폐소공포증후군(閉所恐怖症候群)'을 낳게 하여 반사적으로 축소지향과 확대지향을 낳게 되었고, 대륙에의 동경은 '대륙에 교도보'라는 문화를 낳게 하였다.

　문화는 '자연적, 사회적, 정치적 환경에 대한 육체적, 정신적 생존 생활의 체계'라고 정의할 수 있다. 사람의 신체에 있어서 항원(抗元)에 대한 항체(抗體) 형성과도 흡사하다. 예를 들어 일본 문화의 단면으로서 '상냥한 목소리 정중한 인사'는 섬이라는 격리된 공간에 있어서 지속적이고 폐쇄회로적인 생활환경이 만들었다고 할 수 있다. 상호간에 치밀한 충돌 회피술이라는 지혜를 키워왔던 것이다.

　결국 지나치게 친절한 에티켓이 만들어진 것이다 여기에 상승(相乘)효과를 일으킨 것이 유교적 도덕률이다. 한·일 양국은 유교 문화권 속에서 자란 민족이지만, 사회의 기본 골격이 된 사·농·공·상(士·農·工·商)의 카스트관이 일본의 경우는 엄격하였고, 한국의 경우는 훨씬 관용적이었다는 점에서 설명이 된다.

　일본의 사(士)는 칼을 찬 무사(武士)이고 우리는 붓 잡는 선비(學士)였다는 차이가 연상된다. 미국인들이 처음 신대륙에 당도하였을 때 땅은 무한정한 것으로 착각하였으나 서부 개척이 끝나고 처음으로 유한하다는 것을 깨닫게 되었을 때 갑작스레 수없이 발생하는 시비를 신속히 해결하기 위하여 비정한 법조 사회가 형성되었는데, 일본의 경우는 토지 공간에 대한 유한 인식이 일찍부터 싹트게 되었으며 그에 대한 대책도 점차 면밀하게 일본 특유의 가타(型), 에티켓(エチケット) 그리고 이미지(イメージ)

가 만들어져 과밀에서 오는 스트레스를 재치 있게 해소하게 되었다고 일본 문화를 진단하는 미국 신문 기자*73)들은 설명하고 있다. 한정된 노면에 자동차 수효의 급증으로 인해 일어나는 온갖 접촉사고를 미연에 방지하기 위해 온갖 세부적인 교통법규가 마련되는 것과 흡사하다.

에도시구사(江戶仕種)란 말이 에도 막번 시대에 알려지고 있었는데 이것은 에도사람이라 하면 최소한 이 정도의 에티켓은 몸에 지녀야 한다는 「에도에티켓」을 가리키는 말이다. 예를 들어 「가사카시게(傘かしげ)」252), 「고시우카시(腰うかし)」253), 「우카쓰후미(うかつ踏み)」254), 「아이니쿠메쓰키(あいにく目付き)」255) 등이 있다. 또한 고자(講座)란 것이 있는데 이것 역시, 상거래 경쟁에 있어서 쓸데없는 상호 간섭이나 그로 인한 마찰을 미연에 방지코자 하는 장치이다. 그들의 설명에 의하면 이것은 곧 인간이 살아 나가는데 있어서의 기본적인 '틀'이라고 말하고 있다.

다른 사람의 '몫'을 빼앗는다든지 간섭해서는 안 된다는 것이다. 곧, 자신의 몫을 잘 지키고 타인의 몫을 침범하지 않는다는 것이 곧 에도코(江戶っ子)256) 기질이란 것이다. 정치(精緻)하고 엄격한

---

252) 우산을 받고 다른 사람 옆을 지날 때는 넓은 골목이라 할지라도 우산을 자기 쪽으로·약간 기울이게 한다는 것.
253) 좁은 골목길에서는 다른 사람 옆을 지날 때 약간 허리를 추거 올리는 시늉을 하는 것.
254) 좁은 공간에서 신발이 밟혔을 때는 밟힌 쪽에서 도리어 먼저 사과를 한다는 것.
255) 손님이 자기 가게를 찾아왔는데 손님이 찾는 물건을 갖추고 있지 않을 때 아주 딱하고 미안하다는 과장된 표정을 보이는 것.

위계절서 의식, 명절이나 기타 잔치 행사 등에 있어서의 철두철미한 증답관행(贈答慣行), 새해연하장, 그리고 더운 여름철에 주고받는 서중문안(暑中問安) 등의 사회 윤활유와도 같은 의식들이 오늘날도 면면히 이어지고 있다는 것이다. 만났을 때와 헤어질 때의 그칠 줄 모르는 국궁예(鞠躬禮)의 반복, 이 모든 관습이 결국은 일종의 상호 충돌 예방을 위한 안전장치라고 할 수 있을 것이다.

이것은 또한 시각을 달리 할 때 서로가 절대적으로 채무자가 되지 않겠다는 자긍적(自矜的) 청산주의의 산물이라고 할 수 있다. 「아리가토고자이마스(有難うございます, 고맙습니다)」는 익살조로 풀이할 때 바로 '내가 채무자가 되었으니 불원간 그 본의 아니게 지게 된 빚을 갚겠습니다.'라고 하는 심정에서 파생된 용어의 예라고 할 수 있다. 특히 일본어에 있어 정교롭게 다듬어진 겸양어(謙讓語)법은 초보 일본어 학습자의 큰 부담이 되고 있다. 곧, 수수(授受)동사의 활용이 대단히 까다롭다는 것이다. 가끔 상점 같은 데에서 볼 수 있는 휴업고지 문틀이 재미있다. 보통 같으면 '금일휴업'만으로도 충분할 터인데 '대단히 저희들 멋대로 입니다만 오늘은 쉬게 하여 주십시오'로 적혀 있는 것을 볼 수 있다. 수수동사 즉 「~시테 모라우(~して貰う)」, 「~시테 이타다쿠(~して頂く)」 같은 용법을 자연스럽게 구사할 수 있게 될 때, 일본어 회화 실력이 어느 정도 마무리 단계에 왔다고 생각해도 좋을 것이다.

---

256) 도쿄 토박이라는 뜻.

현실적으로 매일 같이 얼굴을 마주치면서 살아가야 하는 주거 공간에서 달갑지 않은 뒷소문을 일으키게 될 어떤 실수나 심적 부채를 남기지 않겠다는 이기주의적 심산도 있다고 보아야 할 것이다. 도쿠가와(德川幕府)의 거성(居城)이 있는 에도의 주민 약 100만 명 중 무사와 조닌(町人)의 비율은 약 각각 50%였고, 각기 점유하는 주거 공간은 4.3:1이었다고 한다. 무사들을 제외한 상(商), 공(公)인 계급들은 조닌(町人)이라 불리고, 조카마치(城下町)257)에서 나가야(長屋)258)살이를 하여야 했다.

이 나가야는 번국 당국에 의해 보호와 관리를 명목으로 은연중 감시당하고 있었던 것이다. 각 세대별 나가야의 점유 면적은 9척 2칸이고 세대별 칸막이는 매우 빈약하니, 세칭 프라이버시권이란 개념은 애당초 있을 수가 없었다. 서두에서 말한 상냥한 목소리 정중한 인사(soft voice deep bow)는 무의식간에 몸에 지니게 된 기본 틀 이기도 하다. 흔히 일본문화를 논 할 때 지단(示談)259), 네마와시(根回し)260), 안지(暗示, 암시)같은 용어가 있다.

예를 들어 미국에 있어서의 변호사와 일반인과의 인구 비율는 1:800인데 비해 일본의 경우는 1:10,000인 것을 보아도 쉽게 짐작이 간다. 결과적으로 「후레아이(触れ合い, 상호접촉)」,「요리아

---

257) 번국의 중심도시.
258) 오늘날 싸구려 연립주택 같은 주위 환경. 나가야의 인구밀도는 300평에 100명 정도였다고 한다.
259) 법에 호소하여 시비를 가리기보다 원로나 선배의 의견을 존중하는 관례.
260) 나무를 옮겨심기 전에 먼저 뿌리 둘레를 정리하여 두었다가 다음 해 이식하는 이식 준비 기술로서 곧 사회생활에 있어서의 사전 양해와 같은 것.

이(寄り合い, 상호모임)」, 「하다아이(肌合い, 기질, 기풍)」 같은 감성이나 정감 위주의 문화가 형성되었던 것이다. 이와 같은 발상은 아시아 사회에 있어서 어느 정도 공통적 저변을 이루고 있다고도 할 수 있다. 보는 이의 관점에 따라서 이것을 본능적 도덕관(Instinct Moralogy)이라 지칭하고 결과적으로 인간관계에 있어서 분위기 같은 것이 강조되는 나머지 보편적 도덕관이 결여되었다고 지적하기도 한다.

　매일 얼굴을 마주치면서 살아가야 하는 이웃 간에 있어서 '남과 더불어, 그리고 비슷하게 살아야 한다'는 마음이 항상 앞서는 것이다. 히토나미니이키루(人並に生きる, 남과 더불어 살아간다)라는 병렬적 또는 더불어(Nebeneinander)정신이 사회생활 모든 분야에 있어서 저변에 깔려 있으니 사람들은 그것을 의식하여 조심조심 살아 나가야 한다는 습성을 키웠던 것이다.

　일본 문화의 특징에서 항상 거론되는 다테마에(建前)[261], 혼네(本音)[262]라는 상호 길항적 생활 감정의 형성도 좁은 공간에서 서로 맞닿는 하루하루를 매일 매일을 슬기롭고 순조롭게 살아 넘기기 위한 일종의 생활력이라 할 수 있다. 그도 그럴 것이 사회적 동물로서의 인간이 살아 나가는데 있어서 무대와 무대 뒤의 구별 없이 살아가는 국민은 없겠지만 일본사회에 있어서는 다테마에와 혼네가 씨줄 날줄과 같이 재치 있게 어울려 잘 기능

---

261) 겉으로 들어나는 모습, 명분, 외양, 뼈대, 기본, 원칙 같은 뜻을 가지고 있음.
262) 속마음 또는 진실.

하고 있는 것이다.

할복자살해서 세상을 놀라게 한 유명작가 미시마 유키오(三島由紀夫)가 일본 헌법 제 '9조 2항'을 지적하고 자위대의 무기력함을 통박한 것은 혼네로서 시기상조의 망언이 되었고, 역시 오늘날 도쿄도의 도지사이며 작가인 이시하라 신타로(石原慎太郞)와 소니(sony)기업의 창립자인 모리타(森田)가 공동 집필한 'NO라고 할 수 있는 일본인'은 역시 그들의 혼네로서 시기가 적절한 발언이라고 할 수 있다. 이와 같이 일본인의 다테마에와 혼네는 시의(時宜)를 얻고 있는지, 그렇지 않은지에 따라 때로는 찬사를 때로는 비난을 받게 마련인 것이다.

만약 지금쯤 상기 미시마의 발언이 나왔다면 찬사의 대상이 되었을 것이다. 가끔 일본 정치인들이 인기 몰이를 꾀하여 혼네를 빙산의 일각처럼 비추었다가 주위 국가들로부터 비난이 쏟아져 나오면 흡사 장애물을 의식한 달팽이 촉각처럼 재빠르게 수축시켜 버리는 경우를 우리들은 빈번하게 경험하고 있다. 이와 같은 사회에 있어서는 상호 마찰에 의한 심적 훼손도를 최대한 줄이기 위하여 신축성이 있는 사고, 곧 애매한 구역을 필요로 하며, 흑백으로 석연히 갈라놓는 것을 꺼리고 싫어한다. 이 점에 있어서 일제(日帝)시대 항간에 유포되었던 속된 일본인관 즉, '일본인들은 앗싸리(あっさり)[263]하다'라는 설명은 수정되어야 할 것이다.

그리고, 일본경찰의 파출소 제도에 대해서 생각해 보기로 하

---

263) 담백하고 깔끔하다는 뜻.

자. 일본에서는 파출소를 고반(交番)으로 부르고 있다. 한국 파출소제도 역시 그들이 남기고 간 것이라고 할 수 있다. 경찰관은 법264)을 지키게 하는 사법, 관리관 이전에 문자 그대로 '민중의 지팡이'로 시민들의 일상생활상의 불편을 성심 성의껏 덜어주는 '봉사자', 때로는 '사건 중재인'이라는 몫을 맡고 있다. 일본 파출소제도는 그들에게 주어진 몫을 잘 수행하고 있는 예라고 할 수 있다. 물론 시민 구성원의 내용이야 다르겠지만, 1980년도 인구 10만에 대한 미국의 살인 사건은 10.2명인데 비해, 일본의 경우는 1.4명으로 기록되어 있다. 절도의 경우 같은 10만 명에 대해서 일본은 1.9건, 미국은 234.5건으로 되어 있다. 파출소 제도와 함께 일본경찰관들의 치안 원칙이 사법원칙보다 계도 원칙에 두고 있다는 것도 감안해야 할 것이다. 일본에서 일반 경찰관과 파출소 근무 경찰관은 같은 경찰관이면서도 그가 수행하는 직무나 마음가짐은 전혀 다르다.

　파출소 근무 경찰은 통상적으로 배치지역에서 장기 근무하는 경우가 많아 그 관내 주민의 생활 전반을 주지하고 있으며 지역과의 친밀감이 직무 수행에 크게 활용되고 있어 일종의 지역 카운슬러의 역할을 잘하고 있다. 동남아 여러 나라 혹은 남미 같은 데서 이 제도를 받아들이고 있는 곳이 있지만 어떤 열매를 맺을지는 아직 미지수이다.

---

264) '평화헌법'이라는 속칭이 9조 2항에서 만들어졌는데 일체의 '전력'을 용납하지 않는다는 취지로 규정되어 있다.

22

게이코와 가타

우선 「게이코(稽古)」라는 낱말 자체가 대부분의 독자에게는 생소할 것이다. 계(稽)는 중국의 가장 오래된 경전인 서경(書經)에서 나오는 말로서 옛날 것을 생각한다는 뜻으로 상고(尙古)정신을 의미한다. 사전에만 실려 있고 거의 사라진 이 게이코는 '옛날 것을 배운다.'는 것으로 옛날 명인이나 대가들이 만들어 놓은 일정한 가타(型, form)를 본받아 배운다는 뜻으로 서도에서 말하자면 이름난 명필의 서체, 운필법을 있는 그대로 본받는다는 것이다.

상대적으로 한국의 경우는 거의 사용하지 않고 있으며, 최근 가장 많이 쓰이는 일상용어로서 레슨(Lesson)을 받는다는 뜻으로 쓰이고 있다. 예를 들어 '피아노레슨을 받는다.', '영어 회화 레슨을 받는다.' 등에 이어 '과외수업을 받을 때'도 쓰인다. 일본에 있어서도 같은 뜻으로 '게이코를 받는다.'라고 쓰이는데 주로 기술이 필요한 예능계의 학습을 받을 때에 많이 쓰인다. 주산이나 악기연주법, 꽃꽂이, 다도 같은 것을 배운다는 뜻으로 '게이코를 받는다.'라고 표현한다.

일본사회에 있어서 게이코는 시각에 따라 아주 보수적이면서 후진적으로 느껴지지만 아주 큰 비중을 차지하고 있다. 선인들이 만들어 놓은 가타(型)에 얼마나 접근되어 있느냐에 따라 학습자의 성취도가 매겨지는 것이다. 이 게이코 정신이나 학습방법은 학습자의 개성을 발휘하는데 지장을 초래할 수도 있다. 따라서 일본이란 문화 풍토에서는 미국 뉴욕의 소호(SOHO)[265] 같이 파격적으로 신인들이 활개를 칠 수 있는 터전은 못된다.

끊임없는 파괴와 재생이 요청되는 예술창조 영역에서도 일본과 같은 풍토에서는 가타를 무시하면, 곧 설 자리를 잃어버리는 것이 일본 게이코 문화의 특징이라 할 수 있다. 그래서 많은 일본의 전위적 예술 사상가들이 일본을 떠나 미국을 찾는다. 현재 미국에 상주하면서 예술 활동을 하는 사람을 1,500명 정도로 추산하고 있다. 이와 같은 현상은 첨단 과학 분야에 있어서도 예외는 아니다. 노벨 수상자인 에사키 레오나(江崎玲於奈)나, 같은 노벨상 수상자 도네가와 스스무(利根川進)도 일본을 떠나 미국에서 자기 뜻을 이룩한 사람들이다.

어떻게 보면 가타(型)는 선대 명인들이나 달인들이 만들어 놓

---

265) 뉴욕시의 맨해튼(Manhattan) 남부의 지구로써 패션(fashion), 전위예술의 중심지.

은 기본 틀이라고 말할 수 있다. 건물에 비유하면 토대 같은 것이다. 이것을 잘못 이해하고 기본골조라고 하면 가타의 뜻이 많이 달라진다. 토대라고 이해하면, 그 토대위에 짓는 건물은 무한정이 되겠지만, 기본골조라 하면 이미 건물의 모양이 제한을 받는다. 한쪽에서 이 가타를 토대라고 주장하고 다른 한쪽에서는 기본골조라고 하는 것이 오늘날의 풍조가 되어 있다. 토대라고 하는 뜻은 문자 그대로 집터 같은 것으로 집터를 단단히 다져두어야 어떠한 고층건물도 지을 수 있다는 것이 전자의 주장이다. 학문으로 말하면 수학에 있어서 구구단이나 기본정리 같은 것이고, 언어영역 같으면 정확한 어휘의 암기나 논리성 같은 것이다. 이 가타가 잘 다져져야, 후속적으로 창조의 힘이 샘솟는다는 것이다.

반면, 실질적으로 이 가타의 습득에 주력하는 나머지 모방력만 키워지고 창조력은 감퇴된다는 것이 곧 후자의 주장이다. 수학에 있어서 구구단 같은 것을 생각할 때, 가타는 누구에게나 통용되는 프로그램 같은 것이라고 보면 된다. 가타(型)를 기(技)화해서 앞으로 나아간다는 뜻이다. 생각해보면 일본열도는 역사적으로 강력한 문화력을 가진 중원문화(中原文化)266)와 알맞은 완충대로서 바다를 사이에 두고 위치하고 있어 언제나 대량의 기성문물이 파상적으로 유입되었던 것이다.

결국 일본열도의 주민들은 독창을 위한 골몰보다 무한정 유입

---

266) 중국대륙에서 만들어지는 문화.

되는 외래문물을 그들의 기호에 맞추어, 리디자인(redesign)하여 활용하였던 것이다. 좀 더 쓰기 편하게, 좀 더 쓰기 편하게, 좀 더 그들의 심미안(審美眼)에 걸맞게 개칠(改漆)했던 것이다. '일본인은 맹목적 모방자(copy cat)이다'라고 하는 수치스러운 말을 듣게 되었다. 그러나 일본인들의 디자인 감각은 가타의 추구와 모방의 습벽에서 파생한 또 하나의 창조가 되고 있는 것이 오늘날의 추세이다. 리 디자인에 대한 부가가치가 창조에서 얻어내는 가치보다 더 많은 이익을 가져온다는 사실을 전후 일본 경제의 기적에서 찾아볼 수 있다.

〈그림-16〉 게이코

23
의장력

　일본은 예술대국은 못되나 공예대국이란 호칭은 받을 자격이 있다. 예술은 미를 창작하는 기반을 제공하지만 우리 생활에 직접적인 영향을 미치지 못한다. 물론 예술에 대한 충분한 지식이나 선천적으로 예술적 감성을 타고 난 사람들은 예외가 되겠지만, 대부분의 서민들은 피카소의 그림과 초등학생이 그린 그림을 분간하지 못할 정도이다. 그런 서민에게 피카소의 소품을 벽에 걸어둔다고 해서 마음의 희열을 느끼지는 못할 것이다. 또한 주부의 마음을 더욱 즐겁게 하는 것은 이제 막 백화점에서 구매하여 진열장 안에 진열해 둔 본차이나

〈그림-17〉 아카이토오도시요로이(赤絲縅鎧)

의 예쁜 응접세트에 만족할 것이다. 공예란 곧 이런 것이다. 누구나가 그것을 아름답다고 느낄 수 있고, 또 실제로 매일 매일 사용하는 것들이다. '용(用)의 미(美)'라고 하면 좀 어려운 표현이 되겠지만 보기에도 아름답게 느껴지고 또 요긴하게 쓰이는 생활필수품이 지니고 있는 예술성 및 실용성이 곧 공예품의 미라고 할 수 있다.

　예술품은 천재들의 감성으로 돌연히 분출할 수도 있겠으나 공예품은 장인(匠人)267)들이 긴 세월동안 노작하는 과정에서 심(心)·기(技)가 일체(一体)가 되어서 만들어지는 물건들이다. 이렇게 볼 때 가장 많은 장인들을 가지고 있는 일본은 예술대국은 못되나 공예대국의 영예는 누릴 자격이 있다. 공예품에 있어서 그 장식의 꾸밈새를 고시라에(拵え, 장식의 꾸밈새)라고 하는데 그 세련미는 극에 달하고 있다. 일본의 중세(中世)는 전란의 연속이었다. 따라서 무구(武具)의 수요는 늘어나고, 그 기능적 개발과 병행하여 디자인적, 고시라에적 측면에서도 크게 발달하였다.

　「니혼토(日本刀)」268)의 경우 그 예리함에 있어서 세계적 명성을 얻고 있지만, 그 고시라에의 희한함에 더 놀라지 않을 수 없다. 더욱이 무사들이 싸움터에서 착용한 갑옷이나 투구의 모양과 장식을 볼 때 화사미(華奢美)를 넘어 요염미(妖艶美)마저 품기는 것이다. 싸움터에 임하는 전사의 무장이란 느낌보다, 노가쿠

---

267) 물건을 만드는 일을 업으로 삼는 사람.
268) 무사들의 호신용 또는 공격용 큰 칼.

(能楽) 무대 위에 서는 시테(して, 주연기자)의 의상 같은 화려함을 보여준다.

일본도처의 신사(神社)나 역사박물관에서 볼 수 있는 갑옷인, 아카이토오도시요로이(赤絲縅鎧)269)나 구로이토오도시요로이(黒絲縅鎧)270), 일본도, 창 등을 대할 때 그 정교한 모양은 말할 것도 없고, 세련된 꽃, 새의 장식의장들은 무구가 아니라 공예품으로서의 가치를 충분히 지니고 있다. 그리고 이 인간 살상용 무구에 쓰이는 의장, 장식의 소재로서 얼핏 볼 때 전혀 걸맞지 않은 섬세한 가을철의 풀꽃이 소재로 많이 사용되고 있다. 이와 같은 정교로운 의장 취향은 비단 무구나 생활용품에서뿐만 아니라 일본요리에서도 잘 발휘되고 있다.

일본요리는 입으로 먹기보다 눈으로 먹는다는 항간의 익살스러운 이언과 함께 일본 요리사들이 내놓는 생선회의 모리아와세(盛合せ, 모듬회) 같은 것도 그들의 공예취향을 엿보게 한다. 일본의 도시락으로 대표되는 마쿠노우치(幕の内)271)를 미술사가의 한 사람인 아오키 시게루(青木茂)의 마쿠노우치벤토(幕の弁当)의 내용묘사를 통해서 살펴보자.

전체의 1/3 정도의 백미, 자그마한 우메보시(梅干)272), 그 주위

---

269) 편철조각을 붉은 실로서 꿰어 얽은 갑옷.
270) 검은 실로 꿰어 얽은 갑옷.
271) 차림새가 아주 다채롭고 정교한 도시락.
272) 매실을 소금과 소엽(蘇葉)으로 절인 것.

에는 깨가 뿌려져 있다. 남은 2/3는 다섯 칸으로 나누어져 있고, 각각 메추리알, 새우, 구운 연어조각, 해조류와 콩, 간모도키(雁擬)[273], 박속나물 말린 것으로 하나하나 싸 감은 다시마, 육단자, 무와 당근을 하룻밤 소금에 절인 것, 좀 싱거운 맛이 나는 간장, 이밖에도 이름을 알 수 없는 온갖 음식들이 아주 예쁘장하게 채워져 있다. 그리고 먹을 수 없는 것으로는 손을 닦기 위한 종이로 된 물수건과 이쑤시개가 첨가되어 있다. 이것이 도쿄 역 신칸센(新幹線) 입구에서 팔고 있는 오늘 5월 26일 다섯 시에 만든 다케바(竹葉)라고 이름 지어진 도시락 내용이다.

위의 내용에서 우리에게 쉽게 떠오르는 것은 오늘날 한국의 관혼상제나 야유회에서 준비하는 주문 도시락의 정경(情景)일 것이다. 일본에서 건너온 것이라는 것을 암시한다. 그리고 일본의 의상문화 특히 여인들이 명절날에 입는 기모노(着物)의 과잉장식도 빠트릴 수 없다. 누가 보아도 일본 기모노는 몸을 위한 옷이 아니라 옷을 위한 몸이란 것을 느끼게 한다. 몸은 오로지 화사하게 수놓은 사치스런 옷감을 전시하는 옷걸이 구실 격이 되어버릴 정도이다. 결과적으로 이 기모노는 몸에 맞춘 재단(裁斷)이란 의식은 없고 전문 기쓰케시(着附師)[274]에 의해서 몸에 감아 붙이는 것이다. 이 기모노를 입고서 하루를 생활한다고 할 때 생겨나는 온갖 부수적인 불편을 상상해 보는 것도 흥미로울 것이다.

---

273) 유부의 한 가지. 두부에 당근, 우엉, 홍당무, 은행 등을 넣어 기름으로 튀긴 것.
274) 기모노를 입혀주는 것을 직업으로 하는 전문인.

24

식물과 의장

　일본인의 의장취향(意匠趣向)은 일본문자 가나(假名)의 디자인까지 소급(遡及)할 수 있다. 한반도의 고대 삼국은 일본열도에 꾸준한 문화전달자로서 지도적 역할을 하였다는 것을 감안할 때, 우리들이 중국에서 문자를 빌려와 잠시 활용한 이두법이 일본에 전수된 것 같다. 우리는 그 후 이두식 차음(借音)이나, 차의(借意)의 창의적 적응방법을 쓰지 않게 되었지만, 일본에서는 그 방법을 고수하고 특히 그 문자의 디자인에 주력해서 결국은 그들이 지금 쓰는 가타카나(片仮名), 히라가나(平仮名)를 만들어내게 된다.

　한자(漢字) → 만요가나(萬葉仮名) → 구사가나(草仮名) → 히라가나(平仮名)275)로 개량되어 가는 과정이 일본인들의 일반적인 외래문화 수용의 공식과도 같다. 수입된 외래문물을 차츰차츰, 보다 편리하게, 보다 간편한 방식으로 부가가치 해 나가는 과정

---

275) 女手라고도 기록하고 여자들의 전용처럼 되었음.

을 보여주는 것이다. 오늘날 일본문자로 정착된 가타카나는 한자의 복잡성을 개량해서 그 변(邊)276), 방(旁)277), 머리(冠)278) 등만으로 차음하였으며, 가타카나라는 이름 그대로 쪽 글자이다. 지금은 주로 외래어를 표기할 때나 강조할 때 주로 쓰인다. 히라가나는 일반적인 일본 글자를 대표하며, 이것은 중국 동진의 명필 왕의지(王羲之)의 초서체를 리디자인 한 것이다. 당시로서는 필기도구가 모필이며, 이 모필은 필자의 의식이나 감정의 흐름이 가장 민감하게 나타날 수 있는 것이다. 모필체의 미(美), 추(醜)는 균형, 대비(對比), 조화, 묵색, 윤(潤), 갈(渴) 등에 의해서 결정되며, 이것은 곧 어떤 대상을 의장하는데 필요한 시각들이라 할 수 있다. 초서체에서「히라가나」체가 다듬어지는 과정에서 상기 제 조건들이 아주 잘 적용되었다는 것은 당대 히라가나 명필가의 작품을 보면 쉽게 알 수 있다.

  그렇다면 이와 같은 흐름형 미의식의 원형은 어디에서 찾을 것인가? 미술사가(美術史家)인 미나모토 도요무네(源豊宗)는 그의 논문「일본미술에 있어서의 최초의 표현」에서 일본미술의 흐름을 만요슈(万葉集), 겐지모노가타리(源氏物語) 등을 통하여, 그 정신사 속에 '추초(秋草)의 미(美)'를 일본미술의 전통으로 손꼽고 있다. 특히 오가타 고린(尾形光琳)의 '추초병풍(秋草屛風)'이나 흰

---

276) 한자의 왼쪽에 붙는 부수, 예를 들면 亻, 辶, 扌…… 같은 것.
277) 한자의 오른쪽에 붙는 부수, 이를테면 刂, 攵…… 등.
278) 한자의 위쪽에 붙은 부분, 즉 宀, 竹…… 등.

바탕에 가을 풀 무늬의 금박소매 같은 것을 볼 때 그것이 도요무네의 독단적 이미지의 결론이 아니라는 것을 알 수 있다. 여하튼 일본문화의 저변에 식물군이 소재로서 뿌리를 내리고 있다는 사실은 일본의 문화의 특징을 말해주는 한 단면이다.

만요슈 4,500여 수의 장·단가 중에 읊어지고 있는 식물류는 초본 78여 종, 목본 79여 종에 달하고 있다. 서기 7~8세기경의 가인(歌人)들이 160여 종의 식물류를 변별해서 그들의 서정가 소재로서 원용하거나 때로는 은유(Metaphor)로서 서정 소재로 차용하였다는 것은 놀라지 않을 수 없다. 만요 시대보다 훨씬 후기에 속하는 조선조 전기에 걸쳐서 우리 시조집에 등장하는 식물들을 살펴보았다. 물론 가수(歌數)에 있어서 앞의 만요슈의 절반에 불과하지만 81여 종에 지나지 않는다. 이 점에 대해서는 미국의 저명한 일본문학 연구가인 사이덴스티커(Seidensticker E.C)*74) 도 다음과 같이 지적하고 있다.

> "아주 고대에 있어서는 어떤 유형화된 식물들이 제시되었으나, 적어도 12세기 이후로 일본사람이 그린 그림에서 식물명을 알 수 없는 것이 없으며, 모든 식물이 변별되고 있다.

여기에서 사이덴스티커가 지적하듯 실물들을 그 유형화적(類型化的) 개념에서가 아니고 종류별 개념에서 포착하고 있다는 것은 대단히 시사적이라고 할 수 있다. 정교한 사실의 과정을 겪어야만 완숙된 의장미가 발현된다는 것은 오가타 고린(尾形光琳)의

'추초병풍화(秋草屏風畵)'나, 의장예술의 완벽성을 보여주는 홍매(紅梅), 백매도병품(白梅圖屛風) 앞에 서면 쉽게 이해 가는 것이다. 의장(意匠)이란 흔히 우리가 알고 있듯이 소박한 뜻으로서의 무늬화가 아니고, 있는 그대로의 사실에서 그 특질을 잃지 않고 가능한 최후의 단계까지 군살을 긁어 간소화하는 작업이라고 할 수 있다. 그런 뜻에서 의장미는 곧 고담미와 이어지며, 그 예로서 일본 다도의 다실 의장은 건축 예술에 있어서의 의장 미학의 걸작품이라 할 수 있는 것이다. 곧 가쓰라이궁(桂離宮)은 동조궁(東照宮)이 몸에 붙이고 있는 군살을 긁어낼 수 있을 때까지 긁어낸 마지막 의장 산물이라 할 수 있는 것이다.

그 때문에 가쓰라이궁의 구석구석에는 동조궁의 '우아・호사함'을 극도로 자기료해(自己了解)한 '화려한 간결(簡潔)', '우아한 고담미'가 내장되게 되는 것이다. 결국 일본의 의장 미학은「와비(わび)」,「사비(さび)」적 미의식의 소산이라고 할 수 있는 것이다. 최소한의 장식으로 최대한의 장식미를 불러일으키고자하는 과감한 도전이기도 하다. 와비차(侘茶)의 미학이 추구하는 것과 의장미학은 여기서 서로 손을 잡게 되는 것이다.

이와 같이 일본인 미의식의 원형이 식물과 관계가 있다는 것은 일본 문화의 본질을 고찰할 때 중요한 디딤돌이 된다. 그렇다면 고대로부터 일본인들이 식물들과 깊은 인연을 맺게 된 것은 그 원인을 어디에서 찾아야 하겠는가? 그 풍토적 특징이 가장 큰 이유가 될 것 같다. 도요아시하라(豊葦原)라고 표현되는 나니와(難波)279), 나라(奈良)를 둘러싸고 있는 오사카 평야의 풍성하고 다채로운 식물상(植物相)은 자연히 그 속에서 생활하고 있던 한가로운 귀족층 즉 궁정인 들의 벗이 되었으며, 시가나 문장의 소재로서 쉽게 원용되게 되었을 것이다. 12세기부터는 거의 어떤 그림 속의 식물도 유형화된 '식물 일반'이 아니라 그 식물의 종류가 분명히 변별된 그림만을 그리게 되었다는 것이다. 친근감이 깊어질수록 서로의 신원을 확실히 알 수 있게 되고, 성씨(姓氏)에서 이름으로 호칭되게 되는 것과 흡사하다고 할 것이다. 기식물진사(寄植物陳思)280)의 발상이나 습관은 그들 시가작품 속에서 정확히 표현되고 있다.

道の辺の尾花が下の思草今さらになぞ物か念はむ
(길가 억새풀 포기에 붙어사는 오모이구사(思草)같은 내가, 지금 새삼스레 무슨 다른 생각을 하겠습니까?)
- 萬葉集 2270 -

여기에서 오모이구사는 억새풀에 기생하는 풀꽃으로 억새풀과 오모이구사는 숙주와 기생식물의 관계이며, 이 단가의 작자는 자신을 기생식물인 오모이구사에 비유하고, 억새풀(사랑하는 사람)에 전 생명을 걸고 살아오는데 지금 와서 무슨 다른 생각을 내가 하겠습니까? 하면서 자기의 일편단심을 펴내고 있다. 억새

---

279) 오늘날 오사카 지방.
280) 식물에 비유하여 자기의 생각을 펴내는 것.

풀과 오모이구사의 생태상을 정확하게 관찰하지 않고는 읊을 수 없는 시가이다.

あきののにさきたる花をおよびをりかきかぞふれば七種の花
(가을 들판에 핀 꽃을 손꼽아 헤아려보니 일곱 가지 꽃) 1)

芽が花、尾花葛花瞿麦の花をみなへしまた藤袴朝顔の花
(싸리꽃, 억새꽃, 칡꽃, 패랭이꽃, 마타리꽃, 등골나물, 그리고 도라지꽃) 2)

-万葉集 1538, 1537에서 -

위의 1), 2)는 모두 야마노우에 오쿠라(山上億良)가 읊은 추초이제(秋草二題)이다. 가을들판에 피는 꽃 일곱 가지를 즉흥적으로 열거하고 있을 따름이다. 그리고 이 일곱 가지 풀이 곧 가을들판을 장식하는 대표적인 꽃들이며 고대 만요시대의 헤이안귀족들의 취미를 알아보는 데 적지 않은 암시를 주고 있다. 시가의 세시기에서「하나노(花野, 꽃들판)」라고 하면 반드시 가을들판을 가리킨다는 것도 이때부터이다. 위의 일곱 가지 풀꽃들이 지니고 있는 섬세한 잎과 줄기의 곡선들은 오늘날 일본인들의 미적 감수성을 키워온 기본선(基本線)들인 것 같다. 일본 각 유파의 꽃꽂이 이념에서 가장 중시하는 선들이 여기에 있는 것이다.

중국 궁정(宮廷)인들이 좋아하던 풍요로운 모란꽃의 중량감이나 고호의 해바라기에서 느끼는 정열적 역동감은 찾아볼 수가 없다. 물 흐르듯, 혹은 가을 산들바람에 하늘거리는 가을 들판의 모습과 일본 히라가나 문자의 의장을 연관시키는 것은 큰 무리가 없을 것이다. 일반적으로 한시문(漢詩文)에서 등장하는 '추초'란 어휘는 어디까지나 폐허의 상징으로, 혹은 무상, 유위전변(有爲轉變)의 길잡이로 쓰이지만 일본문학의 마쿠라노소시(枕草子)에 있어서는 그것과 대조적 역할을 하는데, 다음 내용은 그것을 말해 준다.

"풀꽃이라 하면 패랭이꽃. 당나라 것은 더욱 더 좋다. 일본 것도 대단히 좋다. 마타리꽃, 도라지꽃, 나팔꽃, 억새, 국화, 제비꽃, 용담꽃은 꽃꽂이를 하기에는 좀 힘이 드나, 다른 꽃들이 모두 서리를 맞고 시들어버렸는데, 이것만 아주 화려한 색으로 피어있으니 매우 정취가 있다.……." 1)

"싸리 꽃, 대단히 색이 짙다. 가냘픈 가지에 핀 꽃들이 아침 이슬에 젖어 하늘하늘 쓰러지듯 뻗어 있는 모습……." 2)

"여기서 만약 억새풀을 넣어주지 않는다면 모두들 이상하게 생각할 것이다. 가을 들판의 정취를 돕는데 억새풀이 제일이다." 3)

위의 1), 2)에서 보는 바와 같이 주로 가을 들풀을 손꼽고 있으며, 만요슈에서 가장 출현 빈도가 높은 싸리꽃에 대해서는 위의 2)와 같이 말하고, 3)의 억새풀을 언급하면서 끝맺고 있다. 세이쇼 나곤의 미의식이 그대로 헤이안궁정인의 그것과 일치되

리라고는 믿어지지 않지만, 이 글 속에서 우리는 헤이안궁정인들이 공유하고 있던 '우아함'이 어떤 것인가를 추리해 볼 수는 있을 것 같다. 「하나노(花野)」 즉 가을 들꽃들이 분주하게 피어 있는 화려한 풍경과 가을바람으로 흐느적거리는 줄기들의 난무에서 「히라가나(ひらがな)」 자형을 찾아낼 수 있을 것만 같고, 이것은 다시 일본인 특유의 의장 미학의 원풍경으로 자라났을 것이다.

서두에서 언급한 바와 같이 일본 문화의 특징으로서 '합의 즉 공감대의 형성을 중시(重視)하는 것을 의장화 지향의 일본문화와 연계시켜 고찰해 보는 것도 의의가 있을 것이다. 걷잡을 수 없이 분방한 자연생태적 소재(自然生態的 素材)를 간결하고 아름답게 의장화(意匠化)하는 일본문화의 특징은 쓰노다 타다노부(角田忠信)*75)의 연구 결과에서 찾아볼 수 있는데 그는 즉 그에 의하면, 일본문화의 특징을 설명하는 요소로서 일본어의 특징을 지적하고, 일본어의 모음이 음운의 지각면에서 큰 비중을 차지하고 있다. 뿐만 아니라 일본어 낱말 중에는 모음단독어가 많다는 것을 지적하면서 의미 변별에 모음이 크게 관여하는 관계로, 모음의 의미 변별 관여가 약한 영어·불어계와는 대조적이라고 한다.

그러므로 모음의 스펙트럼(spectrum) 구조와 아주 비슷한 모음 이외의 정동(情動)적 소리, 모음 이외의 많은 자연음은 언어뇌(좌뇌) 우위가 된다고 한다. 그러나 서구어계를 모국어로 할 때, 지속모음, 정동적 소리, 그 외의 자연음의 대부분이 비언어뇌 우위가 되고, 그에 따라 비언어뇌(우뇌)가 정동(情動)에 관여하게 된다는 것이다. 이처럼 일본인은 정서적 자극에 의해서 언어반구가 활성화되어, 뇌의 우위성의 패턴(Pattern)이 변화된다는 것이다. 이처럼 정동(情動)기능과 언어기능이 서로 연계되어 있다는 것은 일본문화의 특징을 설명하는 데 많은 암시를 던져주고 있다. 일본인의 정서성, 비논리성 같은 것과 함께 일본인들의 코드(code)화 내지는 의장화 선호를 이해할 수 있다. 일본인들의 모순공존적(ambivalent) 사고형, 즉 '발산적(發散的) 사고(divergent thinking)'와 '수속적(收束的) 사고(convergent thinking)'의 공존 유래를 암시하게 한다. 일본어에서 쓰이는 그 많은 의태어, 의성어의 발달은 자연현상의 언어적 코드화 내지는 의장화라고 할 수 있다.

여기서 『일본인의 뇌』에서 밝힌 '정신구조 모음설'의 시각에서 언어뇌 우위민족 곧 자연음을 좌뇌에서 처리하려고 하는 일본어 상용민족의 문화적 특징이 정의 지워진다. 즉 정동기능과 언어기능이 밀착되어 있음으로써 '일본적 정서',「아마에(甘え, 어리광)」의 심정, '비논리성에 대한 저항 없는 수용', '흑백 또는 양단적 선분석보다 경향적 면분석', '정량분석보다 정성분석적 사고', '애매성의 수용'같은 것이 쉽게 머릿속에 떠오른다. 이와 같은 이율배반성의 공생이 별다른 마찰 없이 이루어진다는 것도 역시 적지 않게 쓰노다(角田)의 『일본인의 뇌』와 관계 지을 수 있다.

정보로서의 자연을 쉽게 코드화 내지는 의장화하니, 결과적으로 일본인들의 공감대는 쉽게 넓혀질 수 있고, 우향우, 좌향좌의 문화 감각적 행렬화가 쉽게 형성될 수 있는 것이다. 발산적 사고를 요하는 현대 미술에 있어서는 크게 각광받는 작가를 배출하지 못하면서도 의상 디자인이나 가전제품, 기타 건축분야에 있어서 비교적 많은 유명인을 배출하고 있는 것도 이것과 무관하다고는 할 수는 없다.

생각해 보면, 디자인이다, 의장이다 하는 것은 어떤 현상이나 사물에 있어서 가장 넓은 공감대를 유발시킬 수 있는 공통분모를 그려내는 작업이라고도 할 수 있다. 여기서 우리는 시선을 돌려 '풍경의 의장화'에 독보적 발자취를 남긴 「가쓰시카 호쿠사이(葛飾北斎)」*76)의 「후가쿠36케이(富嶽36景)」를 빠뜨릴 수 없다. 이것은 일본국의 상징적 명산인 후지산을 원·근 각처에서 사생(寫生) 의장화한 판화 46매로 되어있다. 또한 기타가와 우타마로(喜多川歌麿)의 미인화나, 야쿠샤(役者)281)화는 일본「우키요에(浮世絵)」란 독특한 의장화 인물화로서 서양 인상파 화풍에까지 적지 않은 영향을 주었던 것이다.

어떤 사회 평론가는 일본의「스모(相撲)」를 '움직이는 분재'라고 표현하고 있지만 이 스모뿐만 아니라 다도에 있어서의 까다로운 다의식, 가부키에 있어서의 '미에(見え)282)' 같은 것도 긴 세월을 통하여 연마된 일거수일투족의 '의장화'가 만들어낸 예술이라고 한다.

---

281) 일본 고유의 노가쿠 또는 가부키 배우.
282) 가부키 연기자가 가장 뽐내는 아름다운 자세.

특히, 일본 국기로 되어 있는 스모는 승부에 앞서 그 형식미(形式美)에 비중을 두며 「시니타이(死に体)」[283]에서 얻은 승리는 아무런 가치가 없다는 신판마저 나온다. 다도에 있어서 점차(点茶)의식은 일상적 신체행동의 디자인이라 할 수 있으며, 코드화된 손놀림 몸놀림이 엄격하게 강요되는 것이다. 즉, 마음과 몸이 기(技)를 통하여 통일시켜 기능성, 합리성, 안정성, 재현성의 공통분모를 얻어 보자는 것이다.

다도나 무술 등에서 가장 비중을 두고 있는 「가타(型)」의 의의도 일종의 의장화 지향에서 얻어진 문화적 산물이라고 할 수 있다. 가타는 어떤 형상이 지속적 반복행위로서 세련 고정된 의장인 것이다. 한 민족의 풍속이란 것은, 그 민족의 생활형을 말하게 되고 그 생활형이란, 고정되고 세련된 민족고유의 '생활의 의장화'라 할 수 있다. 정치인과 지식인들은 '미풍양속'이라는 생활형의 의장을 추구하는 사람이 되어야 한다. 이 가타에의 지나친 집착이 스모뿐만 아니라 검도, 바둑 같은 승부사에서 가끔 역기능으로 작용할 때도 많다. 특히 검술 같은 것은 순간순간 바꾸어지는 긴박한 조건하에서 자기류의 가타를 고집할 수는 없을 것이다.

바둑의 유창혁 8단이 '일본기사는 승부 우선인지 예도(藝道) 우선인지 모르겠다'고 말한 것처럼, 일본에서는 바둑 같은 승부사도 예도화(藝道化)되어 있다. 이것이 바로 이에모토(家元)제도

---

283) 스모용어. 리키시(力士)의 자세가 흩어져 다시 일어나기 불가능한 상태.

이다. 바둑계의 유명한 이에모토 혼인보(本因坊)의 기성(棋聖) 후지자와 히데유키(藤沢秀行)의 지론은 '예를 닦으면 승부는 그 뒤에 따른다.'라고 주장하고 있다.

특히, 도쿠가와막번기(德川幕藩期)의 지도계급으로 군림한 무사들은 그들의 생활전반에 걸쳐 무사계급으로서의 품위를 유지하기 위하여 계급 특유의 생활규범(生活規範)을 의장화 하였던 것이다. 이와 비슷한 현상은 우리들 양반 계급에 있어서도 예외는 아니었지만, 일본의 무사계급의 경우는 더욱 엄격하였던 것 같다. 무사들은 거리를 걸어 다닐 때, 나무그늘에 앉아 있을 때, 혹은 식사할 때, 심지어는 취침할 때까지 무사다운 모습으로 디자인된 가타(型)를 따라야 했던 것 같다. 심지어는 자살행위에 있어서도 무사의 명예로서 셋푸쿠(切腹), 또는 하라기리(腹切)라는 '죽음의 의장화'를 만들어냈던 것이다. 일본에는 종교는 있어도 신앙은 없다고 지적한다. 곧 종교도 일종의 '생활의장'에 불과하다는 뜻이다. 이것은 곧 일본인은 생활 전반을 공예화하여서 살아간다는 것이다.

2000년 5월 1일자 주간 타임(TIME)지는 기즈모 재팬(GIZMO JAPAN)이란 특별 보고서를 표제로 내고 있다. 여기에서 쓰고 있는 기즈모(GIZMO)의 뜻은 노름판이나 카지노에 있어서 트릭이 있는 장치 곧 가제트(GADGET) 같은 뜻을 가지고 있는 것 같다. 깜짝 놀랄 묘안이라고 하면 될 것이다. 일본어로서는 가와이이(可愛い, 귀엽다)로서 그들이 만들어내는 캐릭터의 매력을 표현한다. 그렇지만 디즈니에서 만들어내는 미키마우스(Mickey Mouse)나 도날드덕(Donald Duck) 같은 것이 귀엽기는 하지만, 피카츄(ピカチユウ)나 헬로키티(Hello kitty)의 앙증맞으면서도 귀여운 맛은 없는 것 같다. 일본인들이 키워온 역사적인 디자인의 저력의 결과인 것 같다.

특히 애니메이션 영역에서 독자적인 점유를 하고 있어, 일명 재패니메이션(Japanimation)284)으로 불리는 것도 그 이유는 이와 같은 의장력에서 온 것 같다. 외래문물의 종착지로서 대륙과 해양에서 파상적으로 반입되는 문물을 의장이란 이름으로 부가가치 하여온 과정에서 얻게 된 부산물인 것이다. 프랑스 에펠탑 근처에 11층의 아담한 일본문화회관(1991. 개관)을 지었는데 개관을 축하한 기념전시회의 제목이 '디자인 세기의 현재와 미래'로 되어 있었다. 사실은 디자인은 제2의 창조인 것이다. 태평양 전쟁의 폐허에서 오늘날의 국부를 낳게 한 힘은 미국이나 다른 나라에서 창조한 문물들이 그들 특유의 리디자인에서 나온 것이다. 앞으로의 디자인력은 곧 한 나라의 국력, 국부가 될 것이다. 국민문화총생산(G.N.C, Gross National Cool)*77)이란 말이 등장할 정도이다. 물론 국민총생산(G.N.P, Gross National Product)에 비유한 말로서 한 국가의 총 멋으로 'Cool' 대신에 'Cute'를 넣어도 좋을 것이다.

---

284) 일본에서는 '아니메'(Anime)라고 불린다. 일본(Japan)과 애니메(Animation)이 만나 이루어진 신조어다.

일본인과 식물

이미 인용한 바 있는 블라슈의 "일본인들은 꽃들이 활짝 핀 초원으로 덮인 산중턱에서 땅 속에 갈아 넣을 비료와 그리고 신미적인 쾌락, 예술의 한 원천을 구하는 일밖에 생각하지 않았던 것 같다"에서 살펴본 바와 같이 그들 서구인들의 눈에는 일본인들의 풀과 꽃에 대한 지나치게 친화 관계에 당황한 것 같다. 각 민족마다 색명(色名)을 주로 동물, 식물, 광물 등에서 따오는데 아래의 〈표-4〉는 일본인과 영국인의 색명을 비교한 것이다.

〈표-4〉 일본인과 영국인의 색명 비교

		색차	색조	식물	동물	광물	천연	인명	지명	음식물	기구	의복	민족	기타	합
일본인	名	11	29	89	29	26	5	10	9	9	4	4		27	251
	%	4	12	35	11	10	2	4	4	4	2	2		10	100
영국인	名	11	12	67	31	87	8	7	19	6	10	10	7	9	247
	%	4	5	27	13	34	3	4	8	2	4	4	3	2	100

위의 〈표-4〉의 색차는 색체 자체를 표현하는 추상적인 명칭으로 빨강, 흰, 노랑을 말하며, 색조란 색채의 포화 및 명암의 정도로서 연분홍의 연, 진보라의 진, 새파란의 새가 해당된다. 이 표의 작성자 시로토 반타로(城戶幡太郎)는 "색명 식물명이 매우 많이 인용된다는 것은 일본인은 자연, 식물간의 친화성을 말해준다"고 말하고 있다.

인간을 다미쿠사(民草), 아오히토쿠사(靑人草)로 표현하는 것은 창생(蒼生)과 같은 한자 용례에서도 찾아 볼 수 있으나, 말(言語)을 고토바(言葉)라고 하고, 무사들이 쓰고 입은 무구들에 섬세한 야생초의 디자인이 가자리(飾り, 장식)로서 활용되고 있는 것도 흥미롭다. 아울러 황실 가문이 국화꽃이고, 정부 휘장도 오동나무 꽃으로 되어 있다.

일본이 세계 문학사에서 자랑스럽게 생각하고 있는 대 장편 연애 소설 겐지모노가타리(源氏物語)*78)의 각 첩명이 대다수 식물 이름으로 되어 있는 것도 이채롭다. 일본의 대표적인 재 프랑스 미술작가 이마이 도시미쓰(今井俊滿)의 일본전(日本展)에 문명평론가 하가 도루(芳賀徹)는 '이마이가 지금까지 쌓아온 30년간의 비정형회화(非定型繪畵)를 과감히 버리고 결국 일본의 전통미인 화조풍월(花鳥風月)에 되돌아왔다'라고 논평하고 있다. 야마토에(大和絵)285) 대가들 다와라야 소타치(俵屋宗達)*79), 오가타

---

285) 당풍(唐風) 양식이 일본 국풍화 한 것으로 일본적 정취를 듬뿍 담은 산수, 풍물 그림.

고린(尾形光琳)*80) 등이 그린 화려한 작품 속에서 그것을 찾아낼 수 있다. 거슬러 올라가서 만요슈(万葉集) 4,500여 수의 시가 속에 소재로 등장하는 식물 이름만 해도 목·초본 합쳐서 157여 종에 이른다. 그 당시에 그와 같이 많은 식물들이 변별되어 시가의 소재로 쓰이고 있는 것은 놀랍다.

서구에서 일반적으로 문학작품에서 식물의 대표격으로 인동 넝쿨, 장미, 보리수가 등장되고 한국 문학에서는 주로 모란 부용, 버들이 관용적으로 쓰이는 것과는 거리가 멀다고 할 수 있다. 일본인들이 일찍이 이와 같이 식물과의 친화 관계를 만들게 된 것은 중·고대 일본 문화의 발생·성장의 무대가 되어온 오늘날의 간사이(関西)*81)지역의 식물상(植物相)이 대단히 풍요로웠다는 것과 관계가 깊을 것이다. 세계 최단(最短)의 정형시 하이쿠(俳句)[286])에서 그 17자 안에 반드시 계어(季語)라 하여 세시(歲時) 계절을 알리는 낱말이 들어가야 한다. 물론 대부분이 식물로 되어 있다.

그들에게는 모든 식물이 감흥을 자아내고 또한 식물의 모든 부위가 계절에 따라 자아내는 감흥이 달랐던 것이다. 이와 같이 많은 식물들이 시가(詩歌)제작의 도화선 역할을 하였다는 것은 놀라운 일이다. 꽃, 꽃봉오리, 잎, 줄기, 새싹 모두가 시가 속에 읊어 지고 있다. 그 많은 식물을 변별하여 시가의 소재로 활용하였다는 것은 식물과 사람의 친숙도를 간접적으로 말해 주는 것

---

[286]) 5·7·5·7 문자로 된 엄격한 정형시.

이라 할 수 있다.

오늘날 국화 품종의 뛰어난 것은 대부분 일본에서 개량한 것이 많지만, 사실 국화는 중국에서 일본으로 들어간 귀화 식물인 것이다. 중국에서는 국화가 아주 옛날부터 문·예인들의 사랑을 받고 있었으나, 어디까지나 늦가을 서리 내릴 때 화단을 장식하는 꽃으로 고고한사(孤高寒士)란 관념적인 측면에서 애송되었으나, 일본에 들어온 국화는 호사가들에 의하여 치열한 품종 경쟁 속에 그야말로 천태만상의 변이종들이 선보이게 된다. 국화의 원 공급국인 중국에서는 문학과 예술이라는 관념적 세계에서 뿌리를 내리고 있었으나 일본에서는 실재적으로 땅 속에 뿌리를 내려 원예상의 발전을 보이게 되는 것이다.

어느 민족 없이 야생식물을 재배하여 먹을 것을 얻게 되는 과정에서 원예 취미란 것이 몸에 익혀져 있을 것이나 일본인의 경우는 그 고온 다습한 풍요한 식물환경과 섬이란 안정된 풍토 때문에 더욱 조장된 것 같다.

고흐(Gogh, Vincent Van, 1853~1890)는 동생에게 쓴 편지 중에 "스스로 꽃이 되어 자연 속에 묻혀 사는 일본인들이 우리들에게 가르쳐 주는 것은 종교라고 해야겠지"라고 하고 있다. 일본 땅을 밟아 보지도 않았던 그가 흡사 일본 풍경을 눈앞에 보듯 기술하고 있는 것은 일본에서 입수한 풍경 판화(版畵)의 영향과 함께 그때까지 출판된 일본 여행가들이 쓴 여행기의 영향이라고 추측된다.

특히 가을들은 문인들이 가장 좋아했으며, 문학 작품에 있어서도 하나노(花野, 꽃 들판)이라고 할 때는 봄 들판이 아니고 가을 들판을 가리키는 약속이 있다. 가을에 피는 대표적인 꽃 일곱 가지를 그들은 아키노나나쿠사(秋の七種)287)라 하여 그 일곱 가지 풀이름만으로서 읊은 단가(短歌)가 만요슈(万葉集)에 실려 있다. 일곱 가지 풀들은 그 생김새가 섬세하고 호리호리한 자태를 가지고 있으며, 잎과 줄기의 곡선들은 그대로 오늘날의 일본인의 장식미 감성으로 발전 해 온 흔적을 느낄 수 있다. 일본 꽃꽂이 예술에서 특히 줄기의 선들을 중요시 하는 것도 여기에 있다고 할 수 있다.

고온다습이란 풍토는 비구축성(非構築性) 풍경을 낳게 되고 이와 같은 몽롱한 분위기 속에서 구축의 미를 찾는 화가들이 도달한 미의 극치가 바로 식물체들이 보이는 선들이었다고 할 수 있다. "선은 일본 회화의 구성에 있어서 근본적 요소이며, 다시 말하면, 일본 회화는 곧 선의 예술이라 할 정도로 선의 역할은 큰 것이다"고 하는 미술 평론가도 있다.

불교전래와 함께 들어온 고구려 회화의 강인한 철선 묘법이 일본 풍토 속에서 유연한 풀줄기의 선으로 바꿔진 것 같다. 명필가 왕의지(王羲之)의 초서체를 기틀로 의장화(意匠化)한 일본 히라가나(平仮名)288)의 우아하고 흐르는 듯한 운필법의 창안 또한

---

287) 가을 풀 일곱 가지.
288) 일본에서 통상적으로 쓰이고 있는 글자.

절묘 다양하게 가을바람에 흔들리는 추초들의 줄기 곡선에서 얻어진 선미(線美)의 걸작품이라 할 수 있다. 패랭이꽃, 도라지꽃, 억새풀 등의 줄기와 잎사귀에서 얻어진 영감일지 모른다.

세계 시장에서 호평을 받고 있는 일본 가전제품이나 자동차 디자인들도 이와 같은 섬세한 풀잎에서 그 원형을 찾을 수 있을 것만 같다. 잎사귀 한잎, 한잎, 꽃잎 한 장, 한 장은 말할 것도 없고, 꽃 속의 암술, 수술까지 정교롭게 변별 묘사하는 일본화의 기법이 곧 오늘날의 하이테크(hightech) 산업이나 나노 기술에 이어지고 있는 지는 않을까?

와쓰지 데쓰로(和汁哲郎, 철학자)는 그의 고전적 저서 '풍토(風土)'에서 중국의 거대 건축물들에서는 "섬세하고 오밀조밀한 정교성이 발견되지 않는다. 이 성향을 대표적으로 보여주는 것이 중국의 근대 궁정 건축물들이다. 그것은 거대한 규모를 갖고 웅장한 인상을 주기는 하나 세부는 대단히 조잡하여 볼품이 없다. 다만 원망(遠望)할 때 그 인상만 좋을 따름이다"라고 하였다.

10세기말 헤이안조(平安朝)의 궁중 여인이 쓴 마쿠라노소시(枕草子)*82에서 풀에 대한 한 토막 글 안에 40여 종의 풀이름이 나열되고 있다. 일본어 사전에서 풀이나 꽃을 인용한 복합어를 골라보면 끝없이 이어져 나온다. 예를 들어 구사아와세(草合わせ)[289] 구사노카게(草の陰, 저승, 묘), 구사와케(草分け, 창시 혹은 개척), 하쓰키(葉月, 음력 8월), 하스에(葉末, 자손), 하나구모리(花曇り)[290],

---

[289] 헤이안 시대 단오절 같은 날 온갖 풀 종류를 모아서 그 우열을 다투는 행사.

하나가스미(花霞)291) 하나후부키(花吹雪)292), 하나요메(花嫁, 신부), 하나무코(花婿, 신랑) 등이 있다. 일본 문학에서는 그냥 하나(花, 꽃)라 할 때는 반드시 벚꽃을 가리킨다는 것이 약속처럼 되어 있다. 꽃이나 잎을 인용한 복합어를 한국어 사전에서 살펴보면 그렇지 않다. 일본어의 복합어는 꽃, 잎, 풀 등이 완전히 접두사로 되어 관용어처럼 쓰이는 것이다. 일본 국어 학자 오노 스스무(大野晋)는 일본어 중에 서구의 네이처(nature)에 걸맞는 말이 없다고 지적하면서 그 이유는 고대의 일본인들이 자연을 인간에 대립하는 객체로서 이해하지 않았던 까닭이라고 한다.

유럽인들은 자연이란 객체를 일찍부터 정립시켜서, 인간이 그것에 작용하고 변혁시키고 파손하는 등 적극적으로 재화를 끌어내고 활용했던 것이다. 유럽의 자연은 인간이 도전하기에 크게 부담스럽지 않았던 상대였다는 것도 감안해야 한다. 와쓰지 데쓰로(和辻哲郎)는 그의 저서 『풍토(風土)』에서 사막민의 자연관을 "그것은 은혜스러운 자연의 품에 안기는 태도도 아니고 또 자연을 인간의 노예로서 지배하는 태도도 아니다. 어디까지나 자연에 대해서 인간을 혹은 인공(人工)을 대치시키는 태도인 것이다"라고 설명하고 있으며, 이집트(Egypt)에 대해서는 "이집트의 풍토는 비도 습기도 없는 습윤(濕潤)이다. 다시 말해 건조한 습윤이

---

290) 벚꽃 필 무렵 하늘이 흐리는 현상.
291) 벚꽃이 만발하여 안개 같이 자욱한 경관.
292) 벚꽃이 눈 내리듯 휘날리는 광경.

다. 그러므로 고대 이집트 사람들은 사막에의 대항과 함께 나일 강에의 귀의를 그 구조의 특성으로 하고 있다"라고 분석하고 있다.

상대적으로 일본의 자연은 서두에서 언급한 바와 같이 그 고온 다습에 의한 왕성한 생명력 때문에 인간이 좀처럼 제어할 수 없는 존재였던 것이다. 그렇지만 중동일대의 사막적 풍토처럼 자연이 처음부터 인간과의 타협을 단호히 거부했다는 것도 아니다. 일본인들은 주어진 자연 속에서 때로는 순응하고, 도치하며, 소규모의 저항을 시도하면서 숨바꼭질 하듯이 자연과 상호 거래하는 과정에서 타민족에서 볼 수 없는 자연과의 친밀감을 쌓아 왔던 것이다.

결과적으로 자연스러운 것은 아름답고, 자연스럽지 못한 것은 추악하다는 일본적 미의식의 골격이 만들어 지는 것이다. 그들은 자연을 객체로서 인간과 대치시키는 것을 꺼리며, 자연과의 대립을 가능한 한 피하고 고식적인 타협과 일체감의 환상 속에서 살아온 것이다. 많은 생명과 재산을 앗아간 도쿄 대지진[293]에서도 일본의 지식 지도 계급의 논평은 천견(天譴) 즉, 하늘이 내린 형벌로 치부하려고 하였던 것이다. 자연을 미워하고 원망하는 글은 거의 나오지 않았던 것이다. 결과적으로 일본인은 '자연'이란 객관적 보편 개념을 끝내 확립하지 못하였던 것이다.

---

[293] 1923년 도쿄 일대를 엄습한 직하형 지진, 사망~9만 명, 부상~10만 명, 파괴 소실 가옥~30만 호를 추산하고 있음.

26
무사도의 발생 및 성장

　무사도(武士道)가 일본문화의 속성으로 어느 정도의 기여하고 있는지를 알아본다는 것은 일본문화를 이해하는데 적지 않은 길잡이가 된다고 생각한다. '일본문화'란 개괄적인 표현은 어느 민족국가에 있어서도 비슷한 사정이지만 특히 일본열도의 풍토적 내지는 지형학적 측면을 감안할 때 일본문화란 통괄적 정의 안에는 아주 상반되는 지역적 특색을 지닌 여러 마이크로(Micro) 문화가 많다는 것은 이미 몇 번이나 지적하였다.
　무사도란 한 개의 성문도(成文道)가 있는 것은 물론 아니다. 이것은 어디까지나 무사계급에 있어서의 오키테(掟, 규율)로서 그들이 지켜야 할 행동규범이었다. 그러므로 구전(口傳)이나 몇몇 대표적 무사의 생애를 통하여 모호하지만 윤곽을 그려낼 수 있는 하나의 도덕체계이기도 하다.
　1889년 미국 체재중이던 니토베 이나조(新渡辺稲造)가 『부시도

(Bushido, The soul of Japan)』을 발간하고부터 서구에서 처음으로 관심을 끌게 된다. 그 첫 머리에서 그는 다음과 같이 말하고 있다.

"그것은 아무리 유능하다손 치더라도 한 사람의 두뇌적 산물이 아니고, 또한 아무리 저명한 사람이라고 하더라도 그 한 사람의 생애에 기초 지울 수는 없고 수십 년, 수백 년에 걸친 무사생활의 유기적 발달이다. 도덕사상(道德思想)에 있어서 영국헌법의 지위와 동일할 것이다. 그러면서도 무사도에는 대헌장(Magna Charta, 1215), 또는 인신보호령(The Habeas Corpus Act, 1579)에 비교할 만한 것도 없다."

위의 내용은 부시도의 전반적인 내용의 줄거리를 잘 설명하고 있다. 실제로 무가(武家)의 각종 법령자료를 살펴볼 때 그 속에서 무사들의 도덕체계를 그려낼 만한 것은 미약하다. 대부분이 주종관계(主從關係)를 강화하기 위한 가족법, 신분법, 토지재산보호법, 군사법, 경찰법이다. 이 중 무사도의 근간을 이루는데 이바지하였으리라고 믿어지는 가족법, 신분법의 비중은 상대적으로 아주 제한적이었다. 특히 에도막부의 대표적 법령이라고 할 수 있는 부케쇼핫토(武家諸法度)의 내용도 거성축조(居城築造) 관계, 혼인의 사전승낙, 참근교대(參勤交代)의 의무 등으로 되어있다. 결국 무사도란 것을 성문법에서 찾아낸다는 것은 별다른 의의가 없고, 무사들의 실천생활, 특히 전쟁이란 고도로 절박한 상황 속에서 결실된 한 개의 불문율 속에서 찾아야 할 것이다.

무사도란 한 마디로 전쟁도덕 윤리란 기괴한 표현으로밖에 설명할 수 없는 것이다. 그러나 전쟁이란 그 결과적 측면에서 볼 때, 자연과학적 분야에서는 말할 필요 없고, 인문과학, 사회과학적 측면에서 볼 때도 그 야만적 파괴의 대가를 치를 만한 풍요한 생산적 씨앗을 뿌려왔다는 것은 전쟁도덕으로서의 무사도가 일본문화에 끼친 영향을 과소평가할 수만은 없을 것이다.

무사 계급의 대두는 고대율령제의 퇴폐로 세상이 불안해지자, 자위를 목적으로 발생한 것으로, 지방호족과 백성이 경작의 권익을 보호하기 위한 주종관계의 성립으로부터 시작된다. 헤이안 말기(平安末期)에 있어서 천황의 모계존속(母系尊屬)과 부계존속(父系尊屬) 간의 갈등은 날로 율령체제의 몰락을 재촉하였고, 점차 무가들의 우위를 위한 발판을 마련하게 된다. 왕가·귀족간의 반목은 결국 그를 뒷받침하는 각 무가들의 실질적인 항쟁으로 성장해 갔다. 이로써 정치, 전쟁 등 모든 영역은 무사계급들의 활동무대가 되었고 끝내 겐지(源氏), 헤이지(平氏)의 두 가문이 대격돌을 유발하게 되니, 이 수라장을 통해 '무사의 길' 즉, '무사도'의 태동을 보게 되었다고 할 수 있다.

이와 같이 겐페이대격돌(源平大激突)은 몰락계급으로서의 왕가·귀족계급과 신흥계급인 무가층의 의식면에 있어서 정반대적 세계관을 가져오게 된다. 전자의 경우는 말법사상과 사무친 한(恨)이 상승되어 내세구원(來世救援)과 체관(諦觀), 퇴영(退嬰), 은둔(隱遁)의 정일(靜逸)취향이 유현(幽玄)적 미의식의 시가(詩歌) 이념으로 싹트게 되고, 후자에 있어서는 현세의 말세적 제 현상을 무시할 수는 없었으나, 반면 현실적인 자신(自信)감으로 충일 되었다는 것은 제일차적 무사도의 형성에 있어서 빠뜨릴 수 없는 정신적 요소라고 할 수 있을 것이다.

우리는 호겐(保元), 헤이지 모노가타리(平治物語) 속에서 무사들이 자신에 찬 발랄한 정신을 읽어볼 수 있고, 율령 왕조시대에는 상상도 하지 못했던 행동철학을 키우고 있었다는 것을 들여다 볼 수 있다. 다메토모(爲朝) 같은 무사는 호탕하였을 뿐만 아니라 자신과잉의 광적 행동지상주의였음을 묘사한 구절이 번번이 강조되고 있다. 그들에게는 승리 곧 지선(至善)이란 원색적인 투쟁자의 사상으로 가득 차 있었으며, 신토(神道)신앙이나 선사상(禪思想)이 파고들 여지는 보이지 않는다. 특히 다메토모(爲朝)가 친자식인 요시토모(義朝)에 의해서 참수 당한 것은 부자간의 정 곧, 혈연이 세속적 지위나, 물질적 탐욕에 의해서 새로운 가치체계가 대체되는 것을 역력히 보여준다.

또한, 요시토모 역시 미나모토케(源家) 대대의 가신인 오와리(尾張)국의 다다마사(忠政)와 그의 아들 가게마사(景政)의 배반으로 욕탕에서 참살당하니, 슈케(主家, 주인별의 가문)에 대한 충성보다 자신의 영지(領地)에 대한 집착이 더 컸던 것을 말해준다. 여기서 우리가 볼 수 있는 것은 무사들의 행동지침이 혈연 질서나 주종(主從)질서도 아니고 오직 자신들의 영역확장이며, 역량함양이란 전진훈(戰陣訓)적 전장(戰場) 논리에 불과하였다는 것을 알 수 있다.

겐페이대전과 무사

미나모토케(源家)와 헤이케(平家)의 대격돌은 주종관계 위에서 전개되는 대란으로 볼 수 있으며, 이 싸움을 통하여 무사도는 초기의 저돌적 전진훈조(戰陣訓調)에서 탈피하여 봉건제도의 진전과 병행하여, 무사도의 근간을 이루는 주종관계의 '봉사와 은혜'의 패턴으로 변용되고, 호겐(保元), 헤이지(平治)시대의 '무사의 길'은 이제 '궁시(弓矢)의 길', '궁마(弓馬)의 길', '무도(武道)'로 바꾸어지게 된다.

앞의 호겐(保元), 헤이지(平治)의 난(亂)이 부자간, 주종간의 상잔으로 전개되었으나 이 겐페이대전(源平對戰)에서는 도처에서 인간의 선성(善性)과 연민성을 구가하는 삽화로서 채워진다. 어디까지나 정정당당한 수단으로 때로는 인정이 흠뻑 담긴 이야기들이 주종을 이루게 된다. 처음으로 전쟁도의가 생기게 되고, 약속의 준수여부가 무사적 행위의 판정기준으로 상당한 비중을 차지하게 된다. 이 약속이 일관하여 지켜졌다는 것은 아니겠지만, 적어도 표면상으로는 내걸어야만 했던 것 같다.

  주종관계의 도의를 말해주는 일화로서 기소 요시나카(木曾義仲)와 가네 히라(兼平)가 재회(再會)를 바라던 중 결국, 우치데노하마(打出の浜)에서 만나게 되고 무사로서 부끄럽지 않는 죽음을 위해 상호 권유하는 장면이 나온다. 훗날 가마쿠라 막부(鎌倉幕府) 제도하에 있어서와 같이 주종관계가 '의리' 하나로 굳어지기 이전의 '의리'와 '인정'이 뒤섞인 주종관계의 정경(情景)은 이 두 사람의 재회(再會)와 최후(最後)에서 잘 나타나고 있다.

28

가마쿠라도노 그리고 선종과 칼

 헤이케(平家)를 서해에 몰아넣는 추도군(追討軍)을 파견하면서 가마쿠라도노(鎌倉殿)가 그의 아우 노리요리(範賴)에 보낸 편지 내용 중에는 그가 관동(關東)에서 보내는 고케닌(御家人, 가신)들에 대한 보살핌이 얼마나 극진하였던가를 엿볼 수 있다. 흡사 그의 친자식이나 친아우를 걱정하는 것과 다를 바 없다. 여기서 고케닌(御家人)이란 것은 혼케·분케(本家·分家)가 모인 혈연, 비혈연의 집단을 이끌고 있는 소위 총령(總領)에 해당되는 자로서 이 총령은 가독(家督)으로서 일족의 우두머리이다. 또한 전장(戰場)에서는 일족의 군사지휘관의 몫을 하였고 이 총령 휘하의 혈족을 「이에노고(家の子)」라 하고 비혈연의 추종자를 로토(郞黨)라 하여 총령과 휘하 추종자가 단결하기 위하여 자기희생을 하는 것이 총령제도에 있어서 무사의 도덕이었다. 이것이 확대되어 곧 고케닌(御家人), 가마쿠라도노(鎌倉殿) 간의 주종관계가 성립된 것이다.

지방무사단의 총령들은 조상 전래의 혼료(本領)[294]이나 소료(所領, 영지)를 지켜나가는 것은 무사의 면목이며 '궁시(弓矢)의 길'이라고 생각하고 있었고, 그것을 위하여 로토(郞黨)와의 철벽같은 연계, 그리고 무사의 동량(棟梁)으로서의 가마쿠라도노(鎌倉殿)에의 봉사는 그들의 생명선이었던 것이다. 로토들의 총령으로서 그리고 가마쿠라도노의 고케닌(御家人)으로서 가마쿠라 무사는 항상 신경을 곤두세운 상태였으나 그 배려의 마음은 언제나 로토들에 기울어져 있었던 것 같다.

또한 무사일족의 단결에 일조(一助)한 것 중에는 그들이 공통적 우지가미(氏神)를 섬기고 있었다는 것도 감안해야 할 것이다. 여기서 총령은 로토를 지휘하는 군사지도자인 동시에 주술적 제사장의 권위도 겸하게 된다. 항상 전쟁터를 머릿속에 그려야 하는 가마쿠라 무사들은 무엇인가 정신적으로 기댈 수 있는 지주가 요청되었으며, 가마쿠라 불교가 전 귀족 사회의 천태종에 비해 월등한 호소력을 가지고 있었으며, 그 중에서도 극기력을 극도로 요구하는 선종(禪宗)은 그들에게 안성맞춤의 신앙이었다. 이 선종은 훗날 '일본무사도'의 형성에 독점적 기여를 하게 된다.

가마쿠라(鎌倉) 무사들은 이 선종과 만남으로써 그들이 항상 그림자처럼 대동하지 않을 수 없었던 죽음(戰死)과 대결할 수 있는 또 하나의 칼을 소지하게 되었던 것이다. '죽음과 삶'의 경계

---

[294] 원래가지고 있던 영지.

를 대수롭지 않게 극복하려는 선의 직관적 행동은 그들에게 무한한 매력으로 느껴졌을 것이다.

선종(禪宗)은 의지의 종교로서 철학적 측면에서보다 도덕적·심리적 측면에서 무사정신에 호소하였다. 또한 선(禪)은 지성주의에 대립해서 직관을 중히 여기는 관계상 행동적 결단을 강요당하는 마상의 무사들은 이 선종의 직관적, 행동적 진리가 곧 생활의 길잡이로 기능할 수 있었던 것이다. 천태(天台)는 궁가(宮家), 진언(眞言)은 공경(公卿), 선(禪)은 무가(武家), 정토(淨土)는 평민(平民)이란 속구(俗句)가 그 소식을 잘 전하고 있다. 가마쿠라 무사의 정신적 대변자격인 호조 도키무네(北條時宗, 1251~1284)가 '스스로 나약한 마음은 어디에서 오는가' 하고 질문하였을 때, 불광선승(佛光禪僧)은 다음과 같은 대답을 했다.

 도키무네 : 우리들 생애 중 가장 무서운 적은 마음의 나약함이다. 어떻게 하면 그것을 제거할 수 있을까요?
 불광 : 그 병이 나오는 출처를 끊어라.
 도키무네 : 그 출처는 어디에 있습니까?
 불광 : 너 자신이지.
 도키무네 : 나는 그 나약함을 가장 미워하는데 어찌 나 자신에서 나온다고 할 수 있습니까?
 불광 : 너 자신이 안고 있는 도키무네(時宗)라는 자기를 버려야 한다.
 도키무네 : 어떻게 하면 나 자신을 버릴 수 있습니까?

불광 : 일체의 망념(妄念), 사려(思慮)를 끊어라.

여하튼 죽음이라는 것은 '산자에 있어서 최대의 두려움'이다. 이에 능동적으로 기선을 제할 수 있는 계기를 선으로 하여금 얻었다는 것은 무사들의 인생관을 일변시키는데 적지 않은 기여를 하였던 것이다. 이사기요쿠시누(潔く死ぬ, 멋있게 죽는다)는 가마쿠라 무사들의 총괄적 사생관이였으며, 훗날 전쟁을 전혀 경험할 기회가 없었고 쇄국적 절대평화가 250여 년간 계속되었던 에도무사들에 있어서도 '무사도란 죽는 것에 있다'고 하는 『하가쿠레(葉隱)』*83)와 같은 내용을 낳게 한 것이다.

29

죽음과의 대결에서

 가마쿠라 막부에 이어지는 무로마치(室町) 막부의 쇼군(將軍) 요시미쓰(義滿)도 선종에 깊은 관심을 가진 사람이며 줄곧 선종과 무로마치 막부 간에는 깊은 상호침투가 일어나게 된다. 그 대표 산물로는 금각사가 있으며 선종은 무로마치와 전국시대를 거쳐 무사들의 생활지표로서 결정적 역할을 맞게 된다.
 가마쿠라 막부 이래 일본 열도는 점차 간과(干戈)의 부딪침과 무사들의 함성으로 채워지고, 그간 무사들은 특수한 기능을 가진 집단으로 성장하였고, 그들의 가치체계도 점차 특수화되어 갔다. 무사가 천수를 다한다는 것은 있을 수도 없고 있어서도 안 되는 것으로 인식하게 되었다. 그들에게는 무엇을 위하여 언제, 어떻게 죽느냐 하는 것이 그들의 생존조건을 규제하는 최우선 과제로 대두하게 되었다. 돌발적인 죽음이 그들 둘레에 언제나 도사리고 있는 상황에서는 죽음과 친숙해지는 방법 이외에는 그

날그날의 불안하고 긴장된 생활을 견디 낼 수가 없었을 것이다.
　그들은 오매(寤寐) 간에 칼, 창 혹은 활과 화살을 그들 몸에서 떼어놓을 수 없었으며, 그들 체온이 그 속에 남아 있었을 것이다. 그들은 일류역사상 처음으로 능동적으로 죽음을 제어할 수 있는 가능성을 실현시키려고 하였던 것이다. 그들의 칼과 창은 그의 생명을 위협하는 것뿐만 아니라 자신의 죽음까지 통제할 수 있다는 것을 깨닫게 하였던 것이다. 그들에게 소크라테스(Socrates)가 독배를 의연히 마셨듯이 죽음을 태연하게 받아들일 수 있는 국법이나 철학은 없었다. 그들은 또한 훗날의 크리스트 교도처럼 죽음을 초극하는 방법을 몰랐던 것이다. 부활신앙 같은 것도 없었던 것이다. 무사들은 어디까지나 현세적이었으며, 살고 있는 순간순간에 의의를 찾으려 했던 것이다. "죽음이란 한 번 있는 것이며, 이것으로 모든 것이 끝이 나고, 이 마지막 순간이 무사의 일생을 평가하는 기준이 된다."라고 굳게 믿었던 것이다.
　죽음은 곧 인생을 마지막으로 총결산하는 가장 엄숙한 순간이며, 어떻게 죽느냐하는 것은 그들의 과제이며, 죽음의 동기 같은 것도 큰 문제가 되지는 않았다. 곧 죽음을 향하여 돌아보지 않고 전진할 수 있는 마음이 중요했던 것이다.

30

도쿠가와 무사들의 도덕관

세키가하라(關が原)의 대격전이 1600년에 끝나고, 1615년 여름에 치렀던 오사카 결전(大阪夏の陣, 1615)을 마지막으로 길었던 전란의 시대는 막을 내리게 된다. 겐나엔부(元和偃武)[295]가 바로 그것이다. 제3대 쇼군 이에미쓰(家光)는 전란을 모르는 완전 전후파에 속하며, 막번 체제(幕藩體制)가 와해되는 1868까지 완전 평화의 시대로 들어간다. 제각기 독립된 무사단을 갖고, 비밀리에 무력을 정비하고 있던 대소 200여 번의 소국이 상호견제하고 있었던 당시의 세태를 감안할 때, 이와 같은 절대평화의 갑작스런 도래에는 오히려 당황스러웠을 것이다. 무용(武勇)만으로 하루아침에 큰 전공을 세우고 출세할 수 있는 시대는 과거의 일이 되었다. 오매(寤寐) 간에 허리에 꼽고 다니는 칼도 이젠 신분상의 표식 이외의 아무 역할도 하지 못했다.

---

295) 오사카 결전 후에 찾아온 평화.

가장 수치스런 것으로 통용되던 전쟁터 아닌 곳에서 죽는 일 즉, '돗자리 위에서의 죽음'이 이젠 일상적 무사의 죽음으로 되는 수밖에 없었다. 그래도 그들의 존재조건처럼 따라다니던 '무사다운 죽음(潔く死ぬ)'은 여전히 그들의 뇌리에서 지워버릴 수는 없었을 것이다. 이 점을 포착하여 이하라 사이카쿠(井原西鶴)는 무사들이 '의리'란 것을 담보로 '무사다운 죽음'을 연출하는 것을 익살조의 일화로 엮어낸 것이 곧 「부케기리모노가다리(武家義理物語)」이다. 무사계급이 아닌 평민들의 온전한 눈으로서는 이들 무사들의 우스꽝스러운 '죽음의 계기'를 이해하기 어려웠던 것이다. 오매 간에 '삶'을 생각하는 조닌계급(町人階級)에게는 그들의 '무사다운 죽음'이 의아스럽게만 느껴졌을 것이다.

이하라 사이카쿠도 '의리'를 위한 죽음은 긍정적으로 쓰고 있지만, 그 '의리'의 구성요소가 지극히 보잘 것 없었던 것이 못마땅한 것이다. 그러나 문제의 핵심은 '죽음의 동기'보다 '죽음의 방식' 즉, 죽음 자체의 미학에 있었던 것이다. 그러므로 '의리'를 동기로 하되 주스이(入水, 투신자살), 음독자살은 '무사다운 죽음'이 될 수는 없었고, 오히려 수치가 될 수도 있었다. 다음 내용은 야마모토 쓰네토모(山本常朝)가 쓴 무사들의 보감(寶鑑)격이 되어 있는 「하가쿠레(葉隱)」속에서 인용한 것이다.

"무사도란 '죽느냐, 사느냐' 바로 그것이다. '죽느냐, 사느냐'의 심정을 가진 무사에게는 수십 명이 덤벼도 그를 죽일 수 없다…….

무사도에 있어서 분별심을 일으키게 되면, 벌써 타인에 뒤떨어지고 만다. 충(忠)도 효(孝)도 필요 없다. 무사도에 있어서는 '죽느냐, 사느냐'가 있을 뿐이다. 그 속에서 곧 충도 효도 있는 것이다."

이와 같이 절대 평화시대에 칼을 허리에 꽂고 다니는 신분으로서의 무사들이 그들의 정체성(identity)을 잃지 않고 계속 확인하기 위해서는 가상적이긴 하나 항상 죽음의 순간을 머릿속에 그리고 있어야 했던 것이다. 다음의 내용은 하가쿠레와 거의 같은 시기에 쓰인 다이토지 유잔(大道寺友山)의 『무도초심집(武道初心集)』에서 인용한 것이다.

"멋진 무사가 되고자 하는 자는 정월 초하루 아침밥을 먹으려고 젓가락을 든 순간부터 그해 섣달 그믐날 밤까지 잠시도 죽음이란 것을 잊지 말고 마음속에서 읊조리며 살아야 한다. 그렇게 할 때 충(忠)·효(孝)의 길에 부응할 수 있고 모든 재난에서부터 안전하고 병도 없어지고 수명도 길어지고 인품도 좋아진다."

여기에서 우리는 『하가쿠레』와 『무도초심집』에서 무사의 사생관이 거의 동일하다는 것을 알 수 있다. 사변(思辯)을 멀리하고, 항상 '죽음'을 생존 조건으로 살아간다는 '결사적 생활관'이 곧 무사들의 생활태도가 되어야 한다는 것이다. 그것을 위해서 극도로 냉혹한 심신의 단련이 요구되었던 것이다. 선의 극기적 단련을 통하여 자학에 가까운 생활습관이 만들어지게 된 것이다. 죽는 순간의 자신, 죽은 후의 자신의 시체까지 뇌리에 그리면서 살아가는 것이었다. 그것을 위해서 속옷의 청결, 육체적 청결을 유지하는 것도 게을리 할 수 없는 과제가 되었던 것이다. 일상생활의 궁핍296) 속에서도 입고 죽을 수 있는 한 벌의 깨끗한 옷을 마련하고 있어야 했던 것이다.

도쿠가와 막부기(德川幕府期)를 통하여 '무사도'의 참뜻을 시험하는 큰 논쟁을 아코기시(赤穗義士)*84)들의 복수극에서 알아보자. 이 사건에 대한 야마모토 쓰네토모(山本常朝)의 비판은, 첫째 이 의사들의 주군(主君)297)에 대한 복수가 너무 늦었다는 것과, 설사 일차기회는 놓쳤다 손치더라도 둘째, 「기라(吉良)」298)를 죽인 다음 그것을 주군의 무덤 앞에 놓고, 즉시 자결하지 않았던 것을 탓하고 있다. 결국 죽을 기회를 놓친 47명의 의사는 형사(刑死)299)를 당한 것을 원통하다고 하고 있다. 생각해보면 이들 47명의 의사들은 주군에 대한 복수를 곧 '주군에 대한 무사들의 의리'로 간주하고, 이것을 무사다운 행위와 나아가서는 '무사다운 죽음'의 계기로 활용한 흔적이 농후하다.

1970년에 일본사회를 떠들썩하게 한 작가 미시마 유키오(三島由紀夫)의 자결 경위를 상기해 볼 때도 상기 아코기시(赤穗義士)의 의거 동기를 어느 정도 이해할 수 있을 것이다. 그가 조직한 30

---

296) 대부분의 무사들이 부치마이(扶持米, 생계수단으로 받는 식량) 생활을 하고 있었음.
297) 그들이 모시는 번주.
298) 주군의 원수.
299) 의리를 존중하였다는 이유로 할복형이 내려짐.

여 명의 다테노카이(楯の會)300)가 일본을 외침에서 막을 수 있다고 대장격인 그가 믿었을 리 없다. 다만 그가 무사적 죽음의 미학을 실천해보자는 섬뜩한 무대장치였다고도 할 수 있는 것이다.

일본의 무사도 철학은 일종의 종교적 미학으로 발전하여 유령처럼 태평양전쟁 전 기간을 통하여 고취 찬양되었으며, 특히 그 말기에는 세계전사(世界戰史)에 길이 남게 될 옥쇄정신(玉碎精神), 가미카제특공대(神風特攻隊)의 형태로서 실질적으로 기능하였다.

'의리'냐 '인정'이냐 하는 멜로 드라마적 구호에서 항상 인정에 비중을 주어온 아시아적 정신풍토에서, 오직 일본열도만이 예외적으로 '의리'에 비중을 두는 생활풍습이 만들어졌다는 것도, 이 무사도와 직접적인 관계를 맺고 있다. 일본에서 이해되고 있는 기리(義理, 의리)는 사전 속의 일차적 뜻이 '올바른 길', '인간이 가야할 길'이 되어있는 것으로서도 우리에게 여러 가지를 시사한다. 또한, 혈족 아니면서도 혈족과 같은 관계를 맺는 일로 되어 있다. 속구(俗句)로서 「기리아루나카(義理ある仲)」는 혈족이 아니면서도 부자, 형제, 자매의 관계에 있는 것, 「기리잇펜(義理一遍)」은 세상살이하기 위해 진심 아닌 형식으로 하는 일, 「기리토훈도시카카사레누(義理と褌かかされぬ)」는 남자는 속바지처럼 의리심을 지켜야 한다는 뜻이다.

결국 '의리'를 잣대로 삼고 있는 「나(名)」는 무사계급의 일거수일투족을 암암리에 감시하는 역할을 하였던 것이다. 훗날 이

---

300) 나라의 방패모임.

나(名)는 수치(羞恥)와 함께 허황된 명분론(名分論)으로만 타락되지 않고, 일반 서민 특히 조닌(町人)계급에도 전파되어 노렌(暖簾), 시니세(老舖)란 상도덕문화로서 뿌리를 내리게 된다. 그리고 '의리'가 지켜지지 않았을 때, 나(名) 즉, 사회적 금치산자(禁治産者)의 낙인이 찍히고 마는 것이다. 가마쿠라(鎌倉) 무사들의 「나코소오시케레(名こそ惜しけれ)」301), 하는 자포자기에 가까운 절규도 이와 같은 배경에서 만들어졌다고 할 수 있다.

더욱이 혈연(血緣)의 속박(束縛)에서 벗어나지 못하는 아시아적 정신풍토에서, 「이자카마쿠라(いざ鎌倉)」302)적 주군에 대한 봉사는 살아남기 위해, 게다가 나(名)를 더럽히지 않고 무사답게 살아남기 위해서는 혈연 이상의 것이라는 것을 깨닫게 된 까닭이다. 일단 혈연의 신화에서 벗어났을 때 그들의 물심적 행동반경은 무한 자유를 얻게 되었고, 기능의 증폭이 극적으로 커지게 된다는 것을 알았을 것이다.

대재벌기업 미쓰비시가(三菱家)의 이세오시코미(伊勢押込み) 같은 실천도 혈연에 연연하지 않는 실질적인 기능, 경영 위주의 철학에서 키워진 경영문화라 할 수 있다. 지극히 예술적, 공예적 천부의 재질을 요하는 각종 전통적 민족문화의 맥이 비교적 긴 세월의 풍상을 뚫고 다채롭게 이어져 올 수 있었던 것도 혈연으

---

301) 체면(명예)만이 가장 소중하다.
302) 일조 유사시에 그들 무사의 들보격인 가마쿠라도노 곧 미나모토노 요리토모를 위하여 칼과 창으로 무장하여 그 방벽이 된다는 것.

로부터의 이탈(離脫)이 큰 역할을 하였던 것이다. 혈연적 연고주의(cronysm), 친족중용주의(nepotism)란 아시아적 문화풍토를 다시 한 번 연상하게 한다.

최근 수학자인 후지와라 마사히코(藤原正彦)는 라이브도어(ライブドア) 사건*85)을 위시한 온갖 불미스러운 사회 현상을 힐난하기 위해 『구니노힌카쿠(国の品格)』라는 저서를 발간했다. 여기에서 그는 이미 과거사로 치부되어 버린 무사도의 정신을 언급하고 있다. 이것은 일본이 변하고 있는 단면을 보여주는 것이다.

〈그림-18〉 요시다 쇼인(吉田松陰)

31

재일 한국인

　오늘날 일본영토 내에 '재일한국인(在日 韓國人)'의 신분으로 거주하고 있는 우리 동포(同胞)는 약 65만여 명이다. '재일한국인'이 만들어지게 된 동기를 여기에서 다시 설명한다는 것은 사족같이 느껴지지만 짚고 넘어가는 것도 의의가 있을 줄 안다.
　역사적으로 거슬러 올라가면 고삼국(古三國) 이래 한반도와 일본 열도(日本 列島) 사이의 상호왕래는 우리가 보편적으로 생각하는 것보다 훨씬 빈번하였고, 우호적이었던 것 같다. 200여km의 해협을 사이에 두고 한반도를 매개체로 하여 중원문화(中原文化)가 간단없이 일본으로 흐르게 된 것은 문화기상도(文化氣象圖)를 그려볼 때 쉽게 추리할 수 있는 것이다. 무력으로 문화기상에 난기류를 불러일으킬 수도 있으나 그것은 예외에 속한다고 할 수 있다.
　유목 민족이 홀연히 일어나서 바람과 같이 농경 문화민족을 유린하고, 다시 홀연히 지상에서 사라지는 경우가 허다하다. 좋은 보기로서 몽고 평원에 돌개바람일 듯 일어난 유목 기마민족인 선비척발(鮮卑拓跋)의 북위(北魏)라든가 거란족의 요(遼), 몽고족의 원(元)이 있었던 것을 우리는 기억하고 있다. 이런 시점에서 중원문화가 한반도를 경유하며 일본열도에 차곡차곡 쌓이게 된 것은 문화 전파의 정상적 길이라 할 수 있다.

선사시대 이래, 한반도 특히 동남해안 지역의 주민과 일본의 산인(山陰)지방303), 서부일본 및 북규슈(九州)지방 사이에는 긴밀한 교류가 있었고, 특히 금석병용기부터는 우리나라에서 절대적 영향을 주었던 것이다. 일본건국 신화의 무대가 된 이즈모(出雲)에서는 한반도를 「네노쿠니(根国)」 즉 '뿌리 나라'라고 하였으니, 그들의 고향이 어디였던가를 말해 주는 것이다. 뿐만 아니라 일본건국의 여신 아마테라스오미카미(天照大神)의 남동생 스사노오노미코토(素盞嗚尊)가 한반도의 소시모리(曾尸茂梨)에서 왔다는 것이다. 한국의 경우도 '삼국유사'에 실려 있는 연오랑(燕烏郎), 세오녀(細烏女)의 전설 등에서 고대 한일 양국의 관계를 말해주고 있다. 고고학적 측면에서도 BC. 3~2세기부터 AD. 1세기에 걸쳐 많은 흔적들을 보여주고 있다. 돌멘(支石墓), 옹관(甕棺), 동탁, 다뉴세문경(多紐細文鏡), 동모, 동검 등 수없이 발굴되어 왔다.

그 후 삼한시대에 들어와서는 더욱 그 교류가 빈번하여졌다는

---

303) 일본 본주 서부의 북안 일대. 이즈모(出雲)라고 호칭되고 있었음.

것은 고지키(古事記), 니혼쇼키(日本書紀) 등 일본 측 자료에서 더욱 풍요로워지고 고대 일본 왕조의 외교자료 대부분이 대한반도(對韓半島)로 채워져 있는 것으로 볼 때 그것을 충분히 짐작할 수 있다. 한 마디로 삼한시대의 대일본(對日本) 관계는 일방적인 대일본 문화수출의 시대라고 할 수 있다.

신라 통일기의 양국관계는 왜구(倭寇)들의 해안약탈로 빙하기가 된다. 그것은 문무왕(文武王)의 해중릉(海中陵)으로도 짐작이 된다. 왜구를 막기 위하여 축조된, 지금의 경주 울산간의 도경(道境), 모화(毛火)에 남아있는 석성(石城)이라든지 삼국사기에 기록된 박제상(朴提上)과 치술령의 전설과 같은 것이 그 당시의 소식을 전하고 있다.

고려조의 초·중기는 민간적 차원에서 문화, 통상의 왕래가 비교적 활발하였고, 다만 원종(1274), 충렬왕(1281)조에 있었던 본의 아닌 여·몽 연합선단에 의한 일본원정은 결과적으로 여·원·일(麗·元·日) 삼국의 피폐를 초래하였으며, 이것이 계기가 되어 왜구들의 해안 약탈은 더욱 심하여지고 왕도 개성 부근까지 들어와서 난동을 부렸던 것이다. 조선조의 외교 기본정책은 사대교린(事大交鄰)에 두었으며 대마도주를 중개로 대외교류 및 통상에 있어서 제법 자리를 잡게 되고 개해약조(世宗朝)*86)까지 체결되었으나, 도요토미 히데요시(豊臣秀吉)의 임진왜란은 치명적 상호불신의 씨를 뿌리게 되는 것이다. 이 동란의 참상은 선조 때 재상 서애(西厓) 유성룡의 징비록304)에서 알아볼 수 있다. 책

이름 그대로 '미리 징계하여 후환을 경계한다(豫其懲而毖後患)'의 뜻을 우리는 오늘날 다시 되새겨야 할 것이다.

  1592년 4월 13일에 부산에 상륙한 왜군 제 일진이 5월3일에 서울에 입성케 되었으니 당시의 부끄러운 패주를 미루어 알 수 있을 것 같다. 그들이 이 땅에 남긴 상처는 말할 것도 없고 철군할 때 끌려간 수만의 선진기술 보유자들을 상기하여야 할 것이다. 이들 직능인 피납을 초창기 삼한시대의 문화이민과 대조시켜 납치이민이라고 할 수 있다. 초창기 문화이민의 풍요로운 흔적은 오늘날의 규슈(九州), 간사이(關西) 일대에 흩어져 있는 반면, 이들 납치이민은 주로 오늘날의 규슈 일대에 뿌리를 내리게 되었다. 이들은 주로 도공(陶工)들로서 규슈 일대의 이름 있는 대다수의 도요(陶窯)는 이들 납치이민들에 의해서 만들어진 것이다.

  그 후 20세기에 들어와 서애(西厓)의 징비록(懲毖錄)을 살리지 못한 조선조는 열강들의 농락 대상이 되어오다가 끝내 일본에 병탄되어 버린다. 그들은 값싼 노동력 때문에 많은 한국인들을 홋카이도(北海道)의 유바리(夕張), 비바이(美唄)의 탄광 속으로, 혹은 지쿠호(筑豊)의 해저탄광 속으로, '광부모집'이란 이름으로 불러들였던 것이다.

  돌이켜보면 1910년 8월 29일[305]부터 1945년 8월 15일까지 36년간 우리 민족이 당한 정신적, 경제적 피폐는 필설을 넘어섰

---

304) 선조25년부터 선조31년까지의 왜란 수기.
305) 존인은 사실상 8월 22일에 끝났다.

으나, 여기서 굳이 되풀이하여 설명은 하지 않을 것이다.

동양척식회사(東洋拓殖會社)를 설립하여 그 자본으로써 조선의 토지는 거의 탈취당하고, 조선은행, 식산은행 등에 의한 금융 독점으로 조선인의 모두가 소작인으로 전락하고 보니 살아나갈 길을 찾아 남부여대(男負女戴)의 피난민 행렬이 되어 만주 또는 일본 땅으로 흩어졌던 것이다. 게다가 세계 2차 대전의 발발로 징병, 징용으로 끌려간 숫자도 결코 적지 않았다. 이 모두가 오늘날의 '재일한국인'의 구성원이 된 것이다. 우리는 이것을 망국유민(亡國流民)이라 부를 수밖에 없다.

1945년 일본이 패전하자, 재일한국인의 지위는 아주 미묘한 양상을 띠게 되었다. 사실상 일본패전과 더불어 대다수의 일본 내 한국인은 해방된 조국으로 돌아왔다. 그러나 일본 체류 기간이 비교적 길었던 교민들은 흡사 옮겨 심은 나무뿌리와 같이 그 비인도적 편견풍토 속에서도 생활의 터전을 마련하고 있었으니 쉽게 이삿짐을 꾸릴 수도 없었던 것이다. 게다가 해방된 한반도의 정치풍토의 전개도 그렇게 희망적인 것이라고 할 수는 없었던 것이다. 좌·우 이데올로기의 각축으로 한반도는 두 동강이 나고 사회적 불안과 경제적 궁핍은 이미 귀국한 사람마저 재도일을 생각하게끔 하였던 것이다.

그러던 중 1965년에 맺어진 한일법적지위협정에서 처음으로 '재일한국인'의 일본에 있어서의 법적 지위가 거론되었고, 그것도 어디까지나 기한부허용(期限附許容)이란 조건에서 정의되었으며, 참된 법적 지위와는 거리가 먼 것이었다. 1965년의 한일조약 당시 일본정부 및 매스컴은 "자손 대대로 영주권을 인정하는 것은 특권이다. 조선계 소수민족을 인정하는 것이기 때문에 일본사회에 화근을 남기는 것이 될 것이다"라고 반대한 것이다. '어떻게 해서 재일한국인이 만들어졌나?' 하는 유래를 짚어보기에 앞서 도대체 일본에는 일본사람만이 살아야 한다는 전근대적 발상으로 미만 되어 있는 풍토였다. 이런 관점에서 볼 때 1991년에 한일 외상 각서가 교환되어, 전전부터 일본에 체류하며, 역사적 배경을 같이한 정주 외국인의 체류자격은 특별 영주로 일원화하여 그들의 자자손손에게 영주권을 인정하게 되었다. 1960년대 일본의 대외국인관(對外國人觀)과 비교할 때 장족의 발전이라고 할 수 있을 것이다.

통일일보(統一日報, 도쿄 소재)가 '해방 후 50년' 기념 릴레이 집필로 기획한 '재일동포의 생활과 문화'에서 재일한국인 변호사 김경득(金敬得)은 일본 당국이 "재일 외국인 사회에 있어 조선측 소수민족으로서 남을 만한 실체는 없을 것이라는 동화추세를 예견하고, 일본의 동화적 국적 취득제도의 틀에서 벗어나지 않을 것이라는 판단 아래" 그와 같은 양국 외상의 각서가 교환되었을 것이라고 지적하고 있다.

아시아 전역에 공통되는 '국적(國籍) 곧 민족적(民族籍)'의 사상과 사관의 문화풍토에서 향후 재일동포(재일한국인)가 어떻게 민족적으로 살아갈 수 있으며, 그것이 이뤄질 수 있는 법제도가 마련될 것인가 하는 문제가 앞으로의 관심사로 남게 될 것 같다.

필자는 여기서 오늘날 '재일한국인'이 만들어지게 된 일본국의 채무를 담보로 앞으로의 '재일한국인' 문제를 논하고자 하지 않는다. 그러나 재일동포 사회에서 가장 중요한 것은, 일본 당국이 향후 일본 내 거주하는 외국인 특히 한국인이 민족적 긍지를 갖고 생활할 수 있는 법제도를 마련하여 줄 것인가 하는 것을 둘러싸고, 재일 한국인 문제를 함께 논하고자 한다. 이것은 민족권(民族權)에 앞선 인권(人權) 문제인 것이다.

바야흐로 세계는 지구촌화되고 국적이나 민족적을 앞세우는 온갖 경계선이 그 문턱을 낮춰가고 있다. 김경득(金敬得)의 주장, 곧, "앞으로는 민족적으로 산다는 것과 한국적 내지는 조선적306)을 갖고 산다는 것과의 관계가 정리되어야 할 시대에 이르렀다고 생각된다. 재일동포의 법적 지위에서 아직까지 문제로 남아있는 참정권도, 공무 취임권도, 국민으로서의 개념과 민족으로서의 개념의 관계가 밝혀져야 할 권리이기 때문이다."를 재음미할 때가 되었던 것 같다.

서구의 국민국가 형성과 전혀 그 본질이나 역사적, 그리고 그 배경의 지속성에 있어서 판이한 정치풍토를 쌓아올린 아시아 지역에 있어서 지금 새삼스레 '국적이란 무엇인가'를 반추할 생각은 없다. 그러나 다만 우리들이 신앙해 온 '국적 곧 민족적'이란 개념에 어떤 변수가 들어가야 할 때라고 필자는 믿고 있다. 그렇

---

306) 통일 후는 통일국가의 국적.

다고 일본 당국이나 일본의 문화풍토를 도외시한 극단적으로 낙천적인(pollyannaish) 몽상을 하는 것은 어리석은 생각이 되겠지만, 앞으로는 이 문제에 대해서 시각을 좀 달리해야 할 때가 온 것 같다. 사실 한국인의 혈통이면서도 줄곧 일본국적 또는 이중국적으로 살고 있는 '재일한국인'의 인구도 결코 적지 않을 것으로 추리된다. 한국 국적 소유만이 한국민족보(韓國民族譜)에 등재될 수 있다는 고정관념도 재조명되어야 할 것이다.

21세기를 목전에 두고 아시아 지역 여러 국가들이 풀어야 할 문제는 산적되어있지만, 필자로서는 이 아시아적 국적사상, 민족사상에 대한 조심스런 재조명이 무엇보다 급선무같이 느껴지는 것이다. 여러 민족이나 국민들이 모여들어 개척한 신세계 미국 같은 경우, 그 건국이념부터 특수하며 과거가 아닌, 미래를 구심점으로 건설된 시민권 사회를 그대로 본보기로 가져올 수는 없겠지만, 타산지석이 될 수는 있을 것이다.

나프타(NAFTA)나 이유(EU)의 사조를 그대로 받아들일 수는 없겠으나 아시아의 등거리 공동체도 생각해봐야 하는 것이 21세기의 과제로 남게 될 것이다. 일본 국적을 지니고, 결과적으로 일본국민으로서의 제반 특권을 누리면서 떳떳한 '한국계 일본인'이란 청사진도 머리를 스쳐가는 것이다. 또한 한국적을 그대로 허용하면서 일본국적 소유자와 동등대우를 하여주는 방안도 한·일 양국 정부의 상호 협조 하에 이루어질 수 있을 것이다. 지금 급속도로 진전되고 있는 경제적 지구촌화는 불원 문화적 지구촌화를 초래하게 할 것이다. 결과적으로 대단위의 각종 상공 문화인들의 대대적 상호교환 이주가 발생할 수도 있게 될 것이다. 한국민국가 내에 다수의 타국적 국민들이 장기간 영주할 경우도 많아질 것이다. 종래의 한 영토 내 소수민족들을 항상 불안요소로 간주하는 멘탈리티는 불원불식될 것이 예견되는 것이다.

외국 땅에서 오래 살고 있는 자국민을 지금까지는 보통 교민(僑民), 교포(僑胞)란 표현을 하여왔다. 즉 '그 곳 이방에서 당분간 생활하고 있는 우리 핏줄'을 뜻하고 있다. 결국 한국인이 미국이나, 일본 혹은 브라질에서 살고 있다는 것은 비일상적(非日常的), 비정상적(非正常的)이란 것을 암시하고 있는 것이다.

그러나 오늘날 21세기의 문턱에 서서볼 때 이와 같은 표현이 곧 사어(死語)가 되지는 않을까 하는 예감을 안겨주고 있다. 특히 정보매체의 획기적 멀티화로 지구 어느 구석도 이젠 격리된 공간이나 시간으로 남지는 못할 것이다. 이미 세계금융시장은 지구 어느 곳에서나 동시권(同時圈)이 되었고, 초대형 제트 여객기나, 초대형 컨테이너 선박으로 인적 왕래나 물적 교류도 지역적 시차를 급속도로 좁히고 있다. 문자 그대로 지구촌 시대가 눈앞에 다가오고 있다.

그러나 21세기를 '이종문화의 공생'으로 보는 사람 못지않게 '문화의 충돌'이란 측면에서 걱정하는 지식인도 적지 않다. 이와 같은 상황을 짚고, 일본에서 살고 있는 우리 한국인의 21세기를 위하여 두 가지 이야기를 여기에 소개하고자 한다.

1968년 2월 20일, 일본 시즈오카현(静岡縣) 시미즈시(清水市)의 한 술집에서 일어난 재일한국인 2세(김희로, 당시 40세)에 의한 일본인 야쿠자307) 살인사건이다. 그는 일본 국내 최장기간인 25여 년의 수형생활을 끝내고, 90세의 노모와 함께 그가 태어나고 자라난 일본 땅을 떠나 영구 귀국하였다. 돌이켜 보건대, 이 사건의 뉴스·플래시를 처음 접한 것은 필자가 일본에서 근무한 지 2년이 채 안 됐었던 때이다. 임시 긴급뉴스로서 김희로라는 한국인 살인범이 일본인 두 명을 살해하고, 그 길로 산촌 소재의 스마다쿄(寸又峽) 온천여관에 침입하여, 많은 숙박객을 인질로 하여 경찰과 대치중이라는 것이다. 그 당시 필자의 충격은 컸다. 일본인 사회에 있어서 재일한국인에 대한 편견은 국교정상화 이후 표면상으로는 다소 수그러지고 있는 것 같았으나, 그 뿌리는 조금도 흔들릴 기미를 보이지 않았고, 필자 자신도 난생 처음으로 그와 같은 수모를 당한 기억이 생생할 때였다.

　원래 편견이란 것은 떳떳한 이유가 있을 리 없고, 심정적 우월성을 유지하기 위한 인간 공유의 원초적 경쟁본능과도 같은 것이겠지만, 이 야릇한 감정은 일단 만들어지면 좀처럼 소멸되지 않은 것이다. 특히, 민족단위 혹은 종족단위의 그것은 더욱 악성적이라는 것을 우리가 잘 알고 있다. 흡사 땅 속에 뿌려진 강인한 잡초의 생명력처럼, 계속 뿌리를 내리고, 줄기와 가지를 뻗게 되는 것이다. 물기나 거름기를 찾아 집요하게 뻗어 나가는 나무

---

307) 일본 특유의 범죄 조직 단원.

뿌리와 같이, 편견을 살찌울 만한 사건이 생기면 한 톨도 빠트리지 않고 끌어넣어 가는 것이다. 이런 시각에서 볼 때 김희로의 범행은 일본인 사회에서 또 다시「얏파리! (やっパリ!)」[308]의 연호(連呼)를 불러일으키는데 충분한 꺼리를 제공할 것이라고 생각하니 우월하여졌다.

그런데 이와 같은 일반적 원칙론과는 달리, 그 후의 사태진전이 새로운 심정적 급선회를 가져오게 하였다. 즉 김희로가 1968년 2월 20일 오후에 일을 일으키고, 산골 온천여관에서 인질들과 기거하면서 경찰진과 대치하다가 24일 체포될 때까지 일어났던 희한한 사연(事緣)들 때문이다. 그는 인질극의 무대로 삼았던 여관방에서 몇 차례나 정식 기자회견을 가졌는데 그의 주장을 보면, 첫째, 조선인 모욕을 사죄할 것, 둘째, 시미즈시(淸水市)에서 살인사건의 진상을 공포할 것 등이 일본 경찰 당국에 의해 고스란히 수용되었던 것이다. 게다가 더욱 기이한 것은 이번 사건에 말려든 인질들[309]과 이상한 우호 분위기가 조성되었다는 사실이다.

당시의 상황을 주간 요미우리(週刊讀賣)에서는 '최면술에 걸린 인질들'이란 표제로서 기술하고 있다. 김희로는 인질들을 대 경찰의 불침번으로 세워놓고 충분한 수면을 취하고 있었으며, 그들과 함께 목욕도 거르지 않고 있었던 것이다. 심지어는 이 기미

---

308) '과연'의 뜻으로 스스로의 소신을 재확인할 때 쓰임.
309) 당초 13명이었으나 모자 4명은 곧 석방되고 젊은 남성 9명만 남게 됨.

를 눈치 챈 보도기자들이 여관 속에 쇄도하자, '무단주거침입'이란 이유로 인질들이 이들을 퇴산시키는 장면도 있었다는 것이다. 이와 같은 기상천외한 인질극 소동도 24일 오전 보도기자로 가장한 형사대에 의해서 체포, 종식되었던 것이다. 그는 줄곧 체포되느니보다 반드시 자결하겠다고 하였으나 결과는 엉뚱하게 막을 내렸다. 경찰진, 보도진으로 분주했던 산골 온천마을은 다시 종전의 고요를 되찾게 되었다. 그런데, 5일간의 인질극 기간 중에 그것을 TV나 신문으로 뒤쫓고 있던, 여관 밖 일본시정의 재일한국인의 심중난기류(心中亂氣流)를 필자 나름대로 짚어보고자 한다.

전전, 살 길을 찾아 건너간 한국인들과 그들의 2~3세, 같은 맥락이 되겠지만 전중 강제 연행되어 더러는 당지에서 죽고, 운 좋게도 살아남은 한국인들과 그들의 후손들, 전후 우리나라가 6·25로 인해 쑥대밭이 되었던 시대에 좀 더 잘 살아보겠다고 몰래 일본 땅에 발을 디딘 한국인들, 이 외에 외교관, 유학생, 상사의 파견 직원 등, 같은 핏줄이기는 하나 제각기 판이한 신분으로 그 뉴스를 듣고 있던 동포310)들의 머릿속에 어떤 난기류들이 소용돌이치고 있었을까 하는 생각을 해본다.

당시 영화 '교수형(絞首刑)'의 주연배우였던 재일한국인 2세 윤륭도(尹隆道)가 주간 요미우리에서 '나도 범죄에 참가했다'라는 표제로 다음과 같은 내용의 수기를 기고하고 있다.

---

310) 일본에 거주 또는 체류하고 있던 사람들.

"나는 김희로 씨가 벌린 그 소리 없는 큰 입에 나 자신 속의 조선인을 실감하고 있다. 나 자신은 김의 행위를 추호도 변명하려고 하지는 않는다. 그러나 되풀이하겠는데 나는 이번 사건이 사실관계, 수단, 개인적 성격 등의 측면에서 평가 혹은 논의되는 것을 용서하지 않겠다. 사상적 배경이 없다는 이유로 그것을 묵살하는[311] 것도 용서 않겠다. 어떻든 이번 사건을 김씨 개인의 문제로서 특수화나 비속화하는 것을 용서할 수 없다."

윤륭도의 이 말은 일본에서 나서 일본에서 자란 한국인 2세들[312] 전체의 절규라고 하겠다. 적어도 재일교포만은 다른 교포와 그 본질을 달리한다는 것을 알아야 한다. 그들은 최소한 내 몸에서 끊겨나간 팔 한 짝으로 영원히 남게 될 민족적 가슴앓이의 증거라는 걸 알아야한다.

일본(日本) 가고시마현(鹿兒島縣) 히키고오리(日置郡) 히가시시(東市) 이치키마치(来町) 미야마(美山)란 곳에 400여 년간 살고 있는 심수관(沈壽官)은 임진왜란 피납 도공의 후예이며, 지금도 사쓰마야키(薩摩焼) 종가로서 수관도원(壽官陶苑)을 경영하고 있다. 지금의 미야마란 곳은 56년의 행정구역 합병 당시에도 박(朴), 임(林), 송(宋), 진(陳), 정(鄭), 정(丁) 씨 등 17성씨가 있었고, 보신전(戊辰戰)*87) 때까지만 하여도 한국 성씨로 참전한 기록을 남

---

311) 당시의 조총련 측의 반응을 말하는 것 같음.
312) 운명 아닌 운명으로 짊어져야 하는 편견의 쇠사슬에 신음하고 있는 한국인 2세들.

기고 있다.

　그는 2차 대전 종식을 위하여 헌신적으로 노력한 일본제국의 마지막 외무대신인 도고 시게노리(東鄕茂德, 박무덕)를 회상하면서, 같은 핏줄의 동향인으로서 자랑스럽기 짝이 없었다고 토로(吐露)했다. 대부분 한국계313)인 노시로코(苗代川) 주민들은 높은 학구열과 교육수준을 자랑하고 있다. 그러나 심수관이 중학교에 들어갔을 때 한국계라는 이유로 폭행당하였으며, 더욱 놀란 것은 그의 아버지가 그런 일이 있을 줄 미리 알고 계시더란 이야기를 하고 있다. 이와 같은 사실은 도고 시게노리가 일본의 수석대신으로 추대되었던 것과는 너무 대조적인 해프닝이라 할 수 있다. 한 민족이 완전히 유기체화 하였을 때 보여주는 외국인 혐오증(Xenophobia)은 거의 동물의 개체유지나 종족유지를 위해 보여주는 본능과 맥을 같이 한다. 340여 년은 결코 짧지 않은 세월이지만 그 세월 속에서도 표백되지 않는 민족적 편견에 다시 한 번 경각심을 불러일으키게 한다.

　근대사 발전의 발자취를 더듬어 올라갈 때 최근 수십 년간에 각종 민족문화에 있어서 서로를 연계시켜주는 공통분모가 예상 외로 많고, 과거의 민족적 특수성 곧 민족적 타자성이 서로 긍정적으로 융합할 수 있는 가능성도 적지 않다는 것을 말해주는 것이 많다. 앞으로의 국제화 물결 속에서 한 민족공동체 안의 소수민족이 다수의 주인민족과 공생할 수 있는 공생문화의 창출이

---

313) 임란 때 당시 시마즈한(島津藩)에 끌려온 사람들.

21세기의 과제 중 가장 무거운 비중을 차지하게 될 것이다. 면면히 이어 내려온 14대 심수관의 그 길고도 힘겨웠던 값진 경험의 총결산적 충고를 이장의 맺는말로 여기에 적어 본다.

> **노시로코 주민** : "네가 언제까지 심수관의 이름을 고집하고 있으니 우리314)들은 조선이란 그림자를 끌고 다니면서 살아야 한다."면서 취중에 시비를 걸어오는 노시로코(苗代川) 주민들이 이따금 있다고 하면서, 그때마다 심수관은 아직 부분적 현상이긴 하나, 일본과 한국의 불행한 관계가 끝나지 않고 있다는 것을 느꼈다면서, 다음과 같이 그 자신의 소신을 펴고 있다.
>
> **심수관** : "같은 한국인의 피로서 이어져 있으면서, 역사를 정면에서 받아들이지 못하고, 자기 정체를 숨겨서 일본 속에 파묻혀 있는 사람들에게 나 같은 존재는 적지 않은 장애물(障碍物)인 것 같습니다."로 맺고 있다. 이 얼마나 떳떳하고 솔직한 '한국계 일본인'의 토로인가? 이와 같이 역사를 정면으로 받아들여 일본문화에 크게 기여하면서 또한 한국인임을 자랑으로 삼는 심수관상(沈壽官像)에 우리는 '재일한국인상'을 그려볼 수도 있을 것이다."

돌이켜 볼 때, 일본 민족은 너무 오랫동안 섬이라는 격리된 풍토에서, 비슷비슷한 얼굴로 같은 말을 쓰면서 비슷한 풍속을 지키고 살아왔다. 역사적으로 긴 막부·막번 체제를 통하여 국토

---

314) 임란 때 함께 납치되어 온 조선인의 후예들로 추정.

전역에 한(藩) 단위의 소문화권(小文化圈)을 형성해 오기는 하였으나, 그 어느 번국(藩国)도 대단위의 외국인을 받아들인 경험은 없었던 것이다. 최근에 일본 도쿄의 도지사가 '삼국인(三國人)' 발언을 하여 대·내외적으로 큰 소용돌이를 일으켰던 것이 상기된다. 흡사 한 생명체가 이종 담백질의 침입에 대해서 보여주는 면역 반응처럼, 아직도 일본문화는 재일(在일) 소수 외국인에 대하여 불안스러워하고, 본능적 거부반응을 보일만큼 유기적이란 것을 말해주고 있다. 그러나 상기 뉴스위크지 기사처럼, 급 변화하고 있는 현실을 감안할 때, 고래(古來) 대륙과 해양문화의 종착지적 지리에서 얻어진 외래문화 수용 재능을 21C의 외래 민족유입에 즈음하여, 보다 재치 있게 활용하여 슬기로운 다문화 다민족 정책을 세워야 할 것이다.

일본수상과 야스쿠니 신사

고이즈미(小泉) 일본 수상의 야스쿠니 신사(靖国神社) 참배 문제는 오늘날 동북아시아 국제 사회에 있어서 작지 않은 정치적인 소용돌이를 일으키고 있다. 현시점 야스쿠니 신사에는 247만 명의 일본 전몰자의 신위들이 합사(合祀)되어 있다. 문제는 이들 중에는 14명의 A급 전범자들도 함께 합사되어 있다는 것이다. A급 전범자라는 것은 태평양 전쟁 종식 후 설치된 '도쿄 재판'에서 반인도적 범죄자로 선고된 자들이다.

전쟁 당시의 내각총리대신을 지낸 도조 히데키(東條英機)를 필두로 전쟁 최고 지도자들이 망라되었던 것이다. 이들 14명의 A급 전범자들이 야스쿠니 신사에 합사된 것은 1978년의 일이며, 그 사실이 일반 대중에게 알려진 것은 다음 해의 1979년의 일이었다.

맥아더가 연합국을 대표한 총지휘자로서 도쿄에 연합국 총사

령부(G.H.Q)를 두고 전후 처리의 첫째 과제로서 일본 신토(神道)의 뿌리를 뽑는 일이었고, 그것을 위한 각서(覺書)를 발령하였던 것도 신토(神道)와 군국주의 사상은 같은 맥락이며 곧 신토가 국민을 오도하였다고 생각했기 때문이었다. 결과적으로 일본 국내의 모든 신사에 대한 어떤 형태의 경제적 후원도 용납하지 않았다. 지금까지 국가 기관으로 육성 보호되어 오던 신사들은 종교법인체가 되고 야스쿠니 신사도 종교법인체로서 존속하게 되었다. 그러나 맥아더의 각서 발령과는 관계없이 일본인들의 신앙관습이 큰 변화를 일으키지 않았다는 것은 그 후의 신사참배 인구의 성장으로 알 수 있다.

그리고 그 당시의 오히라(大平)나 스즈키(鈴木) 수상들도 관례적으로 참배하고 있었다. 큰 문제를 일으키지 않았던 것은 수상이라는 공인(公人)의 자격이 아니고 사인(私人)의 자격으로 참배를 하고 있었다. 그러나 이 사인·공인의 구별도 어디까지나 형식에 그치는 것이었고, 대단히 애매모호하게 처리되어 왔던 것도 사실이다.

현 고이즈미 수상의 경우도 그가 말하기로는 "수상의 직무로서 참배하는 것이 아니고 나의 신조로서 참배하는 것이다"라고 하면서도 승전(昇殿)해서 그 참배 기록장에 '내각총리대신(內閣總理大臣)'으로 기록하고 있으니 문제가 더욱 어려워지는 것이다. 또한 그가 부언(附言)하기로 "오늘날 나의 야스쿠니 참배를 비난하는 사람은 기실 나의 참배 자체를 문제 삼는지 혹은 중국이나 한국이 비난하니까 그것을 문제로 삼는지 물어보고 싶다."*88) 라고 하고 있다. 고이즈미 수상의 상기 발언 내용은 우리가 깊이 분석해 볼 필요가 있다. 즉, 일본인의 혼네(本音)는 수상의 야스쿠니 참배를 수긍하나 다테마에(建前)상 그것을 반대하고 있는 따름이라는 것이다. 여기서 우리는 이 야스쿠니 이슈를 복안적(複眼的) 시점에서 살펴보아야 한다는 것을 느낀다. 그 중 하나는 사회·문화적인 심층적 시점에서이고, 또 하나는 정치·사회적인 보다 현실적 시점에서이다.

일본 유력 신문이 최근 실시한 여론조사*89)에서도 야스쿠니 신사 참배에 대한 찬반 비율이 정확하게 이등분되어 있는 것이다. 찬성을 지지하는 사회·문화적인 이유는 야마오리 데쓰오(山折哲雄)*90)의 주장을 통하여 정리하면 다음과 같다. 그는 고이즈미 수상의 야스쿠니 참배를 적극 지지하면서 중국이나 한국에 대해서 일본 문명의 신불(神佛) 공존의 시스템과 진혼(鎭魂)을 통해서 사자(死者)를 용서하는 관념이 태고 때부터 면면히 이어져 내려오고 있는 믿음 이라는 것을 이해 시켜야 한다는 것이다. 즉, 일본인들의 혼네는 수상의 야스쿠니 참배를 지극히 당연한 것으로 취급하고 있다는 것이다.

일본 신토의 야오요로즈노카미(八百萬神)는 사실 범신교적 원시 신앙이 어느 정도 체계적으로 수합(收合)되고 불교와 습합되는 과정에서 만들어진 것이다. 이 사회·문화적 심층 사상을 도외시 할 수는 없다는 것이다. 일본인들은 사람은 죽어서 가미

(神)가 되고 때로는 호도케(佛)가 된다는 것이다. 악인(惡人)은 죽어서 아라미타마(荒御魂)가 되고 선인은 죽어서 니기미타마(和御魂)가 되므로 악인의 진혼이 더욱 절실하다는 이론이다.

또 하나의 시점은 정치・사회의 표층 의식이다. 나카니시 히로시(中西寬)*91)의 주장을 통하여 정리해 보면 다음과 같다. 그는 고이즈미 수상의 야스쿠니 참배를 두려워하고 있다. 일・중(日・中) 관계가 정냉경열(政冷經熱)에서 정열경냉(政熱經冷)으로 바꾸어졌다고 전제하면서 정치의 역할은 감정을 국가 이성으로 승화시키는 데 있다고 정의하고 이비곡직(理非曲直)에 있지 않다고 주장하고 있다. 고이즈미 수상이 참배에 열을 올리고 있는 것은 책임 있는 정치가로서 바람직한 것이 못 된다는 것이다. 신조를 앞세우지 말고 정치적 현명함을 앞세워야 한다는 지극히 공리적인 주장을 펴고 있다. 말하자면 국제 사회에 있어서 일본의 다테마에적인 측면을 대변하고 있는 것이다.

이와 같은 상반된 의견은 곧, 일본 국민들의 마음속에서 소용돌이 치고 있는 모순공존성(ambivalence)과 조응(照應)되는 것이다. 이와 같은 상황을 절충한 요미우리신문의 사설은 시사하는 바가 크다. 일천만의 구독자를 자랑하는 이 보수계의 신문은 '국립추도시설의 건립을 서둘러라'라는 표제를 달고 야스쿠니 참배 강행이 불러오는 한국・중국의 비난을 두려워하는 논조이다. 외계의 장애물에 촉각을 민감하게 조절하는 달팽이 생리적 일본 문화의 한 단면을 잘 보여 주는 것이다.

부기(附記)

　A급 전범자들 중에서 극형을 모면한 전쟁 지도자들은 그 후 외상(外相)이나 법상(法相) 또는 수상(首相)이 된 적도 있다. 샌프란시스코 강화조약(1951) 발효 후 일본 정부는 처형된 전범자들도 형사(刑死) 아닌 공무사(公務死)로 조치하였다. 고이즈미 수상의 참배 강행에는 도쿄 재판의 합법성을 인정하지 않겠다는 저의가 있는 듯하다.

〈그림-19〉 야스쿠니 신사(靖国神社)

33

그래도 일본은 변하고 있다

미국 주간지*92) 커버에 일본 전통 가면 무극 노(能, The Noh Drama)의 와카온나(若女, 젊은 여인의 탈)를 싣고 있었다. 그리고 캡션으로 다음의 내용을 덧붙여 설명하고 있다.

"Behind the Mask, Believe it or not, Japan is really changing"
("가면의 표정 뒤에는 당신이 믿든지 믿지 않든지 일본은 진정 큰 변화를 일으키고 있다.")

이와 같이 노의 가면을 커버에서 게제한 의도는 일본문화는 항상 중성적인 표정으로 대외 접촉을 한다는 것이다. 이 노에서는 가면을 한번 쓰고 등장하면 긴 공연시간 중 바꿔 쓰지 않게 되어 있으니 희·노·애·락의 온갖 표정관리를 하는데 부응할 수 있도록 '완전 중성'을 원칙으로 하고 있으면서 위의 내용과 같이 말하고 싶었던 것 같다. 흔히 일본문화의 특징으로서 그 마음의 이중성을 지적한다. 혹자는 야누스(Janus)315)적이란 좀 과격한 표현을 하기도 한다. 즉 이중적 인격의 소유자라는 것은 아시아적 관례에서 볼 때 최대의 인격적 폄훼(貶毁) 효과가 있는 말이다.

돌이켜 보면, 일본문화 자체가 가지고 있는 앰비벌런스(ambi-valence)라는 면을 감안할 때 함부로 가치적인 판단을 내려서는 안 될 것이다. 특히 그들이 보여주는 신앙에 있어서의 불가사의한 다신교적 멘탈리티를 일신교적 시각에서 볼 때는 불가사의의 극(極)이 되겠지만 애니미즘과 샤머니즘의 신앙의 깃 틀 위에 자란 우리로서는 나름대로 이해할 수도 있을 것 같다. 그러나 여기에서 이야기하고자 하는 것은 일본문화 속에 일본인들의 마음, 더 나아가서 일본문화 자체가 그 중성적 마스크 뒤에서는 적지 않은 지각 변동을 일으키고 있다는 사실을 지적 하고 자 하는 것이다.

고이즈미 준이치로(小泉純一郎) 수상이 일본의 미온적 경제체제의 타결책이 일본경제의 침체를 지속시키고 있다는 판단에서 개혁정치를 표방하고 나서게 되지만 이미 뿌리내리고 있는 기득이익 단체들의 완강한 저항이 앞길을 가로 막고 있다는 것을 알게 된다. 그는 일본경제의 침체에 연계되고 있는 것이 여러 가지 있겠으나, 그 중 가장 큰 원인은 현존 우정성(郵政省) 산하에서 정치적 보호를 받고 있는 30조 엔이라는 천문학적 저축액을 가지고 있는 우편 저금은행과 우정성이 관여하는 보험제도라고 판

---

315) 머리 앞·뒤 쪽에 얼굴을 가진 괴물.

단하고 이것을 해체하여 완전 민영화로 해야 한다는 것이다.

그러나 이 방대한 금융자본의 해체는 장기 집권을 가능케 하고 있는 여당의 공적 비자금 역할을 하여 왔던 것도 사실이고 보니 여당 내 수구세력과의 힘겨루기도 만만하지는 않았다. 그의 개혁안이 중의원(衆議院)에서는 통과하였으나 결국 참의원(參議員) 표결에서 좌초되자, 직접 국민들의 힘을 빌리기 위하여 중의원을 해산하고 총선거에 돌입하였다. 이 과정에서 그는 종래의 파벌의 이합, 집산으로 얻어내는 일본적 '의리', '인정'의 굴레에서 완전히 탈피하여 지극히 현실적인 심리주의의 선거 전략을 세워 결국 개혁파의 압승을 얻는 데 성공하였다.

그는 여당 내 거물 반대파 인물의 정치적 맥을 끊기 위하여 세칭 '고이스미 극장'이란 익살조 평을 받기도 하였다. 또 자객(刺客)선거라는 괴상한 신조어도 나돌게 되는 것이다. 이것은 이미 뿌리를 깊게 내리고 있는 여당 내 거물 정객의 출마지에 새롭게 등장하는 대중미디어의 총아들을 입후보시켜 반대정객들의 당선을 막으려는 것이었다.

고이즈미 수상의 우정제도 개혁은 일본경제 활성화를 위해 반드시 넘어야 할 관문이란 것은 미국의 유명 경제 진단 기관들에 의한 평가에서도 명백한 것이었다. 이를 테면 일본의 노동생산성은 미국의 30%에 그치고 있으며, 금융 생산성은 40% 이상이나 뒤지고 있다는 것이다. 그러나 끈끈한 지역적 인연과 혈연적인 인연으로 형성되어 있는 공동체 사회로 알려지고 있는 일본문화의 근간적 특징에 무게를 두고 있는 정통파 지식인들은 긍정적이면서도 부정적 시선으로 조기 총선(Snap election, 2005. 9. 10) 결과를 지켜본 것 같다.

한 대학교수의 논설이 요미우리신문「문화」란*93)에 즉시 실렸다. 그 표제에 '재치 있는 고이즈미', '자객전략'으로 되어있고 다시 부제로 "쇠약해진 일본의 '의리, 인정'과 마음의 변화를 예민하게 찰지(察知)"가 덧붙어 있다. 내용을 보면 '극장선거', '고이즈미 극장' 등 듣기에는 아주 야유적으로 느껴지는 신조어(新造語)가 나오는 가운데 고이즈미 개혁론의 압승 결과는 좀 의아스럽다는 것이다. 고이즈미의 전략이 압승을 거두게 될 것이라는 미디어들의 하마평(下馬評)이 있었기는 하였으나 대다수의 사려 깊은 사람들의 심정은 '선거는 뚜껑을 열어 봐야 안다'고 전제하고 고이즈미가 전례가 없던 '극장선거'의 방법을 도입한 것은 그는 그 나름대로의 계산이 있었기는 하였겠지만 상당한 리스크를 각오한 조치였다고 할 수 있다.

'피도 눈물도 없는 조치'를 감행하였으나 종래의 일본문화의 정설(定說)로 되어있는 '의리와 인정'에 연유하는 농밀한 인간관계란 반영구적 특성이 남아있으리라는 의구심도 있을 법도 한데, 그는 그의 "동물적이라고도 할 수 있는 예민한 간(感, 예감)으로 최근 20~30년간에 일본인의 심성이 크게 변화해왔다는 것을 투시했다"고 하고 있다. 농밀한 인간 상호관계 속에 그물눈처럼 의존하던 심성 대신에, 이젠 고독을 두려워하지 않는 오히려 고독을 즐기는 개인주의적 타입의 일본인이 양산되고 있다는 것이다.

고이즈미는 아마 몇 십 년 전만하여도 '피도 눈물도 없는 조치'로 밖에 치부되지 않는 그의 행위가 용납될 만큼 일본인의 심성에 큰 변화가 자리 잡고 있다는 것을 점치고 있었던 것 같다. 돌이켜 보면, 오늘 날의 일본인들의 대다수는 혈연(血緣), 지연(地緣), 직업(職業)의 각 분야에 깔려있는 지나치게 끈적끈적한 인간관계를 싫어하게 되고 그 대신 생면부지(生面不知)의 사람도 두려워하지 않을 뿐 아니라, 일정한 거리를 둔 새로운 아주 담백한 관계를 맺는 기술에 익숙해진 것이다.

사실 극장선거라고 불리듯이 그 지역과는 아무런 지연도 혈연도 없는 낙하산 인물들이 투하되었으나 일본인 특유의 원초적 거부의식을 일으키지 않고 많은 표를 얻었다는 것이 그것을 잘 말해주고 있다. 그리고 기고자는 글 마지막에 다음과 같이 부연하고 있다.

"그렇지만 민주당316)은 왜 가정론(家庭論)317)으로 수상에게 도전하지 않았을까? 아니 현대의 고독벽인구(孤獨癖人口)의 만연(蔓延)에 맞겨루기 위해 가정의 가치를 옹호하는 미국의 다소 과격한 종교운동과 닮은 행동의 대두도 있을 법한데……

여기서 우리는 일본문화와 그 문화를 만들어 온 그 마음에 있

---

316) 고이즈미가 속해 있는 여당의 자민당에 대한 강력한 야당.
317) 고이즈미는 가정을 갖지 않은 단시자임.

어서 서서히 일어나고 있는 지각변동을 느낄 수 있을 것 같다. 또한 사에키 게이시(佐伯啓思, 교토대학 교수)*94)는 요미우리신문「문화」란에서 "'미국류(美國流)로서 괜찮은지', 다시 부제로서 '전후 일본의 기반이긴 하나, 적지 않은 대상(代償)도'"하면서 캡션으로 검은 바탕에 흰색 글자로 '고이즈미 압승, 하지만 진정 알아야 할 것은'으로 글을 쓰고 있다. 그는 이번 선거 기간중, 선거 캠페인의 소란을 들으면서 NHK TV가 방영하는 오노다 히로(小野田寬郞)318) 사건을 인용하면서 그의 논설을 쓰고 있다.

전쟁이 종식되고 흘러간 30여 년의 세월도 그의 의연하고 불굴의 정신이 그대로 남아 있어서 전후의 풍요 속에 취하여 있던 일본인들에게 일종의 풍자적 감동을 불러일으키기도 하였다. 그는 곧 이 풍요한 조국이 그가 살기에는 부적절하다고 느낀 것 같다. 그가 귀국하자 일본국민들은 연민의 정으로 많은 의연금을 전달하였지만 그는 이것을 전액 야스쿠니신사(靖國神社)에 기부해 버린다. 그러자 항간에는 이 행위에 대하여 '보국행위(報國行爲)' 또는 '군국주의'라고 비판의 소리가 나오게 되자 결국 브라질로 가기 결심하게 되었다고 한다.

오노다는 전쟁에 패하여 미국의 압도적 영향 하에 '번영'과 '평화'에 취하여 있는 일본에 혐오감을 느낀 것 같다. 그러나 오늘날의 일본인은 오노다의 도피적 브라질행의 뜻을 이해하려고 노

---

318) 1974년 르방그섬에서 발견된 태평양 전쟁 시대의 일본군 육군소위, '상관의 명령'으로 귀국 결심.

력하지 않았다는 것이다. 사실 우정 민영화에 상징되는 고이즈미 개혁은 1990년대의 규제완화, 세계통합주의(globalism), 시장경제화란 흐름의 연장에 불과한 것이며, 이것은 곧 미국의 신 자유주의정책의 도입을 그대로 받아들이는 것 이외에는 아무것도 아니라는 것이다.

게다가 정당 정치라기보다 대중정치(popularism) 즉 미국형 대중정치에 접근하는 길목에 놓여 있는 일본이란 것 이외는 아무것도 아니라는 것이다. 그러나 이 미국형 대중민주주의, 그리고 미국형 지구 규모의 시장경쟁을 일본은 너무 무비판적으로 받아들이고 있지는 않는지? 사실 전후 미국 문명에 대한 맹종적 추종이 세계 제2위의 경제대국을 만드는데 성공하였으나 그 과정에서 잃어버리고 있는 정신, 일본적 미의식, 윤리관의 대가도 간과해서는 안 된다는 것이다.

이와 같이 일본 지식인들의 이번 총선 결과에 대한 감회는 결국 일본인의 마음 뿌리가 변질되고 있지는 않는가 하는 우려에 가까운 술회(述懷)라고 할 수 있다. 사실 '의리'와 '인정'으로 대표되는 일본문화는 그 주인공이 어딘가 남성적인 조금은 협기(俠氣)적인 여운을 남기게 된다. 일본인들에 있어서 미의식의 원초처럼 되어있는 이키(粹)와도 연계가 되는 것이다. 상기한 오노다 소위의 귀국이 '상관(上官)의 명령'에서 이루어졌다는 것과 또 귀국일성이 '살아 돌아와서 죄송합니다' 등은 그것을 대변해 준다. 이는 오노다 소위의 뇌 속에 들어가서 살펴보고픈 충동을 느끼게 하는 것들이다. 그러나 이것은 하나의 드라마(Drama)가 아니라 실제로 있었던 일이다.

일본의 전통 무대 예술에는 가부키(歌舞伎), 신파게키(新派劇), 신고쿠게키(新国劇) 등이 있다. 특히 이 중에서 신고쿠게키는 1987년에 해산되었는데, 사와다 쇼지로(澤田正二郎)가 가부키와 신파게키의 중간노선을 걷는 연극으로 1917년에 결성된 것이다. 이것은 남자의 의협담(義俠談)으로 꾸며진 연극이다. 이와 같이 의리에 죽고 의리에 산다는 '인생감의기(人生感意気)'의 기풍이 일본인의 마음속에서 사라지고 있다는 것이다. 이미「의리와 수치」앞에서 언급한 루스 베네딕트의 일본문화에 대한 정확한 진단결과에서 얻어진 '의리의 문화'는 사무라이(士) 사회에서 만들어진 미의식적 도덕관이지만, 이것은 사무라이 이외의 조닌(町人)이나 농민계급에서도 미의식으로 뿌리내리게 되는 요인이 되었다. 지나친 의리에의 고집으로 여러 가지 비극도 발생되고 있지만, 일반적인 일본인의 도덕적 미의식으로 자리 잡게 되었던 것이다.

메이지 유신(明治維新)으로 일본이 근대국민 국가로 탈바꿈하게 되었을 때 신생정부가 가장 우려한 것은 사법권이나 조세권을 가진 공리들의 부패였다. 새로운 국가 탄생에 문제가 될 수 있는 공리들의 부패를 무사들은 '의리'라는 도덕관으로 깨끗한 관료체재를 만드는데 일조했던 것이다. 그러나 이번 고이즈미 수상의 조기 총선 결과는 뿌리 깊은 전통 도덕관이 무너지고 있음을 염려하고 있다. 앞에서 언급한 요미우리신문「문화」란을 통한 식자들의 기고한 조용한 우려가 그것을 대변해 준다. 이와 같이 일본의 기본 문화 틀에서 벗어난 일본 국민들의 멘탈리티의 대변화는 그동안 서서히 조성된 누적된 결과의 산물이라고도 할 수 있다.

또한 고이즈미 수상 개인의 카리스마에 일시적인 도취증후를 일으킨 것 일수도 있고, 20여 년에 걸친 장기 경기침체에 의한 순간적 심리적 반발에서 일어났을 수도 있다. 막상 현실적 시각에서 볼 때 고이즈미 수상이 생사를 건 '우정민영화' 법안이 통과된 후에도 이것을 계기로 하여 온갖 부수적인 개혁사업이 물고가 터진 듯 속출할 것이다. 예를 들어 각급 국가 은행법의 제정비, 공공사업의 축소, 국가 GDP의 150%를 차지하는 빗나간 국가재정의 대차대조표 바로 세우기, 50년간이나 계속 집권한 여당의 득표 밭으로 굳어진 전근대적 농가보호, 시대에 뒤떨어진 의료제도의 현대화 등 한없이 이어져 나간다.

특히, 이미 구조화 되어버린 강력한 개혁에 대한 저항체로서 관료들의 협조 여하도 관건이 될 것이다. 이와 같은 국민 생활에 직결되어 있는 무수한 문제들을 예상해 볼 때 고이즈미 수상이 제한된 임기 내에서 어떻게 해결하며, 그 후임자가 대처해 나갈 것인가 전 세계가 주목하지 않을 수 없다.

이와 같은 어려움 속에서도 일본 국민의 문화적 총체를 담고 현대 일본인들의 마음이 앞에서 언급한 바와 같이 빙하의 흐름처럼 서서히 변하고 있다는 것을 감안하지 않을 수 없다. 우리가 이웃나라 일본의 문화를 연구하는 이유도 지나간 일본문화가 걸어온 발자취 연구에 그칠 것이 아니라 그 발자취를 통하여 오늘 이 시점에 일본문화의 마음에 맞추어 정점관찰(定点觀察)해야 한다는 것을 잊어서는 안 될 것이다. 지금의 일본인이 30년, 60년, 120년 전의 일본인은 결코 아닐 것이다. 언어, 의복 등이 시대에 따라 달라지듯 마음(Mentality) 또한 달라지고 있다는 것이다.

〈그림-20〉 단란한 일본인 가족
2001년 4월 미국 시사주간지 「타임」지의 표지

미주

*1) Blache, P.V (1845~1918), 인문지리학자.
*2) 会田雄次, 『日本の風土と文化』, 1972. 전 교토대학 교수.
*3) 1988, 12, 13 조간
*4) (1878~1935), 물리학자, 수필가.
*5) 読売新聞에서 타임(Time)지가 인용.
*6) AD. 720년에 펴낸 일본 고대사.
*7) 読売新聞, 1991, 4, 23.
*8) 가모노 조메이(鴨長明)의 수필집,
*9) 이즈제도(伊豆制度), 도쿄도에 속하는 화산군도, 297㎢, 북쪽의 오시마(大島)로부터 남쪽의 소후암(孀婦岩)까지 540㎢에 걸쳐 있으며, 7개의 주요 섬과 그 부속 섬들로 이루어진다.
*10) 고마쓰 사쿄(小松左京)가 쓴 S·F출판, 5개월만에 1,212판을 매진한 공전의 베스트셀러.
*11) (1925~1970), 『긴카쿠지, 金閣寺』외. 다수. 1970년에 할복 자살.
*12) 이탈리아 남부 나폴리만(灣) 연안에 있는 고대 도시. 인구는 2만~5만 명으로 추정된다. 인구가 일정하지 않은 것은 계절적 변동폭이 크기 때문이다. 폼페이에서는 대 폭발이 있기 이전인 1963년 2월에도 큰 지진이 일어나 큰 피해를 입었으며, 그 뒤 다시 복구되어 전보다 훨씬 훌륭한 도시로 재건되었으나, 1979년 8월 베수비오 화산의 대폭발로 2~3m 두께의 화산력과 화산재가 덮여 버렸다. 2,000여 명이 사망했다.
*13) 지금의 도쿄, 도쿠가와 막부의 거성지, AD. 17C~19C.
*14) TIME, 1985, 11, 11.
*15) 이어령『축소지향인의 일본인』, 문학사상사, 2003.
*16) 1871년 8세의 나이로 도미하여 귀국 후에는 일본 교육계 발전에 크게 이바지하였다. 유명한 쓰다주쿠(津田塾) 대학은 그가 창립한 것.
*17) 송희경(1376~1446), 『노송당일본행록』.
*18) 몇 년 전 작고한 영향력 있는 현대 시인.
*19) 일본의 저명작가, 『언덕위의 구름』등 수준 높은 국민 계몽적 작품 많이 남김.
*20) NHK Book, 『偏見の構造』.
*21) (AD. 1860~1927), 프랑스의 유명한 만화가로서 19C중엽 이후의 일본의 개화 과정을 정확하게 그리고 있다.
*22) 현재 인도네시아의 자바 섬에 있는 자카르타의 옛날 명칭. 17C 네덜란드와 영국 간에 향료운송 주도권을 가지고 치열한 전쟁을 벌이던 곳이다. 가일스 밀

턴(손원재 역), 『향료전쟁』, 생각의 나무, 2002.
*23) 이홍식, 『국어 대사전』, 두산동아, 1999.
*24) 司馬遼太郎, 『故鄕忘じ難く候』, 1968.
*25) 1719, 제술관으로 도일.
*26) 아명 다케치요(竹千代, 1604~1651), 크리스트교의 엄금, 일본선의 해외도항 금지, 화란상관을 나가사키 데지마(長崎出島)에 이송하여 그들 행동을 제한시켰다.
*27) 1866(고종3년) 대원군의 천주교도 학살·탄압에 대항하여 프랑스 함대가 강화도에 침범한 사건.
*28) 1871년(고종 8년) 미국이 1866년 제너럴셔먼호(號) 사건을 빌미로 조선을 개항시키려고 무력 침범한 사건.
*29) 1840~1842년 아편 문제를 둘러싼 청나라와 영국간의 전쟁.
*30) 1921년부터 베이징(北京)의 『천바오(晨報)』 부록에 연재되었다가, 1923년에 제1단편집 『납함(吶喊)』에 수록되었다. 노신(魯迅)의 대표적 중편소설 중국 신해(辛亥) 혁명을 배경으로 하여 阿Q라고 하는 희생자의 생태를 풍자적인 필치로 쓰고 있다. 속물적이고 노예근성을 버리지 못한 인간 심성의 어두운 면을 잘 묘사하고 있다.
*31) 일본 예능에서 각 유파(流派)의 시조를 이에모토(家元)라 하는데 이에모토는 문하생에게 예능을 전수하게 된다. 문하생은 이에모토의 권위를 존중하고 제자로서의 의무를 서약한다. 다도의 이에모토는 각 등급의 다도를 전수 받은 제자에게 사범(師範)의 면허발행권(免許發行權)과 교수권(敎授權)을 수여한다. 즉, 이에모토는 상급 제자들에게 단계별로 면허를 내어주고, 제자는 면허에 따라서 그 보다 하급의 제자를 모아 교수할 권한을 부여받는다. 이에모토와 이와 같이 피라미드 형태로 구성된 계층체계이다.
*32) G. Santayana(1863~1952), 스페인 태생의 미국인 철학자.
*33) 악령에 꾀여 호수 속으로 뛰어 들어가 죽은 돼지무리 이야기, 「누가복음 8장」.
*34) BC 43~AD 17. 로마의 시인, 상상력이 풍부하고 창의력이 풍부하며, 진취적이다.
*35) 부처님(釋尊)의 종재로 10대 제자의 한 사람.
*36) (1842~1921), 러시아의 무정부주의자, 『상호부조론』으로 유명함.
*37) 利根川進(1939~), 미국 MIT 교수, 생물학자, 일본정부문화 훈장, 노벨생리학상(1987).
*38) 江崎玲於奈(1925~), 물리학자, 미국 IBM 연구원, 일본아카데미상(1965), 노벨물리학상(1973), 일본문화훈장(1974). 현재는 일본에 귀국하여 후진 양성에 주력.
*39) 芳賀徹(1931~), 비교문학 문화학자.

*40) 和辻哲郎(1889~1960), 철학자 문명평론가. 대표 저서로는 『風土』, 『鎖国』 등이 있다.
*41) 読売新聞, 1979, 1, 4.
*42) G.H.Q발령, 1945, 12, 15. 국가 신토, 신사에 대한 정부의 보증, 지원, 보전, 감독 및 홍보폐지에 관한 각서.
*43) 朝日新聞, 1967, 2, 24.
*44) 読売新聞, 1996, 8, 24,. 이 신문은 리치기니 이키루(律儀に生きる)라는 기사를 담고 있었다. 여기서 리치기란 곧 의리가 있는 것을 뜻한다.
*45) 読売新聞, 2001, 10, 01.
*46) 読売新聞, 1995, 10, 06.
*47) 민중서림 편집국, 『국어사전』, 민중서림, 2005. p1124
*48) 이야기 작자, 1642 -1693.
*49) 본명은 Lafcadio Hearn 작가 1850~1904.
*50) 『廣辭苑』, 岩波書店.
*51) 藝術新潮, 『日本文化の特質』 1991, 8월호.
*52) 에도막부에서 지방에 흩어져 있는 각 번국들의 통제를 위하여 보통 격년제로 번국 번주들을 에도에 머물게 하는 제도.
*53) Ruis Kolar(1911~), 『유럽의 약탈』을 쓴 스페인의 작가 겸 철학자.
*54) E.F. Fenollosa(1853~1908), 미국의 동야미술연구가.
*55) Bruno Taut(1880~1938), 독일의 건축가. 일본 고건축의 연구가.
*56) Velazques(1599~1660), 화가.
*57) Goya(1746~1828), 화가.
*58) Dali(1904~) 화가.
*59) Psoica(1881~1976), 화가.
*60) Eckehart(1260~1327), Bohone(1575~1624) 등
*61) Cervantes, Miguel de(1547~1616), 에스파냐의 소설가, 극작가, 시인.
*62) 蘭溪道隆(1213~1278), 가마쿠라 초기에 일본에 온 송나라 선사, 대각선사.
*63) 無學祖元(1226~1286), 송나라선사, 불광선사.
*64) 芳賀徹, 저명한 일본문예평론가, 도쿄대학 명예교수.
*65) 興謝蕪村(1716~1783), 에도 중기의 화가, 가인.
*66) TIME, 1983, 8, 1. p.19.
*67) 九鬼周造, 『いきの構造』, 岩波書店, 1969.
*68) 『廣辭苑』, 岩波書店. 1976.
*69) 志賀重昂(1863~1927), 지리학자.
*70) 東山魁夷(1908~), 일본화의 대가.

*71) News week, 1995. 12. 18.
*72) TIME, 1983. 8.
*73) TIME, 1983. 8. 1.
*74) 『일본학보』 제4집, 1976, p.92.
*75) 角田忠信, 『일본인의 뇌』의 저자. 동경의과치과대학 교수.
*76) 葛飾北齊(1760~1849) 에도후기의 우키요에(浮世絵) 화가. 그 중「富嶽 36 景」은 유명하다.
*77) 약칭은 G.N.C이다. 국제적인 사회·정치문제 전문가인 미국의 맥그레이 (Douglas Mcgray)가 2002년 외교 전문잡지『포린플리지(Foreign Policy)』에서 처음 사용하였다.
*78) 세기 100년 전후에 기록된 궁중 애정 소설로서 54첩으로 되어 있 다.
*79) 에도 초기의 화가.
*80) 에도 중기의 화가.
*81) 일본 열대의 서부 지역.
*82) 수필집.
*83) 山本常朝, 1716. 무사도를 논한 책.
*84) 1703년 주군에 원수를 죽인 47인의 무사들.
*85) 라이브도어(ライブドア) 그룹(グループ)의 증권거래법 위반 사건으로 동사(同社)의 호리에 다카후미(堀江貴文) 사장(33살)에 대해 도쿄지점 특수부가 수사에 착수하였다. 2005. 9. 11.
*86) 세종 25(1443)년, 대마도주와 세견선(歳遣船) 등에 관한 조약. 그 전까지는 대마도 정벌로 세견선(歳遣船) 등에 관한 조약을 맺게 된다.
*87) 1868~1869년 사이에 있었던 신 정부군과 구 막부 측과의 전쟁의 총칭.
*88) News Week지(誌), 2006, 2, 6.
*89) 每日新聞, 2006, 1, 20.
*90) 국제 일본문화 연구소 소장 역임. 저명한 종교학자.
*91) 교토(京都)대학 정치학 교수.
*92) News Week지(誌), 1995, 7, 3.
*93) 読売新聞 2005, 9, 14.
*94) 読売新聞 2005, 9, 13.